全国高职高专经济管理类“十四五”规划
理论与实践结合型系列教材·物流专业

仓库规划与运营管理

CANGKU GUIHUA YU YUNYING GUANLI

主编　谢欣　乔子迁

華中科技大學出版社
http://press.hust.edu.cn
中国·武汉

图书在版编目(CIP)数据

仓库规划与运营管理/谢欣，乔子迁主编. —武汉：华中科技大学出版社，2023.7
ISBN 978-7-5680-9790-1

Ⅰ.①仓… Ⅱ.①谢… ②乔… Ⅲ.①仓库管理 Ⅳ.①F253

中国国家版本馆 CIP 数据核字(2023)第 137938 号

仓库规划与运营管理
Cangku Guihua yu Yunying Guanli

谢 欣 乔子迁 主编

策划编辑：聂亚文
责任编辑：张梦舒
封面设计：孢 子
责任监印：朱 玢
出版发行：华中科技大学出版社(中国·武汉) 电话：(027)81321913
武汉市东湖新技术开发区华工科技园 邮编：430223
录 排：武汉创易图文工作室
印 刷：武汉科源印刷设计有限公司
开 本：787mm×1092mm 1/16
印 张：14
字 数：367 千字
版 次：2023 年 7 月第 1 版第 1 次印刷
定 价：45.00 元

華中出版

本书若有印装质量问题，请向出版社营销中心调换
全国免费服务热线：400-6679-118 竭诚为您服务

序言

Preface

在当今的商业环境中，适应多变的市场需求，提高供应链效率，以及优化仓库运营管理，已成为每个企业都应当关注的重要主题。本书旨在帮助读者对这一主题有更深入、更全面的理解。

本书共包含五个项目，分别从仓储基础认知、仓库认知、仓库系统的构成、仓库的规划设计和仓库运营管理这五个方面进行深入剖析，力求从理论到实践，展示仓库规划与运营管理的方方面面。

项目一"仓储基础认知"介绍了仓储的基础知识、仓储管理基础知识以及仓储作业流程。

项目二"仓库认知"着重讲解了仓库的概念、分类、区域构成与规划以及管理的相关知识。

项目三"仓库系统的构成"深入探讨了存储系统、搬运系统、分拣系统、出入库系统以及 WMS 系统。

项目四"仓库的规划设计"讲解了仓库规划设计的目标和基本逻辑、如何进行仓库规划数据分析、仓库规划的应用以及如何进行仓库模拟与验证。

项目五"仓库运营管理"深入探讨了仓库运营管理的目标、组织架构、运营流程以及管理指标。

在每个项目的结尾，我们设计了思考题，旨在帮助读者更好地理解和巩固所学习的知识。我们在准备这本书的过程中，力图以简洁明了的语言阐述各个概念，并通过实例和案例来让读者更好地理解理论。我们也认识到，理论和实践之间的距离往往需要经验和时间来缩短。因此，本书提供的思考题和实例旨在鼓励读者将理论应用于实际的仓库规划与运营管理的工作中，从而更好地理解和掌握这些知识。

我们在编写这本书时，尽可能地将内容进行细分，以便读者能够根据自己的需要选择性阅读。每个项目和任务都可以作为一个独立的学习单元，读者可以按顺序阅读，也可以根据个人的兴趣和需要选择性阅读。

我们期待读者能够在阅读这本书的过程中，开启一段新的学习旅程，并鼓励读者质疑、探索、挑战这本书中的内容，因为这是真正的学习过程。我们也期待读者在阅读和学习的过程中，能够发现和探索仓库规划与运营管理的新领域，以及未来的发展趋势。

最后，我们希望这本书能够成为读者的一个指南，无论读者是正在学习仓库规划与运营管理，还是已经在这个领域工作，我们都希望这本书能够为读者提供帮助和指导。

我们期待读者在阅读本书的过程中获得启示，学到新知识，并将其应用在实际工作中。

编写组

2023 年 5 月

目录

Contents

项目一 仓储基础认知

学习目标

1. 掌握仓储及仓储管理的基本概念；
2. 熟悉仓储的功能和仓储的分类；
3. 了解仓储在物流管理中的作用；
4. 掌握仓储管理的原则与任务；
5. 了解仓储管理的基本任务、仓储管理相关岗位及岗位职责；
6. 熟悉仓储作业的流程。

任务一 仓储基础知识

一、仓储的概念

“仓”也称为仓库，是存放物品的场地或建筑物；“储”表示收存物品以备使用，具有收存、保管、交付使用的意思。仓储能对流通中的商品进行检验、保管、加工、集散和转换运输方式，并解决供需之间和不同运输方式之间的矛盾，提供场所价值和时间效用，使商品的所有权和使用价值得到保护，加速商品流转，提高物流效率和质量，促进社会效益的提高。

仓储管理是每一个物流系统不可或缺的组成部分，在以最低的总成本提供令人满意的客户服务方面具有举足轻重的作用。它是生产者与客户之间一个主要的联系纽带。最近几年以来，随着供应链管理思想的应用，仓储管理从企业物流系统中一个相对较小的方面，发展成为其重要的职能之一。

仓储是连接生产、供应、销售的中转站，对提高生产效率起着重要的辅助作用。围绕着仓储实体活动，清晰准确的报表、单据账目、会计部门核算的准确信息工作也同时进行着，因此仓储是物流、信息流、单证流的合一。仓储是商品流通的重要环节之一，也是物流活动的重要支柱，是加快资金周转、节约流通费用、降低物流成本和提高经济效益的有效途径。

《物流术语》(CB/T 18354—2021) 给仓储下的定义是：利用仓库及相关设施设备进行物品的入库、储存、出库的活动。

二、仓储的功能

(一)仓储的基本功能

1. 储存功能

储存是指在特定的场所,将物品收存并进行妥善的保管,确保被储存的物品不受损害。现代社会生产的一个重要特征就是专业化和规模化生产,劳动生产率极高,产量巨大,绝大多数产品都不能被及时消费,需要经过仓储手段进行储存,这样才能避免生产过程堵塞,保证生产过程能够继续进行。因为有了产品剩余,需要将剩余产品收存,就形成了仓储。储存的对象必须是有价值的产品,储存要在特定的场地和必须将存储物移到存储地进行。储存的目的是确保存储物的价值不受损害,保管人有绝对的义务妥善保管好存储物,存储物始终属于存货人所有,存货人有权控制存储物。

物品的储存有可能是长期的储存,也可能只是短时间的周转储存。进行物品储存既是仓储活动的表征,也是仓储最基本的任务。

2. 保管功能

1)数量管理

仓储的数量管理包括两个方面:一方面是存货人交付保管的仓储物的数量和提取仓储物的数量必须一致;另一方面是保管人可以按照存货人的要求分批收货和分批出货,对储存的物品进行数量控制,配合物流管理的有效实施,同时向存货人提供存货数量的信息服务,以便客户控制存货。

2)质量管理

生产出的产品在消费之前必须保持其使用价值,否则将会被废弃。这项任务就需要由仓储来承担,在仓储过程中保管人对产品进行保护、管理,防止损坏而丧失价值,因此在保管过程中就要选择合适的储存场所,采取先进的技术、合理的保管措施、合适的养护措施,妥善和勤勉地保管仓储物,以保证仓储物的质量不发生变化。仓储物发生危险时,保管人不仅要及时通知存货人,还需要及时采取有效的措施减小损失。

3. 流通调控功能

仓储既可以长期进行也可以短期开展,存期的控制自然就形成了对流通的控制。另外,流通中的需要,决定了在一定时期内物品是储存还是流通,这也就是仓储的“蓄水池”功能。当交易不利时,将物品储存,等待有利的交易机会。流通控制的任务就是对物品是仓储还是流通做出安排,确定储存时机、计划存放时间,当然还包括储存地点的选择。对于销售过程来说,储存尤其是季节性储存可以为企业的市场营销创造良机。

(二)仓储的增值服务功能

1. 交易中介功能

仓储经营人不但拥有大量存放在仓库里的有形资产,同时还拥有与物品使用部门广泛的业务联系,因此具有开展现货交易中介活动较为便利的条件。这样不但便于物品使用部门的使用,更有利于吸引仓储和加速仓储物的周转。仓储经营人利用仓储物开展物品交易不仅会给仓储经营人带来收益,还能充分利用社会资源,加快社会资金周转,减少资金沉淀。交易功能的开发是仓储经营发展的重要方向。

2. 流通加工功能

流通加工将部分产品加工工序从生产环节转移到了流通环节。加工本是生产的环节，但是为了满足消费多样化、消费个性化、变化快的产品生产的发展，又为了严格控制物流成本，生产企业可以将产品的定型、分装、组装、装潢等工序留到最接近销售的某些环节进行。由于仓储环节中物品处于停滞状态，很适合在这一环节进行流通加工，这样既不影响商品的流通速度，又能满足客户的需要，因此仓储成为流通加工的重要环节。

3. 配送功能

一些从事原材料、零部件或产成品生产的仓储区被设置在距离生产和消费地区比较近的地方，这样的仓储区就可以把对生产车间和销售点的配送作为自己的一项基本业务。仓储配送业务的发展，有利于生产企业降低存货，减少固定资金投入，实现准时制生产；零售企业也可以减少存货，降低流动资金使用量，且能保证销售。

4. 运输整合和配载功能

基于运输的费用率随着运量的增大而减少的规模经济现象，尽可能大批量地运输是节省运费的有效手段。将连续不断产出的产品集中成大批量提交运输，或者将众多供应商所提供的产品整合成一票运输等运输整合需要通过仓储来进行。在运输整合中还可以对产品进行成组、托盘化等作业，使运输作业效率提高。

大多数运输转换仓储都具有配载的任务。货物在仓库集中，按照运输的方向进行分类仓储，当运输工具到达时出库装运。而配送中心就是在不断地对运输车辆进行配载，确保配送的及时进行和运输工具的充分利用。

5. 仓单质押功能

1）仓单质押的含义

仓单质押是客户把商品存储在仓库中，然后可以凭借仓库开具的商品仓储凭证——仓单向银行申请贷款，银行根据存储商品的价值向客户提供一定比例的贷款，同时，由仓库代理监管商品。

2）仓单质押的业务过程

仓单是仓库接受客户委托，将货物收存入库后向存货人开具的证明存货情况的存单。它是提取寄存货物的证明文件，表明了仓库与客户之间的委托关系。

三、仓储的分类

（一）按仓储经营形式划分

1. 企业自营仓储

企业自营仓储包括生产企业自营仓储和流通企业自营仓储。生产企业自营仓储是指生产企业使用自有的仓库设施对生产使用的原材料、生产半成品、最终产品实施储存保管的行为。企业自营仓储的存储对象较为单一，以满足企业自身生产为原则。流通企业自营仓储对象较多，其目的是支持销售。企业自营仓储不开展商业性仓储经营，其行为不具有独立性，仅仅为企业的产品生产或经营活动服务。

2. 商业营业仓储

商业营业仓储是仓储经营人以其拥有的仓储设备向社会提供商业性仓储服务的仓储行

为。仓储经营人与存货人通过订立仓储合同的方式建立仓储关系，并且依合同约定提供仓储服务，收取仓储费用。商业营业仓储的目的是在仓储活动中获得经济利益，实现经营利润最大化。商业营业仓储又可分为提供仓储服务和提供仓储场地服务两种类型。

3. 公共仓储

公共仓储是公用事业的配套服务设施，如为车站、码头提供与运输相配套的仓储服务，其运作的主要目的是保证车站、码头的货物周转，具有内部服务的性质，处于从属地位。但对存货人而言，公共仓储也适用于营业仓储关系，只是不独立订立仓储合同，而是将关系列在作业合同之中。

4. 战略储备仓储

战略储备仓储是根据国家安全、社会稳定的需要，对战略物资实行储备而产生的仓储。战略储备由国家进行控制，通过立法、行政命令的方式进行。战略储备物资存储的时间较长，以储备品的安全性为首要任务。战略储备物资主要有粮食、能源、有色金属等。

（二）按仓储对象划分

1. 普通物品仓储

普通物品仓储是指不需要特殊保管条件的物品仓储。例如，普通的生产物资、生活用品、工具等杂货类物品，不需要针对货物设置特殊的保管条件，采用无特殊装备的通用仓库或货场存放。

2. 特殊物品仓储

特殊物品仓储是指在保管中有特殊要求和需要满足特殊条件的物品仓储，如冷库仓储、危险品仓储、粮食仓储等。特殊物品仓储一般为专用仓储，按物品的物理、化学、生物特性及法律规定进行仓储建设和实施管理。

（三）按仓储功能划分

1. 存储功能仓储

存储功能仓储是指物资需要存放较长时间的仓储。由于物资存放时间长，单位时间存储费用是否低廉就很重要，一般应该在较为偏远的地区进行储存。存储仓储一般物资较为单一，但存量大、存期长，因此要特别注意物资的质量保管。

2. 物流中心仓储

物流中心作为物流网络的节点，物流中心仓储是以物流管理为目的的仓储活动，是从事物流活动的场所和组织。物流中心仓储管理主要为社会服务，包括以下几个方面：商品储存、商品验收、拣选作业、包装作业和装卸搬运等。物流中心仓储的特点是：功能健全、有完善的信息网络、辐射范围大、品种少、批量大、吞吐能力强、物流业务统一经营管理。

3. 配送中心仓储

配送中心仓储是商品在配送交付消费者之前所进行的短期仓储，是商品在销售或者供生产使用前的储存，如进行拆零、分拣、组配等作业。配送中心仓储一般设置在商品的消费地，需要大批量进货、分批少量出库操作，主要目的是支持销售或生产，注重对物品存量的控制。

4. 运输转换仓储

运输转换仓储是衔接不同运输方式的仓储活动，在不同运输方式的衔接处进行（如在港口、车站等场所进行的仓储)，是为了保证不同运输方式的高效衔接，减少运输工具的装卸和停留时间。运输转换仓储具有大进大出的特点，货物存期短，注重货物的周转作业效率和周转率。

5. 保税仓储

保税仓储用于存储保税货物。保税货物是指不用于国内销售、暂时进境、海关予以缓税的货物。保税仓库是经海关批准，在海关监管下设立专门存放未办理关税手续而入境或过境货物的仓库。保税期一般最长为两年，在这期间可以将货物存放在保税仓库中。保税仓库是指适用于存放供来料加工、进料加工复出口产品的料件及成品，以及经海关批准缓办纳税手续进境的货物等。一般贸易进口货物不允许存入保税仓库。在保税期间，经营者可以寻找最有利的销售时机，一旦实现销售，再办理关税等通关手续。若两年之内未能销售完毕，可再运往其他国家，保税仓库所在国不收取关税。

四、仓储在物流管理中的作用

仓储管理在现代物流管理中占据着核心地位。仓储活动的作用具体有以下六个方面。

(一)仓储是社会生产顺利进行的必要过程

现代社会生产的一个重要特征是专业化和规模化生产，劳动生产率极高，产量巨大，绝大多数产品都不能被及时消费，需要经过仓储的过程。这样，一方面能避免生产过程被堵塞，从而保证生产过程能够继续进行；另一方面，对生产所使用的材料等进行合理的储备，才能保证及时供应，满足生产的需要。

(二)仓储能调整生产和消费的时间差

仓储活动可以解决集中性生产与均衡性消费、均衡性生产与集中性消费之间的矛盾。一方面，通过仓储将集中生产出的大量产品进行储存，持续地向消费者提供，才能保证不断满足消费需求。另一方面，集中生产的产品如果即时推向市场进行销售，必然造成市场短时期内产品供给远远大于需求，导致产品价格大幅降低，甚至无法消费而被废弃；相反，非供应季节，市场供应量少而价高，通过将产品存储在仓库中，均衡地向市场供给，才能稳定市场，有利于再生产的持续进行。

(三)仓储对劳动产品能起到保值增值的作用

生产出的产品在消费之前必须保持其使用价值，否则会被废弃。这项任务需要由仓储来承担，在仓储过程中对产品进行保护、养护、管理，甚至处理、加工，防止其损坏而丧失使用价值。

仓储是产品从生产到消费的最后一道作业环节，可以根据市场对产品消费的偏好，对产品进行最后加工改造和流通加工，提高产品的附加值和适应性，以促进产品的销售，甚至增加收益。

(四)仓储是流通过程的衔接点

仓储承担着流通过程中产品的衔接功能。从生产到消费，不断经过分散、集中、分散的过程，可能还需要经过不同运输工具的转换运输。为了有效利用各种运输工具，降低运输过程中的作业难度，实现经济运输，物品需要通过仓储进行配装、配载、包装、成组、分批、疏散等。为了满足销售的需要，商品在仓储中进行整合、分类、拆除包装、配送等处理和存放。存放在仓库里的商品还可以提供给购买方进行查看，这是大多数现货批量交易的方法，因而仓储也具有商品陈列的功能。

（五）仓储是市场信息的传感器

仓储产品的变化是了解市场需求极为重要的途径。仓储量减少，周转量加大，表明社会需求旺盛；反之，仓储增加，周转减少，则表明需求不足。厂家存货增加表明其产品需求减少或者竞争力降低，也有可能是生产规模不合适。从仓储环节所获得的市场信息虽说比销售信息滞后，但更为准确和集中，信息反应快捷，且成本极低。现代企业生产特别重视仓储环节的信息反馈，将仓储量的变化作为是否继续生产的依据。现代物流管理特别重视仓储信息的收集和反馈。

（六）仓储是开展物流管理的重要环节

物品在物流过程中相当一部分时间处在仓储之中，在仓储中进行运输整合，在仓储中进行配送准备，在仓储中进行流通加工，也在仓储中进行市场供给调节。仓储成本是物流成本最重要的组成部分。开展物流管理必须重视对仓储的管理，有效的仓储管理才能实现物流管理降低成本、保持供给的目的。

五、仓储工作岗位认知

在现代仓储企业，为了保证各项工作正常有序地进行，工作岗位划分越来越细，每个工作岗位都有其专业特点。根据各项工作需要，仓储企业需要合理配备各类工作人员，对不同岗位人员的基本素质、职业能力与工作职责有着不同的要求。在仓储企业中，一般包括仓储经理、仓库主管、仓管员、保管员和养护员等工作岗位。国家标准《仓储从业人员职业资质》(GB/T 21070—2007）中规定了仓储管理员、仓储经理等仓储从业人员的职业资质条件。

（一）仓储经理

仓储经理是指从事仓储经营管理活动，具有经营管理权或业务指挥权与生产要素调度配置权的管理者，包括公司层面的仓储、运作经理或总监，分公司的经理或库区经理等。仓储经理应掌握的业务知识、理论知识及岗位能力要求如下。

1. 业务知识

(1)掌握仓储作业流程、操作规范与管理软件的运用；

(2)熟悉所保管物品的质量标准、储存技术标准、包装技术标准以及物品质量鉴别方法；

(3)掌握常用仪器、仪表及工具、消防器械的基本性能、特点、使用和日常保养知识；

(4)掌握计算机及仓储管理信息系统相关知识。

2. 理论知识

(1)掌握现代仓储技术与设备等方面的知识，掌握供应链管理、现代物流管理与现代运输管理等方面的知识；

(2)掌握国家物流、仓储与运输等方面的政策、标准及其操作规程；

(3)掌握仓储成本核算与控制、合理库存与绩效管理等仓储管理的基本知识；

(4)具有一般企业管理所需的财务管理、客户关系管理、质量管理、市场营销、融资管理等方面的知识；

(5)具有领导与管理学、公共关系管理和项目管理知识;

(6)掌握国内外仓储行业发展的基本情况与动态,了解国内外物流业现状与发展趋势。

3. 岗位能力要求

(1)组织领导能力。能够科学调度、配置生产要素资源,能理论联系实际地总结分析业务活动情况,并写出书面报告。

(2)方案设计能力。能够根据客户需要,对仓库运作流程、客户开发方案、客户满意度等不断进行改造和提升,为客户定制个性化服务方案,能根据有关仓储信息向客户提供信息咨询。

(3)人力资源管理能力。组织员工专业培训和人才开发,编写业务技术专业资料,对仓储管理员进行专业培训,提高仓储管理员的业务素质,改善组织内的人力资源结构。

(4)制度建设能力。能够根据业务的现实和发展要求,制定和完善相关业务运作管理、服务质量管理、安全生产管理和分配激励管理等规章制度,并有效地组织执行和实施;及时发现和指导处理各种突发性事件、异常现象和事故隐患,并能正确分析原因,提出预防和改进措施。

(5)过程控制和质量管理能力。能够熟练掌握品质控制和质量管理体系要求,加强现场和细节管理,提升发现、分析与处理问题的能力,提高客户满意度。

(6)运作成本核算能力。科学分析客户质量要求和运作成本的关系,保证质量,节约成本。

(7)信息技术管理能力。运用现代信息技术手段进行仓储经营与管理,分析和预测在整个仓库管理及保管养护活动中可能发生的各类问题,并能采取相应的预防措施。

(8)具有一定的谈判、沟通、营销能力。

(二)仓库主管

仓库主管是仓库的主要负责人,负责仓库的全局工作。仓库主管的岗位职责和岗位素质要求如下。

1. 仓库主管的岗位职责

(1)制订仓库物资最低库存量的申购计划,做到库存合理、不积压资金;

(2)对仓库物资的保管和收发负有重要责任,加强控制、审查各部门领用物资的审批手续和数量,严格把关,合理使用物料,降低消耗;

(3)督促仓储管理员严格办理物资进仓验收手续;

(4)切实贯彻物资管理制度,督促部署加强对库存的管理、检查,落实防霉腐、防虫蛀、防鼠咬、防火、防盗等安全措施和卫生措施,保证库存物资的完好无损;

(5)经常了解各种物资的使用情况,及时提出意见,供公司领导和职能部门参考;

(6)定期进行抽查,检查物品与登记是否相符、账卡是否相符、账账是否相符;

(7)妥善管理好公司的财产物资,属于家具、用具或固定资产的物品要专账登记,做好物资的收、发、存、报损等手续,定期进行盘查;

(8)按制度要求及时填报收、发、存月报表;

(9)加强仓库的财务管理,定期进行财务分析,根据利润、成本、资金的合理使用等进行业务调整,制订仓储经营方案,不断提高仓储企业的经济效益;

(10)对下属的业务素质和能力进行经常性的培训和指导,不断提高下属的工作能力和业务水平。

2. 仓库主管的岗位素质要求

(1)有较强的组织管理能力,熟悉仓储业务,能较好地组织仓库的各项作业;

(2)有一定的经营管理经验,掌握现代仓库经营管理方法,能以系统的观念整合仓储经营业务,并具有一定的开拓精神,能不断地开拓仓储经营业务;

(3)具有较强的经营决策能力,头脑清醒、处事稳健,具有较强的控制能力;

(4)善于沟通,协调能力较强;

(5)了解现代人力资源管理知识,能激发下属的工作热情和团队精神。

(三)仓储管理员

仓储管理员是仓库内从事与物品仓储作业管理有关工作的一线操作人员的统称,包括直接从事物品收发、出入库、分拣、理货等工作的人员,不含装卸工,简称仓管员。仓管员应掌握的岗位职责和岗位素质要求如下。

1. 仓管员的岗位职责

(1)根据仓库主管的要求安排好本岗位的各项工作,完成各项仓库管理工作;

(2)货物到库后,按规定进行货物的签单验收工作;

(3)统筹部署储存物资,合理规划储位,充分利用仓储空间,合理使用各种仓储设施和设备;

(4)严格执行货物出库程序,遵循先进先出原则,做好货物出库前的检查和复核,降低差错率;

(5)做好货物进出库的有关账、卡、图、表的制作和填写,做到账、卡、物相符;

(6)严格执行仓库物资的盘点制度,及时掌握库存物资动态;

(7)加强管理区域范围内的安全工作,消除各种安全事故隐患;

(8)协调好本岗位与其他相关岗位的工作关系,保证各项作业的连续性;

(9)做好上级主管交给的其他工作。

2. 仓管员的岗位素质要求

(1)了解现代仓储管理基础知识,熟悉仓库管理业务程序;

(2)熟练掌握本岗位工作的各项业务操作要求和管理规定;

(3)了解现代商品学的基本知识,并能将其运用到仓库管理工作中;

(4)具有良好的工作协调能力,善于协调各种工作关系;

(5)具有团队精神,善于沟通,发挥集体协作的作用。

(四)保管员

1. 保管员的岗位职责

(1)在仓管员的直接指挥下做好保管区内物资的保管工作,严格执行仓储物资保管的操作规程;

(2)对保管区内的货物做到账、卡清楚,账、卡、物相符;

(3)合理存放货物,以方便进出货和货物的搬运移动;

(4)定期清扫保管区,保证保管区内清洁卫生,无虫害、鼠害;

(5)定期检查保管区内的通风、照明、防雨防潮设施的情况,保持库区内通风、干燥、温湿度适宜；

(6)定期检查保管的货物品种、数量、质量状况，定期或不定期地对所保管货物进行盘点，及时掌握所保管物资的动态；

(7)严格执行保管区的安全检查，包括消防器材的配备及其有效性，区内电气线路的使用状况，是否存在老化、破损等安全隐患；

(8)严格执行保管区内的劳动纪律，严禁非保管区人员擅自进入保管区。

2. 保管员的岗位素质要求

(1)熟悉仓库管理规定，了解仓库的各项作业内容；

(2)了解仓库保管的基本知识和业务程序；

(3)熟悉库区内各储位的位置和状况，合理分配储位；

(4)熟悉库区各种保管设施设备的性能并能够合理使用；

(5)掌握一定的商品学知识，了解各类仓储物资的特性和理化性质，并在保管作业中合理运用。

(五)养护员

1. 养护员的岗位职责

(1)在仓管员的直接指挥下，负责库存商品的养护工作，把好物资入库关，严格执行物资入库手续，防止不合格品入库；

(2)对入库物资进行合理堆垛、苫垫，做到堆垛合理、安全牢固；

(3)掌握库存物资的商品性能，适当安排储存场所；

(4)加强仓库的温湿度管理，保持物资储存的合理温湿度；

(5)采取适当的措施，防止库存商品的腐蚀和霉变；

(6)对库存的特殊商品，根据商品特性的要求采取相应的措施，保证商品在库期间数量完整、质量完好；

(7)经常检查库容，保持仓库的卫生和清洁，防止鼠害和病虫害；

(8)经常检查仓库内设施设备的运转情况，保证库区的储存条件经常处于良好的状态。

2. 养护员岗位素质要求

(1)熟悉仓库管理规定，了解仓库的各项作业内容；

(2)了解仓库保管的基本知识和业务程序；

(3)熟悉库区内各储位的位置和储存商品的商品特性；

(4)熟悉库区各种保管设施设备的性能并能够合理使用；

(5)掌握丰富的商品学知识，了解各类仓储物资的商品特性和理化性质，并在养护作业中合理运用；

(6)熟练掌握仓库中常见的病虫害防治技术；

(7)根据商品养护的有关规定，定期进行商品的抽样检查，及时发现库存商品保管中存在的问题，并及时进行处理。

任务二 仓储管理基础知识

一、仓储管理概念

根据《物流术语》(GB/T 18354—2021)，仓储管理是指对仓储及相关作业进行的计划、组织、协调与控制。

仓储管理就是对仓库及仓库内储存的物资所进行的管理，是仓储机构为了充分利用所拥有的仓储资源，提供高效的仓储服务所进行的计划、组织、控制和协调的过程。仓储管理与仓库管理相比要复杂得多，仓库管理是指物品入库、在库、出库等环节的管理，是一种业务层面的管理。而仓储管理既包括战略层面的管理，如仓库选址与布局，又包括出入库作业、存储保管、分拣出库等业务层面的管理，还包括财务管理、人力资源管理和商务管理等经营决策管理。

二、仓储管理原则

(一)效益原则

效益原则是指经济效益、社会效益与生态效益相统一。利润是经济效益的表现，实现利润最大化需要做到经营收入最大化或经营成本最小化。作为市场经营活动主体的仓储企业，应该围绕获得最大经济效益的目的进行组织和经营。同时，仓储企业也需要承担一定的社会责任，履行治理污染、保护环境、维护社会安定的义务，满足创建和谐社会不断增长的物质文化与精神文化的需要，实现生产经营的综合效益最大化，实现仓储企业与社区的和谐发展，实现仓储企业与国民经济、行业经济、地区经济同步可持续发展。

(二)效率原则

仓储生产管理的核心是效率管理，是以最少的劳动量投入获得最大产出的管理。仓储的效率表现在仓库利用率、货物周转率、进出库时间、装卸车时间等指标的先进性上，是能体现“快进、快出、多存储、保管好”的高效率仓储。高效率还需要有效管理过程的保证，包括现场的组织调度、标准化制度、严格的质量责任制的约束等。

(三)服务原则

仓储服务管理包括直接服务管理和以服务为原则的生产管理。仓储管理要在改善服务、提高服务质量上狠下功夫。仓储服务水平与仓储经营成本有着密切的关系，服务好，成本高，收费就高。合理的仓储服务管理就是要在仓储经营成本和服务水平之间寻求最佳区域，保持相互间的平衡。

三、仓储管理任务

(一)配置仓储资源

配置仓储资源也应以依据所配置的资源来获得最大效益为原则。仓储管理需要营造本仓储机构的局部效益空间，吸引资源的投入，具体任务包括：根据市场供求关系确定仓储的建设；

依据竞争优势选择仓储地址；以生产差别产品决定仓储专业化分工和确定仓储功能；以所确定的功能决定仓储布局；根据设备利用率决定设备配置等。

（二）组建仓储管理机构

仓储管理机构是开展有效仓储管理的基本条件，是一切管理活动的保证和依托。仓储管理机构的确定需围绕着仓储经营的目标，以实现仓储经营的最终目标为原则，依据管理幅度、因事设岗、责权对等的原则，建立结构简单、分工明确、互相合作的管理机构和管理队伍。

仓储管理机构因仓储机构的属性不同，分为独立仓储企业的管理机构和附属仓储机构的管理机构。仓储管理机构一般都设有内部行政管理机构、商务机构、库场管理机构、机械设备管理机构、安全保卫机构、财务机构及其他必要的机构。仓储内部大都实行直线职能管理制或事业部制的管理机制。

（三）开展仓储商务活动

仓储商务活动是仓储对外的经济联系，包括市场定位、市场营销、交易和合同关系、客户服务、争议处理等。仓储商务活动是仓储生存和发展的关键工作，是经营收入和仓储资源充分利用的保证。

（四）组织仓储生产

仓储生产包括物品入仓、堆存、出仓的作业，仓储物验收，理货交接和在仓储期间的保管照料、质量维护、安全防护等。仓储生产的组织遵循高效、低耗的原则，充分利用机械设备、先进的保管技术和高效的管理手段，实现仓储快进、快出，提高仓储利用率，降低成本，防止发生差、损、错事故，保持连续、稳定的生产。

（五）树立仓储企业形象

企业形象是指企业展现在社会公众面前的各种感性印象和总体评价的整合，包括企业及产品的知名度、社会的认可度、美誉度、企业的忠诚度等方面。企业形象是企业的无形财富，良好的形象促进产品的销售，也为企业的发展提供良好的社会环境。作为产业服务的仓储业，其企业形象所面向的对象主要是生产和流通经营者，其企业形象的建立主要通过服务质量、产品质量、诚信和友好合作获得，并通过一定的宣传手段在潜在客户中推广。在现代物流管理中，对服务质量的高度要求、对合作伙伴的充分信任使作为物流业的仓储企业形象的建立极为必要，具有良好形象的仓储经营人才能在物流体系中占一席之地，适应现代物流的发展。

（六）提高仓储管理水平

任何企业的管理都不可能一成不变，需要随着形势的发展不断发展，从而适应新的变化。仓储管理也要根据企业经营目的的改变和社会需求的变化而改变。管理也不可能一步到位，一开始就设计出一整套完善的管理制度实施于企业，这样不仅教条，而且不可执行。仓储管理要从简单管理到复杂管理、从直观管理到系统管理，在管理实践中不断补充、修正、完善，不断提高，实行动态的仓储管理。

（七）提高仓储企业员工素质

员工的素质包括每个员工的技术素质和精神素质。通过不断的、系统的培训和严格的考核，保证每个员工熟练掌握其应有的操作技能、管理技术和理论知识，且要求精益求精，跟上技术、知识的发展和保持不断更新，了解岗位的工作制度和操作规程，明确岗位所承担的责任。

四、仓储管理的基本内容

仓储管理活动主要是在商品流通过程中货物储存环节的经营管理，主要包括六个方面。

(一)仓库选址与建设

仓库选址与建设问题是仓储管理战略层面所研究的问题，它涉及公司长期战略与市场环境相关联问题的研究，对仓库长期经营过程中的服务水平和综合成本具有非常大的影响。仓库选址与建设包括仓库选址与布点、仓库建筑结构与规模、仓库的布局等。仓库选址与布点包括仓库选址应遵循的基本原则、仓库选址时应考虑的基本因素以及仓库选址的技术方法，多点布置时还需要考虑网络中仓库的数量、规模大小、相对位置和服务的客户等问题。仓库的规模与布局包括仓库库区面积、建筑物面积及建筑结构等的确定，库区内运输道路和作业区的布局，库房内部各作业区域的划分和作业通道布置的方式。

(二)仓储设施设备的选择与配置

仓储设施设备的选择与配置包括：根据仓库作业的特点、储存商品的种类及其物理和化学特性，合理地选择仓库设施与作业设备，并确定配套的数量，以及合理使用和管理设施设备。现代仓储离不开仓库所配备的设施与设备，如叉车、货架、托盘和各种辅助设备。恰当地选择适用于不同作业类型的仓储设施与设备，将大大降低仓库作业中人工劳动强度，提高作业效率，保障仓储服务质量。

(三)仓储业务管理

仓储业务管理即对物品的入库、在库保管、出库等各项业务活动的组织、协调与控制。它是仓储管理日常所面对的最基本的管理内容，涉及仓储作业的组织结构与岗位分工、作业流程设计、仓储作业中的技术方法和作业手段，还包括仓储活动中的信息处理等。

(四)仓储库存管理

库存管理是仓储管理的重要组成部分之一，是在满足顾客服务要求的前提下，通过对企业的库存水平进行控制，提高物流系统的效率，以提高企业的市场竞争力。库存不足会造成服务水平下降，物资供应不足，影响销售利润和企业信誉；库存过多会造成仓库面积和库存保管费用增加，从而增加产品成本，并占用大量的流动资金。库存控制是仓储管理中非常复杂的内容，是仓储管理从传统的存货管理向高级的存货系统动态控制发展的重要标志。

(五)仓储人力资源管理

仓储人力资源管理包括仓储人员的招聘、培训、选拔和合理使用，以及建立、健全仓储岗位的工作职责、各岗位人员配置与优化、人机系统的高效组合等。

(六)仓储信息技术的应用

仓储信息技术的应用包括在仓储管理中信息技术的应用以及仓储管理信息系统的建立、应用与维护。现代化的仓储离不开仓储信息化，随着互联网、大数据、云计算等信息技术的迅猛发展与广泛应用，现代仓储管理已经从传统的信息化向智慧化发展，条形码技术、RFID（射频识别技术）等已经成为常见的仓储信息管理技术，仓储管理信息系统、供应链管理系统等已经广泛应用于仓储管理中，物联网、人工智能等新技术已经开始在仓储管理中使用，这不仅大大提高了仓储业务水平，而且有助于获得更多增值收入。

此外，仓储管理还涉及仓储安全管理、仓储成本管理、仓储绩效评价以及仓储商务管理等方面的内容。

任务三　仓储作业流程

一、入库作业

（一）入库作业的概念

入库作业是指物资进入仓库储存时所进行的检验和接收等一系列技术作业过程，包括物资的接收、装卸、验收、搬运、堆码和办理入库手续等技术作业，是仓储业务管理的开始。

入库工作的好坏将直接影响物资的保管和销售。

（二）入库作业的流程

入库作业包括入库前准备、物资接运、物资验收、物资入库四个环节，如图 1-1 所示。

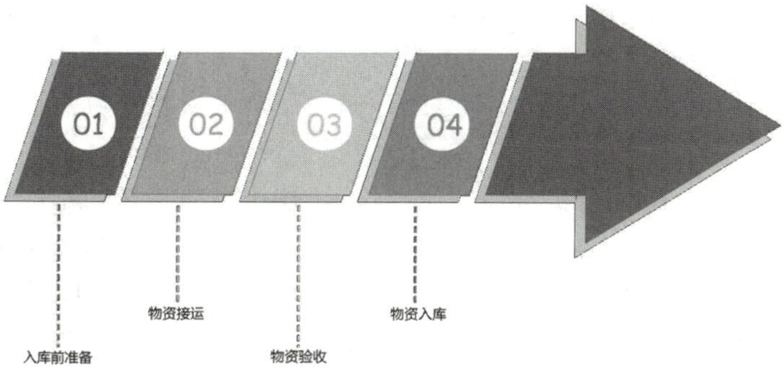

图 1-1　入库作业流程图

1. 入库前准备

1）编制物资入库计划

物资入库计划是仓库业务计划的重要组成部分。其目的是有计划地安排仓位，筹集各种器材，配备作业的劳动力，使仓库的仓储业务最大限度地做到有准备、有秩序。

首先，仓库的业务员和管理人员应该通过查阅货物资料、询问存货人等途径了解入库物资的品种、规格、数量、包装状况、单件体积、重量、确切的到库时间、物资存期、物资的物理和化学特性、保管的要求等具体情况；其次，仓库业务员和管理人员应动态地掌握仓库货位的使用情况、机械设备条件、劳动力状况等；最后，仓库业务部门应根据掌握的详细信息，制订仓储计划，并将各项具体任务下达到相关作业单位。企业物资供应部门的物资储存计划、进货安排会经常发生变化，为适应这种情况，仓库管理上可采取长计划、短安排的办法，按月编制计划。

2）货位准备

仓库业务部门根据入库物资的类别、性能、数量、包装、存放时间等情况，结合仓库分区、分类、定位保管的要求，核算占用货位大小，根据货位的使用原则，妥善安排货位。仓库管理人员负责具体的货位准备工作，如腾仓、清洁货位、清理排水系统、消毒除虫等。

选择货位主要有如下原则：

(1)以周转率为基础原则。即将货品按周转率由大到小排序，再将此序分为若干段(通常分为三至五段)，同属于一段中的货品列为同一级，依照定位或分类存储法的原则，指定存储区域给每一级货品，周转率越高应离出入口越近。

(2)产品相关性原则。即把相关物品放在相邻区域，这样可以缩短提取路程，减少人员工作强度，简化清点工作。产品的相关性大小可以利用历史订单数据做分析。

(3)产品同一性原则。所谓同一性的原则，就是把同一类物品储放于同一保管位置，这样作业人员对于货品保管位置能熟知，并且对同一类物品的存取花费最少的搬运时间，是提高物流中心作业生产力的基本原则之一。否则，当同一类物品散布于仓库内多个位置时，进行存放、取出等作业不方便，也会对盘点以及作业人员对料架上物品的掌握程度造成困难。

(4)产品互补性原则。互补性高的货品也应存放于邻近位置，以便缺货时可迅速以另一品项替代。

(5)产品相容性原则。相容性低的产品不可放置在一起，以免损害品质。

(6)产品尺寸原则。在仓库布置时，同时考虑物品单位大小以及由于相同的一批物品所形成的整批形状，以便能提供适当的空间满足某一特定要求。所以在存储物品时，必须要有空间的变化，用以容纳不同大小的物品。此原则可以使物品存储数量和位置适当，使得拨发迅速，搬运工作量及时间都能减少。一旦未考虑存储物品单位大小，将可能造成存储空间太大而浪费空间，或存储空间太小而无法存放；未考虑存储物品整批形状亦可能造成整批形状太大无法同处存放。

(7)重量特性原则。所谓重量特性的原则，是指按照物品重量的不同来决定存放物品于货位的高低位置。一般而言，重物应保管于地面上或料架的下层位置，而重量轻的物品则保管于料架的上层位置；若是以人手进行搬运作业时，人腰部以下的高度用于保管重物或大型物品，而腰部以上的高度则用来保管重量轻的物品或小型物品。

(8)物品特性原则。物品特性不仅涉及物品本身的危险性及易腐蚀性，同时也可能影响其他的物品，因此在物流中心布局时应考虑。

准备货位时除了遵循上面的原则外，还要计算货位存货量。

(1)确定库场货物单位面积定额，即仓容定额 p。仓容定额 p 通过库场单位面积技术定额 $P_{库}$ 和货物单位面积堆存定额 $P_{货}$ 两个指标来确定。库场单位面积技术定额 $P_{库}$ 是指库场地面设计和建造所达到的强度，用 t/m^2 表示。如某仓库标注 $3\ t/m^2$，该指标确定了该货位的最大允许存放的货物数量。一般仓库的地面单位面积技术定额为 $2.5\sim3\ t/m^2$，楼层增高则该值相应减小，加强型地面单位面积技术定额为 $5\sim10\ t/m^2$。

货物单位面积堆存定额 $P_{货}$ 则是货物本身的包装及其本身强度所确定的堆高限定。如某电冰箱注明限高 4 层，每箱底面积为 $0.8\ m\times0.8\ m$，每箱重 80 kg，则该电冰箱的单位面积堆存定额为：

$$P_{货}=\frac{80\times4}{0.8\times0.8\times1000}t/m^2=0.5\ t/m^2$$

库场货物单位面积定额则由以上两者确定，使用较小的数值，这样才能同时保证库场地面不会被损坏及货物本身不会被压坏。

即：如果 $P_{库}<P_{货}$，则 $p=P_{库}$；若 $P_{库}>P_{货}$，则 $p=P_{货}$。

如上例中 $P_{库}>P_{货}$，因而库场货物单位面积定额就为 0.5 t/m²。

(2)计算货位存货量。货位存货量是计算所选用的货位能堆存拟安排货物的总数量，亦即货位的存储能力 q。

$$q=ps$$

式中：q——某货位的存储能力(t)；

p——某类货物的仓容定额(t/m²)；

s——该类货物所存放货位的有效占用面积(m²)。

(3)计算仓库存储能力。仓库存储能力 Q 包括某一仓库或整个库区对特定货物的存放能力。

$$Q=\sum ps$$

式中：Q——仓库的存储能力(t)；

p——某类货物的仓容定额(t/m²)；

s——该类货物的有效占用面积(m²)。

3)苫垫材料准备

根据入库物资的性能、保管要求、数量及库场的具体条件确定堆垛方法，制订苫垫方案，准备好苫垫材料，以确保入仓货物的安全。

4)设备器具准备

大批量货物入库，必须有装卸搬运机械的配合。仓库应该事前设计好装卸搬运工艺，做好设备的申请调用工作；准备好验收用的检验工具，如衡具、量具等，确保这些工具的准确性。

5)资料准备

仓库管理人员对货物入库所需的各种报表、单证、记录簿(如入库记录、理货检验记录、料卡、残损单等)按要求准备妥当，以备使用。

2. 物资接运

物资接运人员要熟悉交通运输部门及有关供货单位的制度和要求，根据不同的接运方式，处理接运中的各种问题。

1)接运方法

(1)专用线接运。专用线接运是指铁道部门将转运的物资直接运送到仓库内部专用线的一种接运方式。仓库接到车站到货通知后，应确定卸车货位，力求缩短场内搬运距离，准备好卸车需要的人力和机具。车皮到达后，要引导入位。使用专用线接运物资时应做好如下工作。

①卸车前的检查工作。卸车前的检查工作十分重要，通过检查可以防止误卸和分清物资运输事故的责任。若发现问题，应及时与车站联系，进行相应处理。卸车前检查的主要内容如下：核对车号；检查车门、车窗有无异状，货封是否脱落、破损或印纹不清、不符等；检查物资名称、箱件数与物资运单上填写的名称、箱件数是否相符；对盖有篷布的敞车，应检查覆盖状况是否严密完好，尤其应该查看有无雨水渗漏的痕迹和破损、散捆等。

②卸车中应注意的要点。必须按照车号、品名、规格分别堆码，做到层次分明、便于清点，并标明车号及卸车日期；注意外包装的指示标志，要正确钩挂、铲兜、升起、轻放，防止包装和物

资损坏；妥善处理苫盖，防止受潮和污损；对品名不符、包装破损、受潮或损坏的物资，应另外堆放，写明标志，并会同承运部门进行检查，编制记录；力求与保管人员共同监卸，争取做到物资件数一次点清；卸后货垛之间留有通道，并要与电杆、消防栓保持一定的距离，要与专用线铁轨外侧距离 1.5 m 以上；正确使用装卸机具、工具和安全防护用具，确保人身和物资安全。

③卸车后的清理工作。检查车内物资是否卸净，关好车门、车窗，通知车站取车；做好卸车记录，如卸车货位、物资规格、物资数量等，连同有关证件和资料尽快向保管人员或验收人员交代清楚，办好内部交接手续。内部交接手续包括调运机构或接运人员将卸车记录、货运记录和进货物资件数交付保管人员。

(2)车站、码头提货。到车站提货，应向车站出示领货凭证。如果领货凭证发货人未予寄到，也可凭单位证明或在货票存查联上加盖单位提货专用章，将货物提回。到码头提货的手续与到车站提货稍有不同。提货人要事先在提货单上签名并加盖公章或附单位提货证明，到港口取回货物运单，即可到指定的库房提取货物。提货时应根据运单和有关资料认真核对物资的名称、规格、数量、收货单位等。仔细进行外观检查，如包装是否铅封完好，有无水渍、油渍、受潮、污损、锈蚀、破损等。如果发现与运单记载不相符合，应立即会同承运部门共同查清，并开具文字证明；对短缺、损坏等情况，应追究承运部门责任，并做好货运记录。

货到库后，接运人员应及时将运单连同提取回的物资与保管人员办理交接手续。

(3)自提货。自提货是指仓库直接到供货单位提货。这种方式的特点是提货与验收同时进行。仓库根据提货通知，要了解所提物资的性质、规格、数量，准备好提货所需的设备、工具和人员。到供货单位进行物资验收时，应当场点清数量、查看外观质量、做好验收记录。提货回仓库后，交验收员或保管员复验。

(4)库内接货。这是供货单位将物资直接送达仓库的一种供货方式。当货物到达后，保管员或验收员直接与送货人员办理接收工作，当面验收并办理交接手续。如果有差错，应填写记录，由送货人员签字证明，向有关方面提出索赔或以其他办法处理。

2)接运中的差错处理

在接运过程中，有时会发现或发生差错，如错发、混装、漏装、丢失、损坏、受潮、污损等。这些差错，有的是发货单位造成的，有的是承运单位造成的，也有的是在短途运输装卸中自己造成的。这些差错，除了由于不可抗拒的自然灾害或物资本身性质引起的以外，所有差错损失应向责任者提出索赔。

差错记录主要有以下两种。

(1)货运记录。货运记录是表明承运单位负有责任，收货单位据此索赔的基本文件。物资在运输过程中发生差错，应填写货运记录。货运记录包括物资名称、件数与运单记载不符，物资被盗、丢失或损坏，物资污损、受潮、生锈、霉变或其他货物差错等。记录必须在收货人卸车或提货前，通过认真检查后发现问题，经承运单位复查确认后，由承运单位填写并交收货单位。

(2)普通记录。普通记录是承运部门开具的一般性证明文件，不具备索赔效力，仅作为收货单位向有关部门交涉处理的依据。遇有下列情况并发生货损、货差时，填写普通记录：

①铁路专用线自装自卸的物资；

②棚车的铅封没有按规定施封或印纹不清、不符；

③施封的车门、车窗关闭不严，或者门窗有损坏；

④篷布苫盖不严实，漏雨或其他异状；

⑤责任判明为供货单位的其他差错事故等。

以上情况的发生，责任一般在发货单位。收货单位可持普通记录向发货单位交涉处理，必要时向发货单位提出索赔。

在完成物资接运工作的同时，每一个步骤都需要详细记录。接运记录应详细列出物资到达、接运、交接等各环节的情况，如表 1-1 所示。

表 1-1　接运记录

序号	到达记录									接运记录					交接记录			
	通知到达时间	运输方式	发货站	发货人	运单号	车号	货物名称	件数	重量	日期	件数	重量	缺损情况	接货人	日期	提货单编号	附件	收货人

接运工作全部完成后，所有的接运资料，如接运记录、运单、运输普通记录、货运记录、损耗报告单、交接证，以及索赔单和文件、提货通知单及其他有关资料等均应分类输入计算机系统以备复查。

3）核对凭证

物资运抵仓库后，仓库收货人员首先要检验物资入库凭证，然后按物资入库凭证所列的收货单位，货物名称、规格、数量等具体内容，逐项与物资核对。如发现送错，应拒收退回。一时无法退回的，应进行清点并另行存放，然后做好记录，待联系后再处理。经复核查对无误后，即可进行下一道工序。

4）大数点收

大数点收是按照物资的大件包装（即运输包装）进行数量清点。点收的方法有两种：一是逐件点数计总数；二是集中堆码点数。

逐件点数，如靠人工点计则费力易错，可采用简易计算器，计数累计以得总数。对于花色品种单一、包装大小一致、数量大或体积较小的物资，适于用集中堆码点数法，即入库的商品堆成固定的垛形（或置于固定容量的货架上），排列整齐，每层、每行件数一致。一批商品进库完毕，货位每层（横列）的件数与以下各层的件数不一样，这时要注意避免由于统一统计而产生差错。大数点收应注意以下事项：

（1）件数不符。大数点收中，如发生件数与通知单所列不符，数量短少，经复点确认后，应立即在送货单各联上批注清楚，按实数签收，同时，由收货人员与承运人员共同签章。经验收核对属实，由保管人员将查明的短少物资的品名、规格、数量通知运输部门、发货单位和货主。

（2）包装异状。收货中如发现物资包装有异状，收货人员应会同送货人员开箱、拆包检查，查明确有残损或细数短少情况的，由送货人员出具入库物资异状记录，或在送货单上注明。同时，应通知保管人员另行堆放，勿与以前入库的同种物资混堆在一起，以待处理。如入库物资包装损坏十分严重，仓库不能修复、无法保证储存安全时，应联系货主或供货单位派人员协助整理，然后再验收入库。未正式办理入库手续的物资，仓库要另行堆存。

(3)物资串库。在点收本地入库物资时，如发现货与单不符，有部分物资错送来库的情况(俗称串库)，收货人员应将这部分与单不符的物资另行堆放，待应收的商品点收完毕后，交由送货人员带回，并在签收时如数减除。如在验收、堆码时才发现串库物资，收货人员应及时通知送货人员办理退货更正手续，不符的物资交送货或运输人员提回。

(4)物资异状损失。物资异状损失是指接货时发现物资异状和损失的问题。设有铁路专用线的仓库，在接收物资时如发现短少、水渍、污染、损坏等情况时，由仓库收货人员直接向交通运输部门交涉。如遇车皮或船舱铅封损坏，经双方共同清查点验，确有异状、损失情况的，应向运输部门按章索赔。

在大数点收的同时，对每件物资的包装和标志要认真查看。检查包装是否完整、牢固，有无破损、受潮、水渍油污等异状。物资包装的异状，往往是物资受到损害的外在现象。如果发现异状包装，必须单独存放，打开包装详细检查内部物资有无短缺、破损和变质。逐一查看包装标志，目的是防止不同物资混入，避免差错，并根据标志指示操作，确保入库储存安全。

3. 物资验收

物资验收是按照验收业务作业流程，核对凭证等规定的程序和手续，对入库物资进行数量和质量检验的经济技术活动的总称。由于物资来源复杂，渠道繁多，从结束其生产过程到入库前，经过一系列储运环节，各种到库物资的数量和质量可能会受到储运水平和其他外界因素影响；虽然各类物资在出厂前都经过了检验，但也不排除错检、漏检情况的发生。因此，所有到库物资在入库前必须进行检验，验收合格后方可正式入库。

1)物资查验方式

(1)全验。全验需要耗费大量人力、物力和时间，检验成本高，但可以保证验收质量。在商品批量小、规格复杂、包装不整齐的情况下，可采用此法。数量和外观质量一般要求全验。

(2)抽验。物资质量和储运管理水平的提高以及数理统计的发展为抽验方式提供了物质条件和理论基础。对于大批量、同包装、同规格、信誉较高的存货单位的物资可采用抽验的方式检验。若在抽验中发现问题较多，应扩大抽验范围，直至全验。

2)物资检验内容

(1)数量检验。数量检验一般采用检斤、计件、检尺求积等方式，是由仓库保管职能机构组织进行的。

• 检斤。检斤是指对以重量为计量单位的物资进行数量检验时的称重，以确定其毛重和净重。值得注意的是，按理论换算重量的物资，先要通过检尺，然后按照规定的换算方法和标准换算成重量验收，如金属材料中的板材、型材等。所有检斤的物资都应填写磅码单。

• 计件。计件是指对以件数为计量单位的商品进行件数的理算。一般情况下，计件物资应逐一点清。固定包装物的小件商品，如果包装完好，则不需要打开包装。国内物资只检查外包装，不拆包检验。进口物资按合同和惯例检验。

• 检尺求积。检尺求积是指对以体积为计量单位的商品先检尺后求积所做的数量检验，如木材等货物，根据实际检验结果填写磅码单。

(2)质量检验。质量检验包括外观质量检验和内在质量检验。

①外观质量检验。

• 包装检验。通过人的感觉器官，检验物资的外包装或装饰有无被撬开、开封、污染、破损、水渍等情况，检查外包装的牢固程度。

• 物资外观检验。对无包装的商品，直接查看其表面，检查是否有撞击、变形、生锈、破碎等损害。

• 物资的重量尺寸检验。由仓库的技术管理职能机构组织进行。对入库物资的单件重量、货物尺寸进行测量，确定货物的重量。

• 标签、标志检验。检查商品标签、标志是否具备，是否完整、清晰，标签、标志与商品内容是否一致。

• 气味、颜色、手感检验。对某些特定物资必须通过物品的气味、颜色、手感来判定其是否新鲜，有无结块、溶化等现象。

• 打开外包装检验。外观有缺陷的物品，有时可能影响其质量，当检验人员判定物品内容有受损可能时，就应该打开包装检验。开包检验必须有两人以上在场。

检验后，根据实际情况及时封装或更换包装，并印贴已验收的标志。

商品的外观检验通过外观来判断质量，简化了仓库的质量验收工作，避免了各部门反复进行复杂的质量检验，节约了成本。凡经过外观质量检验的商品都应填写检验记录单。

②内在质量检验。

内在质量检验是对物品内在质量和物理化学性质所进行的检验。对物品内在质量的检验要求有一定的技术支持和检验手段。目前，大多数仓库不具备这些条件，所以，一般由专业技术检验单位进行，经检验后出具检验报告。

3)验收中发现和处理的问题

在物品检验过程中会产生许多问题，仓库管理部门应区别不同情况及时处理。同时，验收中发现有问题需等待处理的物品，应该单独存放、妥善保管，防止混杂、丢失、损坏。现将几种常见的问题归纳如下：

(1)数量方面的问题。

• 数量短缺在误差规定的范围内的，可按原数入账。

• 数量短缺超过误差规定的范围的，应做好验收记录，填写磅码单，交主管部门会同货主向供货单位交涉。

• 实际数多于原发料量的，可由主管部门向供货单位退回多发数或补发货款。

(2)质量方面的问题。

• 凡物品质量不符合规定要求的，应及时向供货单位办理退货、换货。

• 物品规格不符或错发的，应将情况做成验收记录交给主管部门办理退货。

仓库对物资验收中出现的数量和质量方面的具体问题，可用书面形式通知货主或发货方要求查明情况进行处理。可采用物资溢余、短缺、破损查询单的形式。

(3)资料方面的问题。

入库物资必须具备入库通知单，订货合同副本，供货单位提供的材质证明书、装箱单、磅码单、发货明细表，以及承运单位的运单等资料。凡资料未到或资料不齐的，应及时向供货单位或承运单位索取，该物品则作为待验物品堆放在待验区，待与物品相关的资料到齐后再验收。

入库前的物品检验是一项技术要求高、组织严密的工作，直接关系到整个仓储业务能否顺利进行，必须做到及时、准确、严格、经济。

4. 物资入库

入库物品经过仓库的检验后，由仓库保管员根据验收结果，在货物入库单上签收。同时，要在入库单上注明该批货物的货位编号，以便记账、查货、发货。仓库收货员还应在送货人提供的送货单上签名盖章，并留存相应单证。如果验收过程中发现差错、破损等不良情况，必须在送货单上详细注明差错的数量、破损状况等，并由当事人签字，以便与供货方、承运方分清责任。

物资入库的手续包括登账、立卡、建档、信息录入等。

1)登账

登账是指建立入库物品明细账。该明细账动态地反映商品进库、出库、结存等详细情况。该明细账的主要内容有商品名称、数量、规格，累计数或结存数，存货人或提货人，批次，单价，金额，商品的具体存放位置等。仓库物资保管部门负责该明细账的登记和管理，凭此进行货物的进出库业务。

2)立卡

商品入库后，仓库保管员应该将各种商品的名称、数量、规格、质量状况等信息，编制成一张卡片，即物资保管卡片，这个过程即为立卡。

物资保管卡片的管理办法主要有两种。一是由保管员集中保存管理。这种方法有利于责任制的贯彻，即专人专责管理。但是如果有进出业务而该保管员缺勤时就难以及时进行。二是将物资保管卡片直接挂在物资垛位上。挂放位置要明显、牢固。这种方法的优点是便于随时与实物核对，有利于物资进出业务及时进行，可以提高保管员的工作效率。

3)建档

将物资入库业务作业全过程的有关资料证件进行整理、核对，建立资料档案，为物资的保管、出库业务活动创造良好的条件。

4)信息录入

到达物流中心的物资，经验收确认后一般应填写入库验收单，单据的格式根据物资及业务形式而不同，但一般包含如下信息。

(1)供应商信息：名称、送货日期、送货订单完成情况。

(2)物资信息：品种数量、质量验收记录、生产日期或批号。

(3)订单信息：订单对应号、订单序号、当日收货单序号。

填写入库验收单后，还需将有关入库信息及时准确地录入库存物资信息管理系统，更新库存物资的有关数据。物资信息录入的目的在于为后续作业提供管理和控制的依据。

对于初次收到的物资，需要严格进行入库检验，并将信息及时输入仓库管理信息系统。入库物资信息需要录入以下内容：

(1)物资的一般特征，如物资名称、类别、规格、型号、包装单位、包装尺寸、包装容器、单位重量及价格等。

(2)物资的原始条码、内部编号、进货入库单据号码、储位。

(3)供应商信息，如供应商名称、编号、合同号等。

录入以上信息后，仓库管理信息系统将自动更新和储存录入的信息，特别是物资入库数量的录入将增加在库物资账面余额，从而保证物资账面数目与实际库存数量一致，既为保管物资数量与质量提供依据，也为库存物资数量的控制和采购决策提供参考。对作业过程中产生的单据和其他原始资料应注意根据一定的标准，如按不同的供应商或时间顺序等归类整理、留存备查。

二、在库作业

（一）在库作业概述

在库作业是指对在库物品进行理货、堆码、苫垫、维护保养、检查盘点等保管工作。为了确保物品的数量和质量完好无损，减少出入库的操作时间，提高效率，方便拣选和搬运，必须重视在库作业和保管过程。

（二）保管方式与作业规范要求

1. 保管方式

保管方式有以下五种类型。

（1）地面平放式：将保管物品直接堆放在地面上进行保管。

（2）托盘平放式：将保管物品直接放在托盘上，再将托盘平放于地面上进行保管。

（3）直接堆放式：将货物在地面上直接码放堆积成各种垛形进行保管。

（4）托盘堆码式：将货物直接堆码在托盘上，再将托盘放在地面上进行保管。

（5）货架存放式：将货物直接码放在货架上进行保管。

2. 保管中的作业规范要求

（1）面向通道：将货物面向通道保管，便于货物在仓库内移动、存放和取出。

（2）先进先出：根据入库时间确定发货时间，避免发生过期变质、损耗现象。

（3）周转频率对应：依据收发货的不同频率来确定货物的存放位置，便于搬运和提高物流效率。

（4）同类归一：同类货物放于相同或相近位置，便于分拣，提高物流效率。

（5）重量对应：根据货物重量确定存入的位置和保管方法。重物放于地面或货架低层，轻物放在货架上层。这样便于分拣，提高作业效率。

（6）形状对应：根据货物形状确定存放位置和保管方法。包装标准化的货物堆放在货架上保管。

（7）标记明确：对保管物品的品种、数量及保管位置做明确详细的标记，便于提高货物存放、拣出的物流作业效率。

（8）分层堆放：利用货架等设备对货物进行分层堆放保管，有利于提高仓库的利用效率，保证货物不受挤压及作业的安全性。

（9）五五堆放：根据各种物料的特性做到“五五成行、五五成方、五五成串、五五成堆、五五成层”，流动后零头和尾数要及时合并，使物料叠放整齐，便于点数、盘点和取送。

（三）理货

1. 理货的作用

仓库理货是指仓库在接收入库货物时，根据入仓单、运输单据、仓储合同和仓储规章制度，对货物进行清点数量、检查外表质量、分类分拣、数量接收的交接工作。理货主要有以下五大作用。

1)仓库履行仓储合同的行为

仓库理货工作是仓库确认收存货物实物的作业过程，经过理货意味着接收货物，因而是仓库履行仓储合同的保管人义务的行为。仓库理货是对货物数量和表面质量的检查，确认货物是仓储合同所约定的货物。发现货物与合同约定的不同，包括数量不同、品种不同、状态不符合约定时，仓库可以拒绝接收和追究存货人的违约责任。如果事先未订立合同，仓库对货物进行理货确认，也表明仓库接受货物的仓储，成为一种通过行为订立合同的方式。

2)仓库保管质量的第一道关口

理货是货物入库的第一次检查，通过对货物的全面检查，及时发现货物的不良情况，对已残损、玷污、变质的货物可以拒绝接收；对已存在质量隐患的货物，予以认定和区别，并采取针对性妥善处理措施，或者采用特别的保管手段，防止损害扩大，有利于提高保管质量。

3)划分责任

通过理货确定货物的数量、质量状况，发现货物短少、残损的，则仓库对所发现的短少和残损不承担责任，否则未发现的残损就会成为仓储期间的损耗而要由仓库承担责任。经检查发现的货物质量隐患的认定，减轻了仓库对货物保管质量的负责程度。另外，理货工作也是从时间上划分了仓库负责的期限，在理货之后发生的残损，原则上由仓库负责。

4)仓储作业的过程

理货过程同时也是仓储管理员安排仓储，指挥装卸、搬运作业的过程，仓库承担货物分类、分拣的作业过程。若采用外来人员作业时，理货过程也是监督作业质量的过程。采用内部员工作业时，理货人员就是内部作业质量管理的监控人。

5)交接工作

货物经理货确认，由理货人员与送货部门或者承运人办理货物交接手续，签署送货单或交接清单，签署现场单证，接收送货文件。

2. 理货的内容

仓库理货是仓库管理人员在货物入库现场的管理工作，其工作内容不只是狭义的理货工作，还包括货物入库的一系列现场管理工作。

1)清点货物件数

对于件装货物，包括有包装的货物、裸装货物、捆扎货物，根据合同约定的计数方法，点算完整货物的件数。如合同没有约定，则仅限在点算运输包装件数(又称大数点收)。合同计件方法为约定细数以及需要在仓库拆除包装的货物，则需要点算最小独立(包装)的件数，包括捆内细数、箱内小件数等；对于件数和单重同时要确定的货物，一般只点算运输包装件数。对入库拆箱的集装箱，则要在理货时开箱点数。

2)查验货物单重、尺度、重量

货物单重是指每一运输包装的货物重量。单重确定了包装内货物的含量，分为净重和毛重。对于需要拆除包装的，需要核定净重。货物单重一般通过称重的方式核定。对于以长度或者面积、体积交易的商品入库时必然要对货物的尺度进行丈量，以确定入库货物数量。丈量的项目(长、宽、高、厚等)根据约定或者货物的特性确定，通过使用合法的标准量器，如卡尺、直尺、卷尺等进行丈量。同时，货物丈量还是区分大多数货物规格的方法，如管材、木材的直径，钢材的厚度等。

3)查验货物重量

查验货物重量是指对入库货物的整体重量进行查验。对于计重货物(如散装货物)、件重并计货物(如包装的散货、液体),需要衡定货物重量。货物的重量分为净重和毛重,毛重减净重为皮重。根据约定或具体情况衡量毛重或净重。衡重方法可以采用以下几种方式。

(1)衡量单件重量,则:总重等于所有单件重量之和。

(2)分批衡量重量,则:总重等于每批重量之和。

(3)入库车辆衡重,则:总重=总重车重量-总空车重量。

(4)抽样衡量重量,则:总重=(抽样总重/抽样样品件数)×整批总件数。

(5)抽样重量核定,误差在1%以内,则:总重=货物单件标重×整批总件数。

对设有连续计量设备的仓库,可以直接用该设备进行自动衡重。连续计量设备主要有轨道衡、胶带衡、定量灌包器、流量计等。连续计量设备必须经国家计量行政部门检验发证(审证)方可有效使用。

此外,还可以通过对容器或运输工具中液体货物的体积(等于容器、货舱体积)量算和密度测定来计算重量,此法称为液量计算。船舶的排水体积乘以水的密度减去空船储备、油水重量的非精确计算货物重量的方法,称为船舶水尺计量。

4)检验货物表面状态

理货时应对每一件货物进行外表感官检验,查验货物外表状态,接收外表状态良好的货物。外表检验是仓库的基本质量检验要求,确定货物有无包装破损、内容外泄、变质、油污、散落、标识不当、结块、变形等不良质量状况。

5)剔除残损

在理货时发现货物外表状况不良,或者怀疑内容损坏等,应将不良货物剔除单独存放,避免与其他正常货物混淆。待理货工作结束后进行质量确定,确定内容有无受损以及受损程度。对不良货物可以采取退货、修理、重新包装等措施处理,或者制作残损报告,以便明确划分责任。

6)货物分拣

仓库原则上采取分货种、分规格、分批次的方式储存货物,以保证仓储质量。对于同时运入库的多品种、多规格货物,仓库有义务进行分拣、分类、分储。理货工作就是要进行货物确认和分拣作业。对于特殊的分拣作业,如对外表分颜色、分尺码等,也应在理货时进行,以便分存。需开包进行内容分拣时,则需要独立进行作业。

7)安排货位、指挥作业

由理货人员进行卸车、搬运、垛码作业指挥。根据货物质量检验的需要,指定检验货位,无需进一步检验的货物直接确定存放位置;要求作业人员按照预定的堆垛方案堆码货或者上架;货垛有需要的垫垛、堆垛完毕的苫盖,指挥作业人员按要求进行处理;作业完毕,要求作业人员清扫运输、搬运工具及作业现场,收集地脚货。

8)处理现场事故

对于在理货中发现的货物残损,不能退回的,仓库只能接收,但要制作残损记录,并由送货人、承运人签署确认。对作业中发生的工损事故，也应制作事故报告，由事故责任人签署。

9)办理交接

由理货人员与送货人、承运人办理货物交接手续，接收随货单证、文件，填制收费单据，代表仓库签署单证，提供单证由对方签署等。

3. 理货的方法

1)在运输工具现场进行理货

仓库理货必须在送货入库的运输工具现场进行理货。一般在车旁与卸货同时进行；或者在车上点数，卸车时查验外表状态。除非在特殊情况下或者是特殊货物，经送货人、存货人同意，可以在其他地方理货，如双方同意在货垛点数、有开箱查验货物内容质量的要求时、约定卸车时不查验外表质量等。

2)与送货人共同理货

理货又称为理货交接，是货物交接的一个环节，因而理货必须有交接双方在场共同理货，以免将来发生争议。如果送货人或存货人拒绝参与理货，表明其放弃理货权利，只能接受仓库单方的理货结论。

3)按送货单或者仓储合同理货

理货员在理货时，应按照仓储合同的约定或者送货单的货物记载、质量要求进行理货，只要货物符合单据、合同所描述的状态和质量标准，符合送货人提供的验收标准，就可以验收，无需要求货物的绝对质量合格。如运单记载货物使用旧包装，则并不要求包装物表面无污迹。没有约定质量标准的，按照国家标准、行业标准或者能保证储藏保管质量不发生变化的要求进行验收，验收货物的品种、规格、数量、外表状态、包装状态等。

4)在现场进行记录并及时签署单证

对在理货中查验的事项、发现的问题，理货员应在现场进行记录和编写单证，并要求送货人签署证明，不能等待事后补编补签。

4. 理货单据

1)计数单

计数单是理货员在现场使用的记录簿。理货点数时不能仅依靠记忆进行计数，这样容易出现差错。应采用统一格式的计数单进行计数，对每一单元的点数进行记载，同时记载发现的残损等不良货物的货号、残损量、存位等，以便统计数量和查找残损。

2)入库单

入库单是仓库统一设置的入库单证。一般由仓库管理部门预填入库货物信息后交付仓库，作为向仓库下达的仓库作业命令。在查验货物后，将实收货物数、存放货位位置填写在单上，把货物不良情况在备注栏里批注，最后需要送货人签署入库单。入库单一式多联（三联），一联交送货人，仓库留存一联，一联交记账人员，其他则根据需要相应增加联数。

3)送货单、交接清单

送货单或者交接清单是送货人随货提交的单证，仓库根据来单理货验收。验收完毕，理货人员签署该单据，并将验收情况，特别是短少和残损情况，记录在单据上，并收留其中一联。

4)现场记录

现场记录是理货员对作业现场所发生的事故、不当作业、气候突变,或者其他影响到货物质量、作业安全的事件所进行的记录。现场记录既是明确责任,也是仓库严格管理的需要。

(四)商品编码与货位编号

为了保证仓储作业准确而迅速地进行,必须对商品进行清楚有效的编码以及对货位进行编号,这是极其重要的。即每种商品都有地址和名称,商品存取才能迅速而准确,并可通过计算机进行高效和标准化的管理。

1. 商品编码

商品编码是对商品按内容进行分类、有序编排,并用简明文字、符号或数字来代替商品的名称、类别。商品编码有利于大量商品的有序管理。

1)商品编码的作用

(1)提高商品资料的准确性。商品编码使商品的领用、发放、盘点、储存、保管、账目等一切管理事务性的工作均有编码可查,商品管理有序、准确率高。

(2)提高商品管理的效率。用编码代替文字记录,简单省事,效率高,更有利于计算机系统的管理,方便进行处理、检索、分析、查询。

(3)降低商品库存,降低成本。商品编码有利于商品库存的控制,有利于防止呆滞废料的产生,并提高商品活动的工作效率,减少资金积压,降低成本。

(4)防止各种商品舞弊事件的发生。商品编码有利于商品收支两条线管理,对商品进出容易跟踪,商品记录也非常准确。商品储存保管有序,可以减少或防止商品舞弊事件的发生。

2)商品编码的原则

(1)简单性。商品编码的目的就是化繁为简,所以,商品编码使用各种文字、符号、字母和数字时应尽量简单明了,便于记忆、查询、阅读、抄写等各种工作,减少错误概率。

(2)完整性。商品编码时,所有的商品都要有对应的编码,这样编码才完整。

(3)对应性。一个编码只对应一项商品,商品编码具备单一性,商品与编码一一对应。

(4)规律、易记性。应选择有规律、易记忆的方法,有暗示和联想作用,便于记忆。

(5)可拓展性。商品编码要考虑未来新产品、新材料发展扩充的情况,要留有一定的余地,使新材料也有对应的唯一编码。

(6)分类延展性。对于复杂的商品编码系统,进行大分类后,还要进行详细分类。在对各分类商品编码时,应注意字母或数字的可延展性。

(7)计算机的易处理性。编码应便于计算机查询、输入和检索。

3)商品编码的方法

(1)数字法。以阿拉伯数字为编码工具,按商品特性、流水等方式进行编码的一种方法。如:1——毛巾、2——肥皂、3——洗涤剂、4——清洁剂等。再利用编码末尾数字,对同类商品进行分类:1.1 为白毛巾、1.2 为蓝毛巾、1.3 为花毛巾等。也可将数字分段分组,如 1~10 为毛巾、11~20 为肥皂等。

(2)字母法。以英文字母为编码工具,按各种特性进行编码的方法,如表 1-2 所示。

表 1-2 字母编码法

商品价格	商品种类	商品颜色
A——高价材料； B——中价材料； C——低价材料	A——五金；B——交电； C——化工；D——塑料； E——电子	A——红色；B——橙色；C——黄色； D——绿色；E——青色；F——蓝色

(3)实际意义编码法。按照商品名称、重量、尺寸、分区、储位、保存期限等实际情况来编码。

例如：FO4810A2-15。

FO 表示食品类；

4810 表示包装尺寸为 4 m×8 m×10 m；

A2 表示 A 区第 2 排货架；

15 表示有效期为 15 天。

(4)暗示编码法。用数字和字母来编码，字母、数字与商品有一定的关联性，看到编码就能联想到相应的商品，也暗示了商品内容。此法易记忆。(见表 1-3)

表 1-3 暗示编码法

品名	尺寸	颜色与类型	供应商
BY	26	WM	10

表中：BY 表示自行车(bicycle)；

26 表示车轮半径为 26 cm；

WM 表示白色(white)和男式(men)；

10 表示供应商代码。

2. 货位编号

1)货位编号的概念

货位编号是对库房、货场、货棚、货架按地址、位置顺序统一编列号码，并做出明显标志。货位编号应符合“标志明显易找、编排规律有序”的要求，使商品存取工作顺利、快捷地进行。

2)常见的货位编号方法

(1)地址编号法。利用保管区的参考单位，如建筑物的第几栋、区段、排、行、层、格等，按相关顺序编号。较常用的方法是“四号定位法”，即用库号(或库内货区代号)、架号(货架、货柜代号)、层号(货架或货柜的层次代号)、位号(层内货位代号)这四个号码对应货位进行编号。

(2)区段编号法。就是把保管区分成几个区段，再对每个区段进行编号。这种方法是以区段为单位，每个编号代表的储区较大，区域大小根据物流量而定。

(3)品类群编号法。把相关物品集合后分成几个品类群，再对每个品类群进行编号。这种方式适合于品类差距大的物品，如服饰群、食品群等。

(五)堆码与苫垫作业

1. 堆码作业

1)堆码的概念

堆码也称码垛，就是将存放的商品整齐、有规划地摆放成货垛的作业。也就是根据商品的包装外形、重量数量、性能和特点，结合地坪负荷、储存时间，将商品分别堆成各种垛形。合理堆码有利于确保商品完好无损，提高仓容利用率，安全而快速地作业。进行商品堆码时，必须对堆码的方式、形状、高度等进行科学的研究和必要的计算。

2)堆码的基本要求

(1)堆码商品应具备的条件：

- 商品的数量、质量已彻底查清，验收合格；
- 对需取样的商品，堆码时注意取样的方便；
- 包装完好，标志清楚；
- 外包装已清扫干净，或包装虽有污染，但不影响商品质量；
- 不合格品已加工修复或分开堆码。

(2)码垛的基本要求。

- 合理。要求性质、品种、规格、等级、批次不同的货物和不同客户的货物，分开堆放。货垛形式适应货物的性质，有利于货物的保管，能充分利用仓容和空间；货垛间距符合作业要求以及防火安全要求；大不压小、重不压轻、缓不压急，不围堵货物，特别是后进货物不堵先进货物，确保“先进先出”。

- 牢固。堆放稳定结实，货垛稳定牢固，不偏不斜，必要时采用衬垫物料固定，不压坏底层货物或外包装，不超过库场地坪承载能力。货垛较高时，上部适当向内收小。易滚动的货物，使用木楔或三角木固定，必要时使用绳索、绳网对货垛进行绑扎固定。

- 定量。每一货垛的货物数量保持一致，采用固定的长度和宽度，且为整数，如 50 袋成行，每层货量相同或成固定比例递减，能做到过目知数。每垛的数字标记清楚，货垛牌或料卡填写完整，排放在明显位置。

- 整齐。货垛堆放整齐，垛形、垛高、垛距标准化和统一化，货垛上每件货物都应排放整齐，垛边横竖成列；垛不压线；货物外包装的标记和标志一律朝垛外。

- 节约。尽可能堆高，避免少量货物占用一个货位，以节约仓容，提高仓库利用率；完善组织安排，做到一次作业到位，避免重复搬运，减少劳动消耗；合理使用苫垫材料，避免浪费。

- 方便。选用的垛形、尺度、堆垛方法应方便堆垛、搬运、装卸作业，提高作业效率；垛形方便理数、查验货物；方便通风、苫盖等保管作业。

3)商品堆码的“五距”

商品堆码要做到货堆之间，货垛与墙、柱之间保持一定距离，留有适宜的通道，以便货物的搬运、检查和养护。要把货物保管好，“五距”很重要。“五距”是指顶距、灯距、墙距、柱距和堆距。

(1)顶距。顶距是指货堆的顶部与仓库屋顶平面之间的距离。留顶距主要是为了通风，平顶楼房，顶距应在 50 cm 以上为宜。

(2)灯距。灯距是指仓库里的照明灯与商品之间的距离。留灯距主要是为了防止火灾，商品与灯的距离一般不应少于 50 cm。

(3)墙距。墙距是指货垛与墙的距离。留墙距主要是为了防止渗水，便于通风散潮。

(4)柱距。柱距是指货垛与屋柱之间的距离。留柱距是为了防止商品受潮和保护柱脚，一般留 10～20 cm。

(5)堆距。堆距是指货垛与货垛之间的距离。留堆距是为了便于通风和检查商品，一般留

10 cm 即可。

4)货物堆码的基本方法

根据货物的特性、包装方式和形状、保管的需要,确保货物质量、方便作业和充分利用仓容,以及仓库的条件确定存放方式。仓库货物存放的方式有:地面平放式、托盘平放式、直接堆放式、托盘堆码式、货架存放式。货物储存的堆码方法有以下几种。

(1)散堆法。

散堆法适用于露天存放的没有包装的大宗货物,如煤炭、矿石、黄沙等,也可适用于库内少量存放的谷物、碎料等散装货物。散堆法是直接用堆扬机或者铲车在确定的货位上堆起,直接将货物堆高,在达到预定的货垛高度时,逐步后退堆货,后端先形成立体梯形,最后成垛,整个垛形呈立体梯形状。由于散货具有的流动性、散落性,堆货时不能堆到太靠近垛位四边的位置,以免散落的货物超出预定的货位。散堆法绝不能采用先堆高后平垛的方法堆垛,以免堆超高时压坏场地地面。

(2)货架存放。

货架存放适用于小件、品种规格复杂且数量较少、包装简易或脆弱、易损害不便堆垛的货物,特别适合价值较高而需要经常查数的货物仓储存放。货架存放需要使用专用的货架设备。常用的货架设备有:橱柜架、悬臂架、U 形架、板材架、栅格架、钢瓶架、多层平面货架、托盘货架、多层立体货架等。

(3)堆垛法存货。

对于有包装(如箱、桶、袋、箩筐、捆、扎等包装)的货物,包括裸装的计件货物,采取堆垛的方式储存。堆垛法存货能充分利用仓容,做到仓库内整齐,方便作业和保管。堆垛法有以下几种具体形式:

一是重叠式。重叠式也称直堆法,是逐件、逐层向上重叠堆码,一件压一件的堆码方式。为了保证货垛稳定,在一定层数后(如 10 层)改变方向继续向上堆放,或者长宽各减少一件继续向上堆放(俗称"四面收半件")。该方法方便作业、计数,但稳定性较差,适用于袋装、箱装、箩筐装货物,以及平板、片式货物等。

二是纵横交错式。每层货物都改变方向向上堆放。适用于管材、捆装、长箱装等货物。该方法较为稳定,但操作不便。

三是仰伏相间式。对上下两面有大小差别或凹凸的货物,如槽钢钢轨、箩筐等,将货物仰放一层,再反一面伏放一层,仰伏相间相扣。该垛极为稳定,但操作不便。

四是压缝式。将底层并排摆放,上层放在下层的两件货物之间。如果每层货物都不改变方向,则形成梯形形状;如果每层都改变方向,则类似于纵横交错式。

上下层件数的关系分为"2 顶 1""3 顶 2""4 顶 1""5 顶 3"等,如图 1-2 所示。

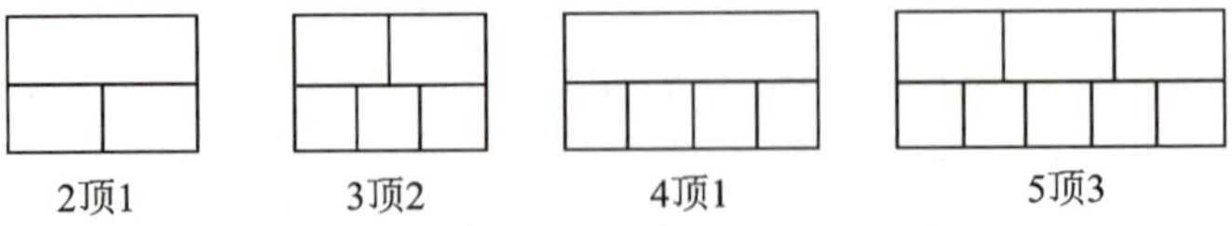

图 1-2　压缝式堆垛法示意图

五是通风式。货物在堆码时,每件相邻的货物之间都留有空隙,以便通风。层与层之间采用压缝式或者纵横交叉式。此法适用于需要通风量较大的货物堆垛。

六是栽柱式。码放货物前在货垛两侧栽上木桩或者钢棒(如U形货架),然后将货物平码在桩柱之间,几层后用铁丝将两边相对的柱拴连,再往上摆放货物。此法适用于棒材、管材等长条状货物。

七是衬垫式。堆垛时,隔层或隔几层铺放衬垫物,衬垫物平整牢靠后,再往上码。此法适用于不规则且较重的货物,如无包装电机、水泵等。

八是直立式。货物保持垂直方向码放的方法,适用于不能侧压的货物,如玻璃、油毡、油桶、塑料桶等。

2. 垫垛

垫垛是指在货物码垛前,在预定的货位地面位置,使用衬垫材料进行铺垫。

常见的衬垫物有:枕木、废钢轨、货板架、木板、帆布、芦席、钢板等。

(1)垫垛的目的:使地面平整;堆垛货物与地面隔离,防止地面潮气和积水浸湿货物;通过强度较大的衬垫物使重物的压力分散,避免损害地坪;使地面杂物、尘土与货物隔离;形成垛底通风层,有利于货垛通风排湿;货物的泄漏物留存在衬垫之内,不会流动扩散,便于收集和处理。

(2)垫垛的基本要求:所使用的衬垫物与拟存货物不会发生不良影响,具有足够的抗压强度;地面要平整坚实,衬垫物要摆平放正,并保持同一方向;衬垫物间距适当,直接接触货物的衬垫面积与货垛底面积相同,衬垫物不伸出货垛外;要有足够的高度,露天堆场要达到0.3～0.5 m,库房内0.2 m即可。

例题:衬垫面积的确定。

某仓库内要存放一台自重30 t的设备,该设备底架为两条2 m×0.2 m的钢架。该仓库库场单位面积技术定额为3 t/m^2,问需不需要垫垛?如何采用2 m×1.5 m、自重0.5 t的钢板垫垛?

解:物对地面的压强为:30/(2×2×0.2)=37.5 t/m^2。远远超过库场单位面积技术定额,必须垫垛。

假设衬垫钢板为n块,根据重量(含衬垫重量)=面积×库场单位面积技术定额,则

$$30 + n \times 0.5 = n \times 2 \times 1.5 \times 3$$

$n \approx 3.5$(块)

即需要使用4块钢板衬垫。将4块钢板平铺展开,设备的每条底架分别均匀地压在2块钢板之上,如图1-3所示。

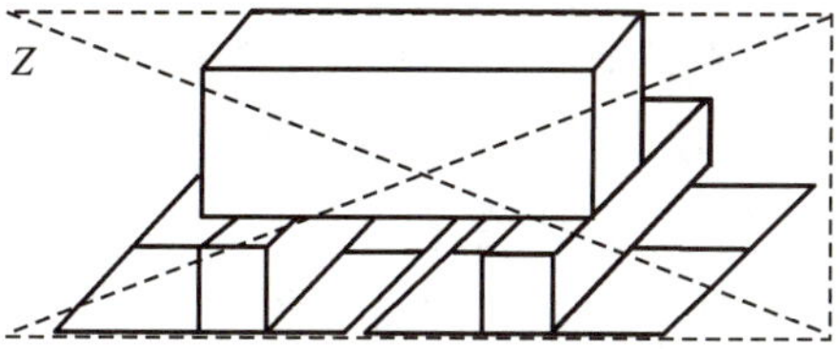

图1-3 衬垫

3. 苫盖

苫盖是指采用专用苫盖材料对货垛进行遮盖,以减少自然环境中的阳光、雨、雪、风、尘土等对货物的侵蚀、损害,并使货物由于自身理化性质所造成的自然损耗尽可能减少,保护货物在储

存期间的质量。常用的苫盖材料有：帆布、芦席、竹席、塑料膜、铁皮铁瓦、玻璃钢瓦、塑料瓦等。

1）苫盖的方法

（1）就垛苫盖法。直接将大面积苫盖材料覆盖在货垛上。该法适用于起脊垛或大件包装货物，一般采用大面积的帆布、油布、塑料膜等。就垛苫盖法操作便利，但基本不具有通风条件。

（2）鱼鳞式苫盖法。将苫盖材料从货垛的底部开始，自下而上呈鱼鳞式逐层交叠围盖。该法一般采用面积较小的席、瓦等材料苫盖。鱼鳞式苫盖法具有较好的通风条件，但每层苫盖材料都需要固定，操作比较烦琐复杂。

（3）活动棚苫盖法。将苫盖材料制作成一定形状的棚架，在货物堆垛完毕后，移动棚架到货垛遮盖；或者采用即时安装活动棚架的方式苫盖。活动棚苫盖法较为快捷，具有良好的通风条件，但活动棚本身需要占用仓库位置，也需要较高的购置成本。

2）苫盖的要求

苫盖的目的是给货物遮阳、避雨、挡风、防尘。苫盖的要求就是实现苫盖的目的。

（1）选择合适的苫盖材料。选用符合防火、无害的安全苫盖材料；苫盖材料不会与货物发生不利影响；成本低廉，不易损坏，能重复使用，没有破损和霉烂。

（2）苫盖牢固。每张苫盖材料都需要牢固固定，必要时在苫盖物外用绳索、绳网绑扎或者采用重物压住，确保风刮不开。

（3）苫盖的接口要有一定深度的互相叠盖，不能迎风叠口或留空隙；苫盖必须拉挺、平整，不得有折叠和凹陷，防止积水。

（4）苫盖的底部与垫垛平齐，不腾空或拖地，并牢固地绑扎在垫垛外侧或地面的绳桩上，衬垫材料不露出垛外，以防雨水渗入垛内。

（5）使用旧的苫盖物或在雨水丰沛季节时，垛顶或者风口需要加层苫盖，确保雨淋不透。

为了在保管过程中及时掌握货物资料，需要在货垛上张挂与该垛货物有关的资料标签。记载货物资料的标签称为货垛牌或者货物标签、料卡等。货物码垛完毕后，仓库管理人员就需要根据入库货物资料、接收货物情况等制作货垛牌，并摆放或拴挂在货垛正面明显的位置。

货垛牌的主要内容有：货位号、货物名称、规格、批号、来源、进货日期、存货人、该垛数量、接货人（制单人）等。根据仓库的不同特点可以相应增减内容。

（六）保管养护

1. 保管养护的意义

入库货物的保管养护是指仓库针对货物的特性，结合仓库的具体条件，采取各种科学手段对货物进行养护，防止或延缓货物质量变化的行为。货物保管的目的在于保持库存货物的使用价值，最大限度地减少货物自然耗损，杜绝保管不善而造成的货物损害，防止造成货物损失。保管人对仓储物进行妥善保管是仓储合同赋予仓储保管人的责任，由于保管不善所造成的损失，保管人要承担赔偿责任。仓库应高度重视货物保管养护工作，以制度性、规范性的方式确定保管工作责任；针对各种货物的特性制订保管方法和程序，充分利用现有的技术手段开展针对性的保管养护。

仓库遵循“以防为主、防治结合”的保管原则。要特别重视货物损害的预防，及时发现和消除事故隐患，防止损害事故的发生。特别要预防发生爆炸、火灾、水浸、污染等恶性事故和能造成大规模损害的事故。在发生、发现损害现象时，要及时采取有效措施，防止损害扩大。

仓库货物保管养护的手段主要有：经常对货物进行检查，及时发现异常情况；合理地对货物进行通风；控制阳光照射；防止雨、雪、水浸湿货物，及时排水除湿；除虫灭鼠，消除虫鼠害；妥善进行湿度控制、温度控制；防止货垛倒塌；防霉除霉，剔除变质货物；对特殊货物采取有针对性的保管措施等。

2. 货物保管养护的基本措施

1）掌握货物的性能，适当安排储存场所

产品由生产部门转入流通领域，首先进入储存部门。为了确保其质量不变，应根据货物的性能，选择适当的储存地点，同时要注意避免与同库储存的货物在性质上相互抵触，避免受串味、沾染以及其他影响。同时应注意采取的养护措施以及方法必须一致。

2）严格入库验收

货物在入库之前，通过运输、搬运、装卸、堆垛等，可能受到雨淋、水湿、玷污或操作不慎以及运输中震动、撞击致使货物或包装受到损坏，通过入库验收能及时发现，以分清责任。因此，对入库货物除了核对数量、规格外，还应该按比例检查其外观有无变形、变色、玷污、生霉、虫蛀、鼠咬、生锈、老化、沉淀、聚合、分解、潮解、溶化、风化、挥发、含水量过高等异状，有条件的还应进行必要的质量检验。

3）合理堆垛苫垫

入库货物应根据其性质、包装条件、安全要求采用适当的堆垛方式，达到安全牢固、便于堆垛且节约仓库的目的。为了方便检查、通风、防火和保障库房建筑安全，应适当地留出垛距、墙距、柱距、顶距、灯距以及一定宽度的主走道和支走道。为了防止货物受潮和防汛需要，货垛垛底应适当垫高，对怕潮货物垛底还需要加垫隔潮层。

4）加强仓库温湿度管理

各类货物在储存过程中发生的质量变化，多数是由于受到空气温度和湿度的影响。因此，不同的货物在储存过程中都要求有一个适宜的温湿度范围，这就需要掌握自然气候变化规律，并通过采取各种措施，使库房内的温度和湿度得到控制与调节，创造适合货物储存的温湿度条件以保护货物的质量不变。

5）坚持在库检查

货物在储存期间受到各种因素的影响，在质量上可能发生变化，如未能及时发现，就可能造成损失，因此需要根据其性质、储存条件、储存时间以及季节气候变化分别确定检查周期、检查比例、检查内容，分别按期进行检查或进行巡回检查。在检查中发现异状，要扩大检查比例，并根据问题情况，采取适当的技术措施，及时处理，防止货物损坏。

6）开展科学实验研究

对入库储存的货物及时检验质量，开展对货物质量变化规律的研究和养护措施的科学实验，是养护科研工作的一项主要内容。通过实验的可靠数据，证实养护措施的可靠性并指导实践；再通过保管实践的数据反馈，使养护措施的可靠性得到验证，或根据其不足处再做进一步研究改进。

（七）盘点

因货品不断地进出库，长期累积的库存资料容易与货品实际数量不符。或者有些产品因存放过久、不恰当,致使品质机能受影响,难以满足客户的要求。为了有效地控制货品数量,而对各储存场所进行数量的清点作业,就是盘点作业。

1. 盘点作业的目的

(1)为了确定现存量,并修正货账不符产生的误差。通常货品不断接收与发放后,容易产生误差,这些误差的形成主因有:

①库存资料记录不翔实,如多记、误记、漏记等。

②库存数量有误,如损坏、遗失、验收与出货清点有误。

③盘点方法选择不恰当,如误盘、重盘、漏盘等。

这些差异必须在盘点后查找起因,并予以更正。

(2)为了计算企业的损益。企业的损益与总库存金额有相当密切的关系,而库存金额又与库存量及其单价成正比。因此为了能准确地计算出企业实际的损益,就必须针对现有数量加以盘点。一旦发觉库存太多,即表示企业的经营受到压迫。

(3)为了稽核货品管理的绩效,使出入库的管理方法和保管状态变得清晰。如呆料、废品的处理状况,存货周转率,物料的保养维修等,均可借由盘点发现问题,以谋改善之策。

2. 盘点作业的步骤

一般盘点必须依循图 1-4 所示的步骤逐步实施。

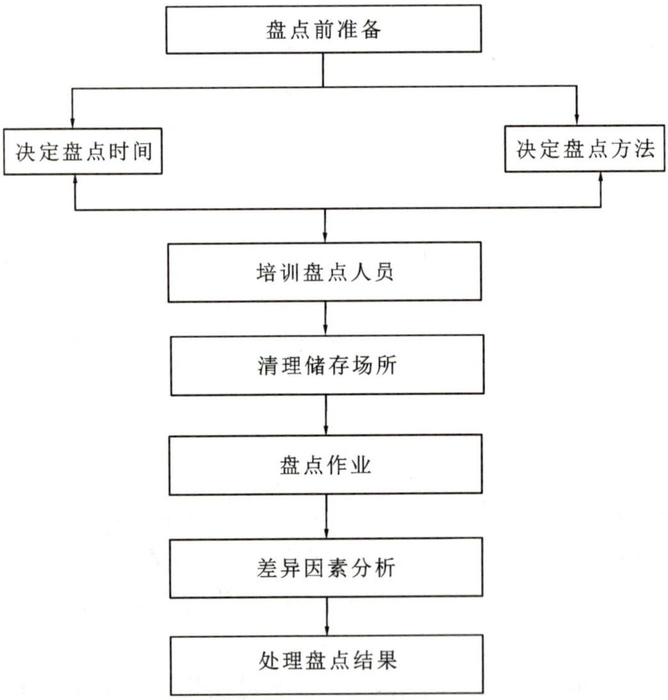

图 1-4 盘点作业的步骤

1)盘点前准备

盘点作业的事先准备工作是否充分,攸关盘点作业进行的顺利程度,为了使盘点能在较短的时间内利用有限的人力达到迅速准确的目标,事先的准备工作内容如下:

(1)明确建立盘点的程序方法;

(2)配合会计决算进行盘点;

(3)盘点、复盘、监盘人员必须经过训练;

(4)经过训练的人员必须熟悉盘点用的表单;

(5)盘点用的表格必须事先印制完成;

(6)库存资料必须确实结清。

2)决定盘点时间

一般性货品就货账相符的目标而言盘点次数越多越好,但因每次实施盘点必须投入人力、物力、财力,这些成本耗资不少,所以要控制盘点次数。事实上,导致盘点误差的关键原因是在出入库的过程中,出入库作业票据的输入错误、检查点数的错误,或搬运造成的损失,因此一旦出入库作业次数多时,误差也会随之增加。所以,对一般生产企业仓库而言,其货品流动速度不快的,半年至一年实施一次盘点即可。但对物流中心、配送中心仓库,在货品流动速度较快的情况下,既要防止过久盘点对公司造成的损失,又要节约盘点资源,最好能视物流中心各货品的性质确定不同的盘点时间。例如,在有商品 ABC 管理体系的公司,一般会建议:A 类主要货品,每天或每周盘点一次;B 类货品,每两三周盘点一次;C 类较不重要货品,每月盘点一次即可。

而未实施商品 ABC 管理的业者,至少也应对较容易损耗、毁坏及高单价的货品增加盘点次数。另外应注意的是,当实施盘点作业时,时程应尽可能缩短,以 2～3 日内完成较佳。至于具体时间一般会选择在:

(1)财务决算前夕,因便利决算损益以及表达财务状况。

(2)淡季进行,因淡季储货量少、盘点容易,人力的损耗相对降低,且调动人力较为便利。

3)决定盘点方法

因盘点场合、要求的不同,盘点的方法亦有差异,为应对不同情况,盘点的方法必须明确。具体方法会在下面再做详述。

4)培训盘点人员

为使盘点工作得以顺利进行,盘点时必须增派人员协助进行。对于由各部门增援的人员必须组织短期训练,使每位参与盘点的人员能切实发挥作用。而人员的培训必须分为两部分:

(1)针对所有人员进行盘点方法训练。其中对盘点的程序、表格的填写必须充分了解,工作才能得心应手。

(2)针对复盘与监盘人员进行认识货物的训练。因为复盘与监盘人员对大多数货物并不熟悉,故而应加强对货品的认识,便于盘点工作顺利进行。

5)清理储存场所

(1)在盘点前,对厂商交来的物料必须明确其所有数,如已验收完成,应即时整理归库;若尚未完成验收程序,则物料仍属厂商,应划分清楚、避免混淆。

(2)储存场所在关闭前应通知各需求部门预领所需的物项。

(3)完成储存场所整理、整顿工作,以便计数盘点。

(4)预先鉴定呆料、废品、不良品,以便盘点时鉴定。

(5)账卡单据、资料均应整理后加以结清。

(6)储存场所的管理人员在盘点前应自行预盘,以便提早发现问题并加以处理。

6)盘点作业

盘点时,因工作单调琐碎,人员较难持之以恒,为确保盘点的正确性,除人员培训时加强指导外,工作进行期间也应加强指导与监督。

7)差异因素分析

当盘点结束后,发现所得数据与账本资料不符时,应追查差异的主因。着手的方向有:

(1)是否因记账员素质不高导致货品数目无法表达;

(2)是否因账目处理制度的欠缺导致货品数目无法表达;

(3)是否因盘点制度的欠缺导致货账不符;

(4)盘点所得的数据与账簿资料的差异是否在容许误差内;

(5)盘点人员是否尽责,产生盈亏时应由谁负责;

(6)是否产生漏盘、重盘、错盘等状况;

(7)盘点的差异是否可事先预防,是否可以降低货账差异的程度。

8)处理盘点结果

差异原因追查后,应针对原因进行恰当的调整与处理,至于原料、废品、不良品等减少的部分,应与盈亏一并处理。

物品除了盘点时产生数量的盈亏外,有些货品在价格上会产生增减,这些变动在经主管审核后必须利用货品盘点盈亏及数目增减更正表进行修改。

3. 盘点的种类与方法

1)盘点的种类

就像账面库存与现货库存一样,盘点也分为账面盘点及现货盘点。

账面盘点又称为永续盘点,就是把每天入库及出库货品的数量及单价记录在电脑或账簿上,从而不断地累计加总算出账面上的库存量及库存金额。而现货盘点亦称为实地盘点或实盘,也就是实际去调查仓库内的库存数,再依货品单价计算出实际库存金额的方法。

如要得到最正确的库存情况并确保盘点无误,最直接的方法就是确定账面盘点与现货盘点的结果完全一致。一旦存在差异,即产生货账不符的现象,究竟是账面盘点记错还是现货盘点点错,则须再多费工夫来找寻出错原因,才能得出正确结果,并追究责任归属。

2)盘点的具体方法

(1)账面盘点法。

账面盘点的方法系将每一种货品分别设账,然后将每一种货品的入库与出库情况详加记载,不必实地盘点即能随时从电脑或账册上查悉货品的存量。通常量少而单价高的货品较适合采用此方法。

(2)现货盘点法。

现货盘点依其盘点频度的不同又分为期末盘点及循环盘点。期末盘点系指在期末一起清点所有货品数量的方法,而循环盘点则是在每天、每周即做少种少量的盘点,到了月末或期末则每项货品至少完成一次盘点的方法。

• 期末盘点法。由于期末盘点是将所有货品一次盘完,因而需要全体员工一起出动,采取分组的方式进行盘点。一般来说,每组盘点人员至少要三人,以便能互相核对、减少错误,同时也能彼此牵制、避免流弊。其盘点方法程序如下。

步骤1:将全公司员工分组。

步骤 2:由一人先清点所负责区域的货品,将清点结果填入各货品的盘存单上半部。

步骤 3:由第二人复点,填入盘存单的下半部。

步骤 4:由第三人核对,检查前二人的记录是否相同且正确。

步骤 5:将盘存单交给会计部门,合计货品库存总量。

步骤 6:等所有盘点结束后,再与电脑或账册资料进行对照。

• 循环盘点法。循环盘点是将每天或每周当作一个周期来盘点,其目的除了减少过多的损失外,对于不同货品要施以不同管理也是主要原因。就如同前述商品 ABC 管理的做法,价格越高或越重要的货品,盘点次数就越多;价格越低或越不重要的货品,就尽量减少盘点次数。循环盘点一次只进行少量盘点,因而只需专门人员参与即可,不必动用全体人员。

三、出库作业

(一)物资出库作业管理

物资出库作业管理是仓库根据出库凭证,将所需物资发放给需用单位所进行的各项业务管理。物资出库作业的开始,标志着物资保管养护业务的结束。物资出库作业管理包括两方面工作:一是用料单位持有规定的领料凭证,如领料单、提货单、调拨单等,并且所领物资的品种、规格、型号、数量等项目及提取货物的方式等必须书写清楚、准确;二是仓库方面必须核查领料凭证的正误,按所列物资的品种、规格、型号、数量等组织备料,并保证把物资及时、准确、完好地发放出去。

(二)物资出库的要求

商品出库要做到"三不、三核、五检查"。"三不"即未接单据或电子数据不翻账,未经审单不备货,未经复核不出库;"三核"即在发货时要核实凭证、账卡、实物;"五检查"即要检查单据和实物品名、规格、包装、件数、重量等。商品出库要求严格执行各项规章制度,提高服务质量,积极与用户联系,为用户提供方便条件,杜绝差错事故。出库作业时要遵循以下要求。

1. 凭证发货

物资出库必须按规定程序进行,领料提货单据必须符合要求。"收有据、出有凭"是物资收发的重要原则,凭证发货就是指出库必须凭正式单据和手续,对于非正式凭证或白条一律不予发放(国家或上级指令的紧急抢险救灾物资除外)。

2. 坚持先进先出原则

在保证物资使用价值不变的前提下,坚持先进先出原则。同时要做到保管条件差的先出,包装简易的先出,容易变质的先出,有保管期限的先出,回收复用的先出。

3. 做好发放准备

为使物资得到合理使用、及时投产,必须快速、准确发放。为此,必须做好发放的各项准备,如化整为零、备好包装、复印资料、组织搬运人力、准备好设备工具等。

4. 及时记账

物资发出后,应随即在物资保管账上核销,并保存好发料凭证。

5. 保证安全

在物资出库作业时,要注意安全操作,防止损坏包装和震坏、压坏、摔坏物品;要保证运输安全，做到物品包装完整，捆扎牢固，标志正确清楚，性能不互相抵触，避免运输差错和损坏物品的事故；同时也要保证物品质量安全。仓库人员必须经常注意物品的安全保管期限等，对已变质、已过期失效、已失去原使用价值的物品不允许分发出库。

(三)仓储物资出库方式

仓储物资出库方式一般有托运、自提、送料、移仓、过户等。

1. 托运

托运是由仓库将物资通过运输单位托运，发到物资需用单位的一种出库方式。由仓库货物会计根据货主事先送来的发货凭证开出商品出库单或备货单，交仓库保管员做好货物的配送、包装、集中、理货、待运等准备作业。

由仓库备完货后，到运输单位代用户办理货运手续，通过承运部门(如铁路、水运、汽运、航空、邮局等)将物资运送到用户所在地，然后由用户去提取。在办理托运前，仓库应根据需用单位的要求，进行物资的分割(如金属材料、电缆等)、配套(如机电设备等)、包装等，并做好发运日记，如表 1-4 所示。在中转仓库中，仓库应有专职人员办理出库物资的包装工作。包装工作应符合下列要求：

(1)根据物资的特点和运输部门的规定，选择包装材料，确定包装的大小和形状。包装应牢固，便于装卸。

(2)充分注意物资在运输中的安全。怕潮物资应垫防潮纸，容易破碎的物资应垫软质衬垫物。在包装外部要有明显的标志，表明对装卸的要求，特别是危险品，须按照危险品的要求进行包装，并加上危险品的标志。

(3)绝对禁止性能不同、互有影响的物资混合包装，危险品必须单独包装。

表 1-4 发运日记

净重							托运		发货				
日期	运输方式	到站	名称	件数	重量	收货人	日期	经办人	日期	件数	运单号	经办人	备注

2. 自提

自提是指由提货人凭货主所填制的发货凭证，用自备的运输工具到仓库提取货物的一种物资出库方式。仓库会计人员根据发货凭证开出物资出库单。仓库保管人员按上述证、单配货，经专人逐项复核后，将货物当面点交给提货人员，在库内办清交接手续，开出门单，由提货人员提走货物。

3. 送料

送料是指仓库直接把物资送到用户手中的一种物资出库方式。

送料必须以定额为依据，完善交接手续，分清责任。以送料方式出库，须由送料人办理发料凭证，一式四份。一份由送料人签收后交保管员留存并依此核销库存；一份经保管员签章后由送料人留存；一份由送料人、保管员共同签章后交用料单位；一份由送料人、保管员签章后交给物资统计员。

送料人员必须了解所运送物资的性质、体积、重量、紧迫性等，以便选择运送工具，组织装卸力量，安排装车的先后顺序，尽量节约运力。装车后，应检查捆绑、加固、苫盖等是否稳妥。卸车后，必须收回苫盖和加固材料。

送料可采取专人定路线的组织方式。这种方式可以用集装箱巡回送料，也可由保管员每日定时送料。保管员直接送料可以减少交接手续，直接由用料单位签收即可。

在送料以及在向用料单位交接物资的过程中，如果发现物资包装损坏、物资受损或物资数量短少等现象，应由送料人追查处理。

4. 移仓

移仓是指因业务或保管需要而将储存的货物从某一仓位转移到另一仓位的发货方式。移仓分为内部移仓和外部移仓。内部移仓需填制仓储企业内部的移仓单，并据此发货；外部移仓则根据货主填制的货物移仓单结算和发货。

5. 过户

过户是指在不转移仓库物资的情况下，通过转账单变更物资所有者的一种发货方式。物资过户时，其所有权由于调拨或销售而转换给另一单位，但仍应由原货主填制正式发货凭证，仓库据此进行过户转账。

（四）物资出库作业流程

物资出库流程：物资出库前准备→核对出库凭证→备料→复核→点交清理等。根据具体情况不同，侧重点也会有所差异。

1. 核对出库凭证

物资出库凭证为领（发）料单或调拨单，均应由主管分配的业务部门签章。

出库凭证应包括以下内容：收货单位名称，发料方式（自提、送料、代运），物资名称、规格、数量、单价、总价、用途或调拨原因，调拨单编号，有关部门和人员签章，结账方式及银行账号。

仓库接到出库凭证后，由业务部门审核证件上的印签是否齐全、相符，有无涂改。审核无误后，按照出库凭证上所列的物资品名、规格、数量与仓库料账再做全面核对。无误后，在料卡上填写预拨数，将出库凭证移交给仓库保管员。保管员复核料卡无误后，即可做物资出库的准备工作，包括准备随货出库的物资技术证件、合格证、使用说明书、质检证书等。

凡在证件核对中，物资品名、规格不对的，印签不齐全、数量有涂改、手续不符合要求的，均不能发料出库。

2. 备货

物资保管人员按照出库凭证上的品名、规格查对实物保管卡，注意规格、批次和数量，规定了发货批次的，按规定批次发货；未规定批次的，按先进先出的原则发货，利用计算机等对在库和出库的货位进行查询处理，并打印出货指示一览表和出货明细表。

备货有两种方式：一种是在原货位上备货，这种方式多用于大宗物资出库；第二种备货方式是将出库物资按出库凭证上所列的品名、规格、数量，经过搬卸、运输作业，送到指定的待运场所集中，这种方法多用于小批量或不是整车发运而是需要集中配装的出库物资。

由于出库作业非常复杂，工作量大，因此要事先对出库作业加以合理组织，安排好作业人员，保证各个环节紧密衔接。物资出库前的准备工作分为两方面：一是计划工作，就是根据需货方提出的出库计划或要求，事先做好物资出库的安排，包括对货场货位，机械搬运设备、工具和作业人员等的安排；二是要做好出库物资的包装和涂写标志工作。

出库发运外地的物资，包装要符合运输部门的规定，便于搬运、装卸。出库物资大多数是原件分发的，由于经过运输、多次中转装卸、堆码及翻仓倒垛或拆件验收，部分物品包装不再满足运输的要求，所以，仓库必须根据情况整理加固或改换包装。

对于经常需要拆件发零的物品，应事先准备一定数量和不同品种的物品，货物发出后，要及时补充，避免临时再拆整取零，延缓付货。拼箱物品一般要做好挑选、分类、整理等准备工作。有的物品可以根据要求事先进行分装。

对于有装箱、拼箱、改装等业务的仓库，在发货前应根据物品的性质和运输部门的要求，准备各种包装材料及相应衬垫物。还要准备刷写包装标志的用具、标签、颜料及钉箱、扩仓的工具用品等。

出库商品从办理托运到出库的付运过程中，需要安排一定的仓容或站台等作为理货场所，需要调配必要的装卸机具。提前集中付运的物品，应按物品运输流向分堆，以便于运输人员提货发运，及时装载物品，加快发货速度。

具体出货时，若是用计算机管理的自动化仓库，其通用的流程如下：

(1)按堆垛机号打印出的应取货的货位一览表进行发货。发货记录票上记载机号、货位号、托盘号、出货单号、制品和数量等数据。按照出货计划文件，计算机向管理控制台发出出货指令。

(2)管理控制台对堆垛机的地上控制盘发出出货指令。

(3)堆垛机从指定的货位取出托盘，并搬运到移动台车上。

(4)移动台车自动行走。此时出货终端显示出货单号和其他相关项目。

货物备好后，为了防止备货过程中可能出现的差错，应再做一次全面的复核查对。要按照出库凭证上所列的内容进行逐项复核。

核查的具体内容是：

(1)能否承受装载物的重量，能否保证在物资运输、装卸中不致破损，保证物资完整。

(2)是否便于装卸、搬运作业。

(3)怕震怕潮等的物资，衬垫是否稳妥，密封是否严密。

(4)收货人、到站、箱号、危险品或防震防潮等标志是否正确、明显。

(5)每件包装是否有装箱单，装箱单上所列各项目是否与实物、凭证等相符。

物资出库的复核查对形式应视具体情况而定，可以由保管员自行复核，也可以由保管员相互复核，还可以设专职出库物资复核员进行复核或由其他人员复核等。如经反复核对确实不符时，应该立即调换，并将原错备物品上的标记除掉，退回原库房；复核结余物品数量或重量是否与保管账目、商品保管卡片结余数相符，发现不符应立即查明原因。

3. 出库交接

待出库物资，经过全面复核查对无误之后，即可办理出库交接手续。

如果是用户自提，即将物资和证件向提货人当面点清，办理出库交接手续。如果是代运，则应办理内部出库交接手续，即由物资保管人员向运输人员或包装部门的人员点清交接，由接收人签章，以划清责任。

运输人员根据物资的性质、重量、包装，收货人地址和其他情况选择运输方式后，应对箱件进行清点，做好标记，整理发货凭证、装箱单等运输资料，向承运单位办理委托代运手续。对于超高、超长、超宽和超重的物资，必须在委托前说明，以便承运部门安排。

承运单位同意承运后，运输人员应及时组织力量，将物资从仓库安全无误地交给承运单位，并办理结算手续。运输人员应向承运部门提供发货凭证样本、装箱单，以便和运单一起交给收货人。运单也应由运输人员交财务部门作物资结算资料。

如果是专用线装车，运输人员应在装车后检查装车质量，并同车站监装人员办理交接手续，物资点交清楚，出库发运之后，该物资的仓库保管业务即结束。物资仓库保管人员应做好清理工作，及时注销账目、料卡，调整货位上的吊牌，以保持物资的账、卡、物一致，及时准确地反映物资进出、存取的动态。

4. 销账存档

货物全部出库完毕，仓库应及时将货物从仓储保管账上核销，以便仓库内账货相符。将留存的提货凭证、货物单证、记录、文件等归入货物档案。将已空出的货位标注在货位图上，以便安排货物。

（五）物资出库中发生问题的处理

1. 出库凭证（提货单）上的问题

（1）凡出库凭证超过提货期限，用户前来提货时，必须先办理手续，按规定缴足逾期仓储保管费，然后方可发货。任何白条都不能作为发货凭证。提货时，用户发现规格开错，保管员不得自行调换规格发货，必须通过制票员重新开票后方可发货。

（2）凡发现出库凭证有疑点，或者情况不清楚，以及发现出库凭证有假冒、复制、涂改等情况时，及时与仓库保卫部门以及出具出库单的单位或部门联系，妥善处理。

（3）物资进库未验收，或者期货未进库的出库凭证，一般暂缓发货，并通知货主，待货到并验收后再发货，提货期顺延，保管员不得代验。

（4）如客户因各种原因将出库凭证遗失，客户应及时与仓库发货员和账务人员联系挂失；如果挂失时货已被提走，保管人员不承担责任，但要协助货主单位找回商品；如果货还没有被提走，经保管人员和账务人员查实后，做好挂失登记，将原凭证作废，缓期发货。

2. 提货数与实存数不符

提货数量与商品实存数不符的情况一般是实存数小于提货数。造成这种问题的原因主要有：

（1）物资入库时，由于验收问题，增大了实收物资的签收数量，从而使账面数大于实存数。

（2）仓库保管人员和发货人员在以前的发货过程中，因错发、串发等差错而造成物资实际库存量小于账面数。

（3）货主单位没有及时核减开出的提货数，造成库存账面数大于实际储存数，从而开出的提货数量过大。

（4）仓储过程中造成的货物毁损。

当遇到提货数量大于实际商品库存数量时，无论是何种原因造成的，需要与仓库主管部门以及货主单位及时联系后再做处理。如属于入库时错账，则可以采用报出报入方法进行调整，即先按库存账面数开具物资出库单销账，然后按实际库存数重新入库登账，并在入库单上签明情况。如果属于仓库保管员串发、错发而引起的问题，应该由仓库方面负责解决库存数与提单数间的差数。如果属于货主单位漏记账而多开出库数，应该由货主单位出具新的提货单，重新组织提货和发货。如果是仓储过程中的损耗，需要考虑该损耗数量是否在合理的范围内，并与货主单位协商解决，合理范围内的损耗，应由货主单位承担，而合理范围之外的损耗，则由仓储部门负责赔偿。

3. 串发和错发货

串发和错发货是指发货人员在对商品种类、规格不够熟悉的情况下，或者由于工作疏漏，把错误规格、数量的商品发出库的情况。如提货单开具某种商品的甲规格出库，而在发货时错把该种商品的乙规格发出，造成甲规格账面数小于实存数，乙规格账面数大于实存数。在这种情况下，如果商品尚未离库，应该立即组织人力，重新发货。如果物资已经提出仓库，保管人员要根据实际库存的情况，如实向本库主管部门和货主单位讲明串发和错发货的品名、规格、数量、提货单位等情况，会同货主单位和运输单位共同协商解决。在无直接经济损失的情况下，由货主单位重新按实际发货数冲单(票)解决。如果造成直接经济损失，应按赔偿损失单据冲转调整保管账。

4. 包装破漏

包装破漏是指在发货过程中，因商品外包装破散等现象引起的商品渗漏、裸露等问题。这是由于在储存过程中因堆垛挤压、发货装卸操作不慎等情况引起的，发货时应整理或更换包装，方可出库，否则损失应由仓储部门承担。

5. 漏记账和错记账

漏记账是指在物资出库作业中，由于没有及时核销商品明细账而造成账面数量大于或小于实存数的现象。错记账是指在物资出库后核销明细账时没有按实际发货出库的物资名称、数量等登记，造成账实不符。无论是漏记账还是错记账，一经发现，除及时汇报外，还应根据原出库凭证查明原因，调整保管账，使之与实际库存一致。如果由于漏记账和错记账给货主单位、运输单位和仓储部门造成了损失，应予赔偿，同时追究相关人员的责任。

思考题

1. 仓储管理的基本概念是什么？有哪些功能？
2. 仓储在物流管理中的作用是什么？
3. 仓储作业的流程是什么？有哪些注意事项？
4. 简述仓储管理相关人员的基本任务与职责。

项目二 仓库认知

·学习目标·

1. 了解仓库的概念和分类；
2. 掌握仓库区域划分的原则；
3. 熟悉仓库管理制度；
4. 把握仓库管理的重点及流程。

任务一 仓库的概念、分类

一、仓库概述

(一)仓库的概念

仓库，是指保管、存储物品的建筑物和场所的总称。仓库的概念可以理解为是用来存放货物，包括商品、生产资料、工具和其他财产，及对其数量和价值进行保管的场所或建筑物等设施，还包括用于防止减少或损伤货物而进行作业的土地或水面。从社会经济活动看，无论生产领域，还是流通领域都离不开仓库。(见图 2-1)

《诗经·小雅》有“乃求千斯仓”，可知仓库建筑源远流长。现代仓库更多地考虑经营上的收益而不仅为了贮存，这是同旧式仓库的区别所在。因此，现代仓库从运输周转、贮存方式和建筑设施上都重视通道的合理布置、货物的分布方式和堆积的最大高度，并配置经济有效的机械化、自动化存取设施，以提高贮存能力和工作效率。

(二)仓库的总体构成

一个仓库通常由生产作业区、辅助生产区、行政生活区三部分组成。

1. 生产作业区

生产作业区是仓库的主体部分，是商品储运活动的场所，主要包括储货区、铁路专用线、道路、装卸站台等。

储货区是储存保管的场所，具体分为库房、货棚、货场。货场不仅可以存放商品，同时还起着货位的周转和调剂作业作用。铁路专用线、道路是库内外的商品运输通道，商品的进出、库

图 2-1 仓库

内商品的搬运，都是通过这些运输线路实现的。专用线应与库内道路相通，保证通畅。装卸站台是供货车或汽车装卸商品的平台，有单独站台和库边站台两种，其高度和宽度应根据运输工具和作业方式而定。

2. 辅助生产区

辅助生产区是为商品储运保管工作服务的辅助车间或服务站，包括车库、变电室、油库、维修车间等。

3. 行政生活区

行政生活区是仓库行政管理机构和生活区域。一般设在仓库入库口附近，便于业务接洽和管理，行政生活区与生产作业区应分开并保持一定距离，以保证仓库的安全及行政办公和居民生活的安静。

(三)仓库的功能

仓库最基本的功能是储存货物，并对储存的货物实施保管和掌握情况。但随着人们对仓库概念的深入理解，仓库也担负着货物处理、流通加工、物流管理和信息服务等功能，其含义远远超出了单一的储存功能。

一般来讲，仓库具有以下功能。

1. 仓储和保管的功能

仓储和保管是仓库最基本的传统功能，仓库具有一定的空间，用于储存货物，并依据货物的特性，仓库内还配有相应的设备，以保持储存货物的完好性。例如，储存精密仪器的仓库，需要防潮、防尘、恒温等，应设置空调、恒温设备等。在仓库作业时，要防止搬运和堆放时碰坏、压坏货物，要求搬运机具和操作方法不断改进和完善，使仓库真正起到仓储和保管的作用。

2. 配送和加工的功能

现代仓库的功能已由保管型向流通型转变，即仓库由原来的仓储、保管货物的中心向流通、销售的中心转变。现代仓库不仅具有仓储、保管货物的设备，而且还增加了分装、配套、捆装、流通加工和移动等设施。这样，既扩大了仓库的经营范围，提高了货物的综合利用率，又便利了消费者，提高了服务质量。

3. 调整货物运输能力的功能

各种运输工具的运输能力差别较大，船舶的运输能力很大，海运船舶一般都在万吨以上；火车的运输能力较小，每节车厢能装载 30～60 t，一列火车的运量达几千吨；汽车的运输能力相对更小，一般都在 10 t 以下。它们之间运输能力的差异也是通过仓库调整和衔接的。

4. 信息传递功能

信息传递功能总是伴随着以上三个功能而发生的。在处理有关仓库管理的各项事务时，需要准时而精确的仓库信息，例如，仓库利用水平、进出货频率、仓库的地理位置、仓库的运输状况、顾客需求以及仓库人员的配置等，这对一个仓库管理的成功至关重要。

目前，仓库的信息传递越来越多地依靠计算机和互联网络，通过使用电子数据交换（EDI）系统或条形码技术来提高仓库货物的信息传递速度和精确性，通过互联网来实时地了解仓库的使用状况和货物的储存状况。

（四）仓库的建造标准

库区的作业区、辅助作业区与办公区应该分区布置，并有效隔离。办公区应设于库区主入口处，辅助作业区应充分利用库区边角区域。装卸作业区应根据当地天气情况，采取路面的防雨、防滑、防雪措施。

1. 遮阳（雨）棚高度及长度

遮阳（雨）棚到月台的高度至少需要 3 m，到地面的高度至少需要 4.5 m，遮阳（雨）棚的长度至少需要 5 m；斜度最好是往内部倾斜，避免雨水滴落到车厢。（见图 2-2）

图 2-2　仓库遮阳（雨）棚

2. 仓库地板材质

仓库地面基本以普通水泥混凝土为主，仓库地板应采用地坪，地面不翻砂起尘，需平整、耐磨、耐冲击，排水系统的盖板应换成铁板，以免叉车在作业中压坏排水盖板。普通仓库 1 m^2 地面承载力为 2.5～3 t，其次是 3～3.5 t。

3. 屋顶、屋高及梁高

仓库的厂房屋顶以彩色钢板为主，屋顶斜度会影响屋高及梁高，使用叉车的时候，标准提升高度是 3 m；而使用多端式高门架的时候要达到 6 m。仓库的天花板高度最低应该是 5～

6 m。

4. 墙壁及门窗

仓库的墙壁应保证平整整洁、无裂缝，采用砖墙隔热防尘效果佳。仓库库门有手动卷门、电动卷门及手动快速门等，手动卷门价格便宜但费力，电动卷门较贵但省力。窗户尽量设计在较高的地方，开窗的主要目的在于采光及紧急时逃生。

库房大门的高度应在 4 m，宽 4 m 左右，开门方式为左右开门，也可用移门。没有装卸平台的地面仓库，门口要设有能安装防水闸的设施。

5. 消防

仓库需设置足够的消防设备，如：烟感报警器、消防栓、灭火器等。要为防火器材留出宽度至少 1 m 的空间和通道，且不能在防火器材周围放置任何物品，如果防火器材在常用通道上，必须为防火器材加装保护装置，以免被破坏。（见图 2-3）

图 2-3 仓库消防

保护装置在高度上不能遮挡防火器材，并安装在有效空间之外，且人可自由进出，呈不完全封闭状态，保护和防火两不误。防火器材架设的位置需根据仓库实际情况进行分配，首要原则是所有防火器材可以通过任何一条通道拿取，这样可以争取尽可能多的时间。

6. 采光及照明

仓库的照度依区域不同设置，应达到如下所列的照度，进出货暂存区照度为 100～200 lx；库存储存区照度为 100～200 lx；拣货区照度为 200～300 lx；检查区照度为 200～400 lx；办公室照度为 300～500 lx。仓库内紧急出口需配有紧急照明设施，并配有备用的不间断电源，该不间断电源至少可提供 30 min 的照明负载工作时间。（见图 2-4）

7. 宿舍

宿舍按照民用住宅居住标准建造，配有基本的照明和通风设备，应与仓库之间有隔离围墙，或建在库区外，并且配有一定数量的灭火器材。

8. 叉车停车

停车区域分为叉车停放区与其他车辆停放区，在条件允许的情况下，叉车应配备固定的停车房（便于叉车的保养与维护），安置于库房地外围。

图 2-4 仓库照明设备

9. 厕所、浴室

厕所、浴室按照民用住房标准建造，厕所分为对内和对外。内部厕所应建于办公室内部、员工宿舍区内。外部厕所建于保安门卫室周边便于监控，向送货人员提供的办公室应为无烟区，办公室应建于仓库存货区旁边(必须与存货区域隔离)或库区二楼以上，办公区应配备必要的安全硬件设施。

10. 仓库名称标识及库区示意图

仓库的标识及示意图应安装于办公室、存货区入口处。标识要统一、美观醒目，制作材料尽量使用防水材料。(见图 2-5)

图 2-5 仓库标识

11. 卡车通道

在物流中心内部的卡车车道，单线车道宽度为 3.5 m，双线车道宽度为 7.0 m，车道的地板必须能承重 10 t/轴。

12. 库区主通道

库区主通道一般是双向车道，宽度不小于 9 m，单向通道不小于 6 m。人的单行通道宽度为 0.6 m，若是双向时为 1.2 m；手推车的单行通道宽度为 1 m，若是双向可以会车时为 2 m；叉车直行时的通道宽度约为 1.5 m，而垂直作业时一般为 2.5～4.0 m。

（五）仓库选址

1. 仓库选址原则

仓库选址是指在一个具有若干供应点及若干需求点的经济区域内选一个地址设置仓库规划的过程。仓库的选址是仓库规划中至关重要的一步，仓库的位置直接影响到货物流转速度和流通费用，并关系到企业对客户的服务水平和服务质量，最终影响到企业的利润。

仓库的选址过程应同时遵守适应性原则、协调性原则、经济性原则、战略性原则和可持续发展原则。

1）适应性原则

仓库的选址应与国家及省、市的经济发展方针、政策相适应，与我国物流资源分布和需求分布相适应，与国民经济和社会发展相适应。

2）协调性原则

仓库的选址应将国家的物流网络作为一个系统来考虑，使仓库的设施设备在地域分布、物流作业生产力、技术水平等方面互相协调。

3）经济性原则

仓库发展过程中，有关选址的费用，主要包括建设费用及物流费用（经营费用）两部分，选址的结果要保证费用最低。仓库选址定在市区、近郊区或远郊区，其未来物流活动辅助设施的建设规模及建设费用，以及运费等物流费用是不同的，选址时应以总费用最低作为仓库选址的原则。

4）战略性原则

仓库的选址应具有战略眼光，一是要考虑全局，二是要考虑长远。局部要服从全局，目前利益要服从长远利益，要用发展的眼光看问题，既要考虑目前的实际需要，又要考虑日后发展的可能。

5）可持续发展原则

可持续发展原则主要指在环境保护上，充分考虑长远利益，维护生态环境，促进城乡一体化发展。

2. 仓库选址考虑的因素

1）自然环境因素

（1）气象条件。

主要考虑的气象条件有：年降水量、空气温湿度、风力、无霜期长短、冻土厚度等。

（2）地质条件。

主要考虑的地质条件是土壤的承载能力，仓库是大宗商品的集结地，货物会对地面形成较大的压力，如果地下存在着淤泥层、流沙层、松土层等不良地质环境，则不适宜建设仓库。

（3）水文条件。

要认真搜集选址地区近年来的水文资料，需远离容易泛滥的大河流域和上溢的地下水区域，地下水位不能过高，故河道及干河滩也不可选。

（4）地形条件。

仓库应建在地势高、地形平坦的地方，尽量避开山区及陡坡地区，最好选长方地形。

2)经营环境因素

(1)政策环境背景。

选择建设仓库的地方是否有优惠的物流产业政策对物流产业进行扶持,这将对物流业的效益产生直接影响,当地的劳动力素质的高低也是需要考虑的因素之一。

(2)商品特性。

经营不同类型商品的仓库应该分别布局在不同地域,如生产型仓库的选址应与产业结构、产品结构、工业布局紧密结合进行考虑。

(3)物流费用。

仓库应该尽量选择建在接近物流服务需求地的位置,如大型工业、商业区附近,以便缩短运输距离,降低运费等物流费用。

(4)服务水平。

物流服务水平是影响物流产业效益的重要指标之一,所以在选择仓库地址时,要考虑是否能及时送达,应保证客户无论在任何时候向仓库提出需求,都能获得满意的服务。

(5)竞争对手因素。

竞争对手对仓库的选址工作也是具有一定影响的。对竞争对手的竞争策略、与竞争对手的实力对比、与竞争对手的差异等,都会影响到仓库的选址工作。

3. 基础设施状况

(1)交通条件。仓库的位置必须交通便利,最好靠近交通枢纽,如港口、车站、交通主干道(国、省道)、铁路编组站、机场等,应该有两种运输方式衔接。

(2)公共设施状况。要求城市的道路畅通、通信发达,有充足的水、电、气、热的供应能力,有污水和垃圾处理能力。

4. 其他因素

1)国土资源利用

仓库的建设应充分利用土地、节约用地,充分考虑到地价的影响,还要兼顾区域与城市的发展规划。

2)环境保护要求

要保护自然与人文环境,尽可能降低对城市生活的干扰,不影响城市交通,不破坏城市生态环境。

3)地区周边状况

一是仓库周边不能有火源,不能靠近住宅区。二是仓库所在地的周边地区的经济发展情况,是否对物流产业有促进作用。

5. 仓库选址的技术方法

1)在现有仓库中确定一个仓库

如果可以在现有仓库中确定一个仓库,那么用总距离最短、总运输周转量最小、总运输费用最小作为确定标准来计算比较简单。

2)确定一个新的仓库地址

当完全新建一个仓库时,可用因素比重法、重心法、盈亏平衡分析法、微分法和运输模型法来进行评估选址。下面重点介绍因素比重法和重心法。

(1)因素比重法。

选址中要考虑的因素很多,但是总是有一些因素比另一些因素相对重要,决策者要判断各种因素孰轻孰重,从而使评估更接近现实。因素比重法有 6 个步骤:

①列出所有相关因素;

②赋予每个因素权重以反映它在决策中的相对重要性;

③给每个因素的打分取值设定一个范围(1~10 或 1~100);

④就各个因素在第 3 步设定的取值范围内给每个备选地址打分;

⑤将每个因素的得分与其权重相乘,计算出每个备选地址的得分;

⑥总分最高者为最优。

(2)重心法。

重心法是单设施选址中常用的模型。在这种方法中选址因素只包含运输费率和该点的货物运输量,在数学上被归纳为静态连续选址模型。

二、仓库的分类

仓库的种类是非常多的,所需功能不同,仓库类型也不一样。要想了解仓库的种类,可以从以下几个方面着手。

(一)按用途分类

按照仓库在商品流通过程中所起的作用可以分为以下几种。

1. 批发仓库

批发仓库主要是用于储存从采购供应库场调进或在当地收购的商品,这一类仓库一般贴近商品销售市场,规模同采购供应仓库相比一般要小一些,它既从事批发供货,也从事拆零供货业务。(见图 2-6)

图 2-6 批发仓库

2. 采购供应仓库

采购供应仓库主要用于集中储存从生产部门收购的和供国际间进出口的商品,一般这一类的仓库库场设在商品生产比较集中的大、中城市,或商品运输枢纽的所在地。

3. 加工仓库

一般具有产品加工能力的仓库被称为加工仓库。

4. 中转仓库

中转仓库处于货物运输系统的中间环节，存放那些等待转运的货物，一般货物在此仅做临时停放。这一类仓库一般设置在公路、铁路的场站和水路运输的码头附近，以方便货物在此等待装运。

5. 零售仓库

零售仓库主要用于为商业零售业做短期储货，一般是提供店面销售，零售仓库的规模较小，所储存物资周转快。

6. 储备仓库

这类仓库一般由国家设置，以保管国家应急的储备物资和战备物资。货物在这类仓库中储存时间一般比较长，并且储存的物资会定期更新，以保证物资的质量。(见图 2-7)

图 2-7 储备仓库

7. 保税仓库

保税仓库是指出于国际贸易的需要，设置在一国国土之上，但在关境以外的仓库。外国企业的货物可以免税进出这类仓库，而且经过批准后，可以在保税仓库内对货物进行加工、存储等作业。

(二)按货物特性分类

1. 原料仓库

原料仓库是用来储存生产所用的原材料的，这类仓库一般比较大。

2. 产品仓库

产品仓库的作用是存放已经完成的产品，但这些产品还没有进入流通区域，这种仓库一般是附属于产品生产工厂。

3. 冷藏仓库

冷藏仓库是用来储藏那些需要进行冷藏储存的货物，一般多是农副产品、药品等对于储存温度有要求的物品。

4. 恒温仓库

恒温仓库和冷藏仓库一样也是用来储存对于储藏温度有要求的产品。

5. 危险品仓库

危险品仓库从字面上就比较容易理解，它是用于储存危险品的。危险品由于可能对人体以及环境造成危险，因此在此类物品的储存方面一般会有特定的要求，例如许多化学用品就是危险品，它们的储存条件都有专门的条例加以规定。（见图 2-8）

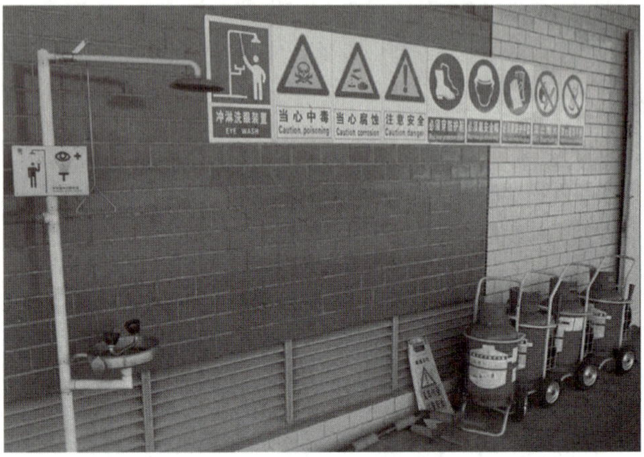

图 2-8　危险品仓库

6. 水面仓库

对于像圆木、竹排等能够在水面上漂浮的物品来说，它们可以储存在水面。

(三)按常规类型分类

1. 迷你仓库

中国出现了以寄存物品为业务的迷你仓库雏形，一些大的仓库提供小面积的存储服务，这类服务是将物品堆放在大仓库里，物与物之间没有明显的间隔，因此缺乏安全性和隐秘性。(见图 2-9)

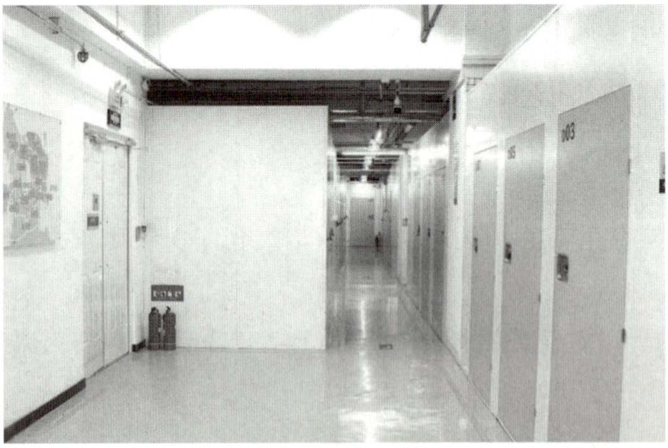

图 2-9　迷你仓库

2. 单层仓库

单层仓库适于贮存金属材料、建筑材料、矿石、机械产品、车辆、油类、化工原料、木材及其制品等。水运码头仓库、铁路运输仓库、航空运输仓库多用单层建筑，以加快装卸速度。单层

仓库的总平面设计要求道路贯通，装运的汽车、铲车能直接进出仓库。(见图 2-10)

图 2-10　单层仓库

这种仓库一般采用预制钢筋混凝土结构，柱网一般为 6 m，跨度为 12 m、15 m、18 m、24 m、30 m、36 m 不等。地面堆货荷载大的仓库，跨度宜大。库内吊车的起重能力根据贮存货物单件的最大重量确定。起重量在 5 t 以下的可用单梁式吊车或单轨葫芦，大于 5 t 的用桥式吊车。仓库要求防潮。如供贮存易燃品之用，应采用柔性地面层防止产生火花。屋面和墙面均应不渗水、不漏水。

3. 多层仓库

多层仓库一般贮存百货、电子器材、食品、橡胶产品、药品、医疗器械、化学制品、文化用品、仪器仪表等。底层应有卸货装货场地，装卸车辆可直接进入。货物的垂直运输一般采用 1.5～5 t 的运货电梯。应考虑装运货手推车或铲车能开入电梯间内，以加快装卸速度。多层仓库常用滑梯卸货。滑梯多用钢筋混凝土结构，水磨石打蜡作面层；也可用金属骨架，钢板面层，但要防止钢板生锈或用不锈钢板作面层。多层仓库如单位荷载大于 500 kg，可用无梁楼盖。仓库内一般不粉刷，原浆勾缝刷白即可；贮存百货、药品、食品、服装的仓库内要粉刷，以防缝中藏虫。(见图 2-11)

多层仓库中的立体仓库的存储和提货应用电子计算机，实现机械化。这种仓库占地面积小，节省人力，但贮存货物类别有一定范围。

4. 圆筒形仓库

圆筒形仓库一般贮存散装水泥、干矿渣、粉煤灰、散装粮食、石油、煤气等。圆筒形仓库的建筑设计根据贮存物品的种类和进卸料方式而确定。库顶、库壁和库底必须防水、防潮，库顶应设吸尘装置，为便于日常维修，要设置吊物孔、人孔(库壁设爬梯)、量仓孔和起重吊钩等。

圆筒形仓库一般用现浇预应力钢筋混凝土结构，用滑模法施工。贮油库和贮气库则用金属结构。要注意仓库的通风，每层仓库的外墙上应设置百叶窗，百叶窗外加金属网，以防鸟雀。危险品库如贮油(气)或贮化工原料的仓库必须防热、防潮，在屋面上加隔热层或按防爆屋面设计，出入口设置防火隔墙，地面用不产生火花的材料，一般可用沥青地面。贮油库要设置集油坑。食品仓库要防蚁、防蜂。(见图 2-12)

图 2-11 多层仓库

图 2-12 圆筒形仓库

5. 保税仓库

保税仓库是根据有关法律和进出口贸易的规定取得许可，专门保管国外进口而暂未纳税的货物的仓库。

6. 立体仓库

货架自动化立体仓库简称立体仓库。一般是指采用几层、十几层乃至几十层高的货架储存单元货物，用相应的物料搬运设备进行货物入库和出库作业的仓库。由于这类仓库能充分利用空间储存货物，故常形象地将其称为立体仓库。(见图 2-13)

立体仓库具有以下特点。

(1)立体仓库一般都较高。其高度一般在 5 m 以上，最高达到 40 m，常见的立体仓库在 7～25 m 之间。

(2)立体仓库必然是机械化仓库。由于货架在 5 m 以上，人工已难以进行进出货操作，因而必须依靠机械进行作业。

(3)立体仓库中配置有多层货架。由于货架较高，所以又称为高层货架仓库。根据货架高度不同，立体仓库可细分为高层立体仓库(15 m 以上)、中层立体仓库(5～15 m)及低层立体仓

图 2-13 立体仓库

库(5 m 以下)等。高层立体仓库由于造价过高,其机械装备要求特殊且安装难度较大,因而相对较少;低层立体仓库主要用于老库改造,是提高老库技术水平和库容的可行之路;较多的是中层立体仓库。

立体仓库按货架构造可分为单元货格式立体仓库、贯通式立体仓库、自动化柜式立体仓库、条形货架立体仓库。

立体仓库按功能分类如下。

(1)储存式立体仓库。

储存式立体仓库以大量存放货物为主要功能,货物种类不多,但数量大,存期较长。各种密集型货架的立体仓库都适于做储存式仓库。

(2)拣选式立体仓库。

拣选式立体仓库是以大量进货,多用户、多种类、小批量发出为主要功能的立体仓库。这类仓库要创造方便拣选和快速拣选的条件,因此,往往采取自动寻址、认址的方式;由于用户需求差异较大,难以整进整出,因此,不适合用自动化无人作业方式,而适合用人工拣选的方式。拣选式立体仓库多用于配送中心。

立体仓库的操作方式如下。

(1)人工寻址、人工装取方式。

人工寻址、人工装取方式,即由人工操作、机械运行,并在高层货架上认址,然后由人工将货物从货架上取出或将搬运车上的货物装入货架。

(2)自动寻址、人工装取方式。

自动寻址、人工装取方式,即按输入的指令,机械自动运行并寻址、认址,运行到预定货位后,自动停住,然后由人工装货或从货架上取货。

(3)自动寻址、自动装取方式。

自动寻址、自动装取方式是无人操作方式,按控制者的指令或按计算机出库、入库的指令进行自动操作。

以上三种方式,人工寻址、人工装取方式主要适用于中、低层立体仓库,另两种适用于中、高层立体仓库。

自动化立体仓库,也叫自动化立体仓储,利用立体仓库设备可实现仓库高层合理化、存取自动化、操作简便化。自动化立体仓库,是当前技术水平较高的形式。自动化立体仓库的主体由货架、巷道式堆垛起重机、入(出)库工作台和自动运进(出)及操作控制系统组成。

货架是钢结构或钢筋混凝土结构的建筑物或结构体，货架内是标准尺寸的货位空间，巷道式堆垛起重机穿行于货架之间的巷道中，完成存取货的工作。自动化立体仓库在管理上采用计算机及条形码技术。

（四）按结构和构造分类

1. 平房仓库

平房仓库是指仓库建筑物是平房，结构很简单，有效高度一般不超 6 m 的仓库。这种仓库建筑费用很低，可以广泛采用。

2. 散装仓库

散装仓库是指专门保管散粒状或粉状物资的容器式仓库。

3. 罐式仓库

罐式仓库是以各种罐体为储存库的大型容器型仓库。如球罐库、柱罐库等。

4. 多层仓库（或楼房仓库）

多层仓库的建筑物为两层以上，是钢筋混凝土建造的仓库。建造多层仓库可以扩大仓库实际使用面积。

5. 高层货架仓库（或立体仓库）

高层货架仓库是利用高层货架配以货箱或托盘储存货物，利用巷道式堆垛起重机及其他机械进行作业的仓库。

（五）按属性分类

1. 营业仓库

按照仓库业管理条例取得营业许可，保管他人物品的仓库称营业仓库。营业仓库是一种社会化的仓库，面向社会，以经营为手段、以盈利为目的。与自有仓库相比，营业仓库的使用效率较高。

2. 自有仓库

自有仓库是指各企业为了保管本公司的物品（原料、半成品、产成品）而建设的仓库。

3. 公共仓库

国家或公共团体为了公共利益而建设的仓库称为公共仓库，即为公共事业配套服务的仓库。

4. 保税仓库及保税堆货场

根据有关法律和进出口贸易的规定取得许可，专门保管国外进口而暂未纳税的货物的仓库，称保税仓库，如图 2-14 所示。堆货场是指为了销货、中继作业等临时放置货物的设施。保税堆货场是为了搬运进出口货物、通关，进行临时保管货物的建筑物。

（六）按仓库选址分类

按仓库选址分类的话，仓库可以分为以下三种。

1. 港口仓库

港口仓库是指以船舶运输的货物为储存对象的仓库，如图 2-15 所示。一般仓库地址选择在港口附近，以便进行船舶的装卸作业。

图 2-14　保税仓库

图 2-15　港口仓库

按港口总平面位置，港口仓库可分为码头前方仓库和后方仓库，以及后方辅建区的各类专用仓库；按功能分，有杂货仓库、集装箱交接库、各类散货（如粮食、化肥、水泥、矿石等）库以及生产辅建区中的各种专用库，如工具库、成组工具库等。此外还有冷藏库、危险品仓库等。

2. 内陆仓库

内陆仓库是保管、存储物品的建筑物和场所的总称，如图 2-16 所示。内陆，顾名思义是大陆的内部，不包括沿海地区，内陆一般指纵深超过五百公里的地区。

3. 枢纽站仓库

在物流配送中，作为物流节点的仓库是枢纽站仓库。相关公开信息显示，枢纽站仓库位于物流配送网络的中心地带，用于集中存储和分拣物流货物，为进一步的配送提供便利。这种仓库通常规模较大、设备齐全、地理位置优越、交通便利，具有较强的货物分拣、装卸、运输等能力。

在物流配送中，枢纽站仓库起着重要的作用，它可以实现货物的集中处理，提高物流的效益和效率，缩短运输时间，减少运输成本，降低货物损失风险，同时也能够提高货物配送的可靠性和灵活性。因此，枢纽站仓库在物流配送中具有非常重要的地位。

图 2-16 内陆仓库

(七)按技术处理方式及保管方式分类

1. 普通仓库

普通仓库亦称通用仓库,是专用仓库的对称。普通仓库是用于储存不需要特殊保管条件的一般日用工业品或农副产品的仓库。这类仓库技术设施比较简单,仅有进出、装卸、搬运、商品养护、安全防火等一般性设备,而无保温、冷藏、气调、防毒等特殊性装备;只能储存物理、化学及生物性能比较稳定,彼此互不干扰的商品,如百货、五金、医疗器械、土产品等。由于通用仓库适应性较强、利用率较高,因而是商业仓库网中分布广、比重大、使用普遍的常规性仓库。

2. 冷藏仓库

冷藏仓库是指通过机械制冷方式,使库内保持一定的温度和湿度,以储存食品、工业原料、生物制品和药品等对温湿度有特殊要求的货物的仓库。冷藏仓库一般由冷冻间、冷却货物冷藏间、冷冻库房、分发间以及货物传输设备、压缩机房、配电房、制冰间和氨库等组成。

3. 恒温仓库

恒温仓库是指能够调节温度并能保持某一温度的仓库。恒温仓库的温度规定为 22±5 ℃,湿度为 30%~70%。它的作用就是防止温度变化,储存诸如罐头、巧克力、糖果、水果、蔬菜、鲜花、药品、红酒、精密仪器等需要恒温存放的产品。

在一些特定的行业(比如制药等),室温有很高的要求,室内的温度要根据工业标准来调节。在寒冷、炎热的气候条件下,以上所述的产品必须在一定的温度条件下进行保存,并应对其进行适当的温度、湿度控制,以保证产品的品质。

4. 危险品仓库

危险品仓库是存储和保管易燃、易爆、有毒、有害物资等危险品的场所。危险品仓库根据隶属关系和使用性质分为甲、乙两类,甲类是商业仓储业、交通运输业、物资管理部门的危险品库,乙类为企业自用的危险品库。其中甲类危险品库储量大、品种多,所以危险性大。

根据规模,危险品仓库又可分为三类:面积大于 9000 m^2 的大型危险品库、面积在 550~9000 m^2 的中型危险品库、面积在 550 m^2 以下的小型危险品库。危险品仓库根据结构形式分为地上危险品库、地下危险品库、半地下危险品库。

(八)按仓库功能分类

1. 生产仓库

为企业生产或经营储存原材料、燃料及产品的仓库,称生产仓库,也有的称之为原料仓库或成品仓库。

2. 储备仓库

专门长期存放各种储备物资,以保证完成各项储备任务的仓库,称储备仓库。如战略物资储备仓库、季节物资储备仓库、备荒物资储备仓库、流通调节储备仓库等。

3. 流通仓库

类似配送中心,专门从事中转、代存等流通业务的仓库,称为流通仓库。这种仓库主要以物流中转为主要职能;在运输网点中,也以换载为主要职能。

4. 集配型仓库

以组织物资集中配送为主要目的的仓库,称集配型仓库。

5. 中转分货型仓库

中转分货型仓库是配送型仓库中的单品种、大批量型仓库,因其储备作用又称备型仓库。

6. 加工型仓库

以流通加工为主要目的的仓库称为加工型仓库。一般的加工型仓库是集加工厂和仓库两种职能于一体,将商品的加工、仓储业务结合在一起。

三、仓库货物

(一)仓库货物摆放原则

1. 最接近物流出口原则

在规定固定货位和机动货位的基础上,要求物料摆放在离物流出口最近的位置上。

2. 以库存周转率为排序依据的原则

出入库频次高且出入量比较大的品种放在离物流出口最近的固定货位上;当然,随着产品的生命周期、季节等因素的变化,库存周转率也会变化,同时货位也在重新排序。

3. 关联原则

两个或两个以上相关联的物料经常被同时使用,如果放在相邻的位置,就可以缩短分拣人员的移动距离,提高工作效率。

4. 唯一原则

合格的同一物料要求集中保管在唯一货位区域内,便于统一管理,避免多货位提货;当然,自动化立体仓库不用严格遵守这个原则。

5. 系列原则

对同一系列的物料设置一个大的区域,如油品区、半轴区、轴承区、晨新(供应商)区、富奥(供应商)区、标准件区、橡胶件区、易损件区等。

6. 隔离易混物料原则

外观相近,用肉眼难以识别的物料,在标识清晰的基础上,要间隔 2 个以上的货位,防止混在一起，难以区分。

7. 批号管理原则

批号管理原则适用于食品、药品、化妆品等对有效期比较敏感的商品，一个批号的商品必须单独放在一个货位上；通过先进先出，进行严格管理，同一批号的商品如果检验不合格或者早产不允许放行，要设立红牌警示，避免混出工厂，产生质量事故。

8. 面对通道原则

面对通道原则即把商品的标识面对通道，不仅是把外面的一层面对通道，而且要把所有的商品标识都要面对通道，面对同一方向，使分拣人员能够始终流畅地进行工作，不用中断工作去确认标识，不围不堵。

9. 合理搭配原则

要考虑物料的形状、大小，根据实际仓库的条件，合理搭配空间；避免空间不足而多货位放货，避免空间太大而使用不充分。

10. 上轻下重原则

楼上或上层货位摆放重量轻的物料，楼下或者下层货位摆放重量大的物料，这样可以减轻搬运强度，保证货架、建筑与人员的安全。

11. 化学品、易燃易爆危险品单独区域存放原则

重点管理维护危险品区域，避免影响其他物料的安全。

12. 目视化看板原则

绘制货位平面图，标明商品明确的货位，即使是临时人员，也能准确无误地分拣出正确的商品。

13. “五距”原则

(1)顶距：货物距离楼顶或横梁 50 cm；

(2)灯距：防爆灯头距离货物 50 cm；

(3)墙距：货物距离外墙 50 cm，距离内墙 30 cm；

(4)柱距：留 10～20 cm；

(5)堆距：留 10 cm，易燃物品还应留出防火距离。

(二)仓库货位存货方式

1. 存货类型

1)固定型

固定型存货方式是一种利用信息系统将货架进行分类、编号，并贴上货架代码，对各货架内存储的货物事先加以确定货位的存货方式。

要注意设定每一个货位的容量都应该大于在该货位储存货物的最大库存量，否则将会出现货位不足，货物不能及时入库的现象；通过设置一定数量的周转货位来解决，及时调整到其他临时货位上。固定型存货方式适用于非季节性货物的管理，适用于固定的重点客户和种类多、性质差异大的库存；具有准确性和便利性的特点。

2)流动型

流动型存货方式是一种不事先确定货位的存货方式，所有货物按到货顺序摆放在空的货架中。由于货物和货位是不断变化的，当频繁变更登陆管理信息系统时，出现差错的概率就比较高。流动型存货方式适用于出入库频繁、周转量大、物流量变化剧烈的货物，如一些季节性商品。

2. 货物改善规则

货物改善规则可以用6个“不”来概括。

1)不让等

使员工和设备闲置时间为零。通过正确的安排作业流程和作业量，使其连续工作。

2)不让碰

员工与物品的接触机会为零。利用机械化和自动化的物流设备，减轻劳动强度。

3)不让动

缩短移动距离和次数。科学规划，优化物品设备的位置，减少物品和人员的移动；或者物品移动、人员不动。

4)不让想

使操作简便。按照专业化、简单化和标准化的原则，分解作业活动和作业流程；大量应用计算机和自动化控制设备等现代化手段。

5)不让找

通过现场管理，使工具、货品、文件等放置的位置一目了然或通过简单的查询记录马上能够找到。

6)不让写

仓库要实现无纸化作业，应用条形码、无线射频等信息技术，使作业的记录自动化。

任务二 仓库的区域构成与规划

一、仓库区域构成

(一)仓库区域划分

为了让仓库的有效区域得到合理的利用，根据仓库作业的需要，将仓库中可储存物品的区域划分为待检区、待处理区、合格品储存区及不合格品隔离区，以达到放置不同状态物品的目的。

1. 待检区

待检区通常是存放暂时处于检验过程中的物品的。它一般位于仓库入口附近，这样便于进库物品的卸载及检验，该区域以黄色作为标志。

2. 待处理区

待处理区通常是存放暂时不具备验收条件或质量暂时不能够确认的物品的。它一般位于仓库入口附近，与待检区临近，这样便于检验，该区域以白色作为标志。

3. 合格品储存区

合格品储存区通常是保存合格物品的。它是仓库的主要储存区域，所以位置自然也是最好的，该区域以绿色作为标志。

4. 不合格品隔离区

不合格品隔离区通常是暂时存放质量不合格的物品的。它在仓库的出口附近，这样便于物品的搬运，该区域以红色作为标志。

（二）仓库容量划分

仓库的容量是一定的，东西该怎么放、怎么布局才是最合理的？没有最佳答案，因为不同的物品可能存放的方法也不完全是一样的。一般来说仓库里分成六个区域。

1. 收货区

仓库里有收货区，并且要有标识，从天花板上挂下来一个牌写上“收货区”，或者在地上划线的时候写上“收货区”。不能今天在这里收货，明天在那边收货，也就是说格局要固定好、安排好。

收货区也叫质检入库区，收货区的主要职能是卸货、验收、搬运、入库、登录。其中，登录就是登账，一票货进来要立即记账。不要货进来了，等一会儿再记，这样容易忘记，容易出差错。当场有一个人在报数，一个人输入进去，这样不容易有误差。

2. 散货区

散货放散货区，整箱放整箱区，这样就会减少误差。整箱放盘点很快，不够的东西从散货那边拿，有些是圆筒的，不好包就把它捆扎起来；一扎一扎都定量处理，零零散散放在专门的散货区，不要动不动就去拆箱子。这样配货速度就加快了。

散货区也称存储区，存储区的牌子都要挂好，写得清清楚楚，这是标识文化。一定要注意，仓库的门口要用很醒目的字提示大家“严禁烟火，闲人勿进”，仓库重地严格要求仓库四周 10 m 以内不可以抽烟，不可以有烟火，更不用说进入里面。其实容易发生危险的仓库常常是非危险品仓库，因为危险品仓库大家对火都很警惕，对非危险品仓库大家觉得无所谓，反而将禁火要求忽略掉了，更容易出事。

3. 分拣区

分拣区就像小五金仓库，它给生产送料的时候，可能会像抓中药一样，这里拿一点，那里拿一点，分拣一般是储存的主打区。

分拣区分拣也叫订单分拣。生产线物料按订单生产，仓库的人按订单管理货物，销售发货也按订单发出，所以分拣是对搬运到包装区内的指定的物品按照订单数量来分拣。

4. 包装区

包装区是专门用来做包装的。在包装区，需要将订单物品装入包装箱里，并在包装箱外标示目的地。

5. 拼装区

发货的时候货物是零散的，不是整批的，从包装区到装运区有一个区域叫拼装区，完成物品从包装区移动到装运区前的拼装工作。

6. 办公区

仓库管理都有一个办公区，办公区闲人莫进。办公区里面有很多档案资料，尤其电脑不准让别人碰，领导来了，可以给他看，但不要让他操作。

办公区是跟踪物品的接收、入库、保管、出库的所有管理工作的区域。办公区一定要设，最好办公区另外加锁，不要全面开放。所以办公区的门尽量做成玻璃的，可以往里头看，但一般人是不可以随便进去的。

（三）仓库空间布局原则

仓库在进行空间布局时应遵循以下原则。

1. 直线移动

尽量避免迂回，最好是直线移动。

2. 单层储存

最好避免多层累加储存。

3. 高效的搬运

搬运的效率一定要高，单层储存的速度相对较快，但这需要很大的面积。从另外一个角度考虑，就是一个托盘进去，出来的也是一托，这也可以理解成为单层。

4. 储存有计划

采购供应商在送货前一定要事先通知仓库，以便仓库制订计划。事先做好安排，就减少了仓库的工作量。有些人忙得一塌糊涂，一部分原因也是因为没有计划性。

5. 通道要尽量小

通道够用就行，否则就会占用仓库的可利用面积。

6. 利用高度

货架是有效利用仓库高度的方法，而且货架的质量不一定是最高的，够用就可以了。

（四）仓库区域划分的必要性

1. 利于作业优化

仓库作业优化是指提高作业的连续性，实现一次性作业，减少装卸次数，缩短搬运距离，尽可能以最短的搬运距离、最少的搬运环节完成仓库作业。同时还要注意各作业场所和科室之间的业务联系和信息传递，保证仓库安全。

2. 单一的物流流向

强调唯一的物流出口和唯一的物流入口，便于监控和管理。

3. 空间利用

最大限度地利用平面和空间。

4. 节省建设投资

仓库中的延伸型设施——供电、供水、供暖、通信等设施对基建投资和运行费用的影响都很大，所以应该尽可能集中布置。

5. 便于储存保管

仓库区域划分可以提高物品保管质量。

6. 区分不同性质的货物

保管在同一区域的货物必须具有互容性，当货物的性质互相有影响或相互有抵触时，不能在相同的库房内保存。

7. 保管条件不同的货物不能混存

如货物对温湿度等保管条件要求不同，不宜将它们放在一起，因为在同一个保管空间内，同时满足两个或多个保管条件的成本是非常高的。

8. 作业手段不同的货物不能混存

当在同一保管空间内，物体的体积和重量相差悬殊时，将严重影响该区域作业所配置的设备利用率，同时也增加了作业的复杂性和作业难度。

9. 灭火措施不同的货物不能混存

当灭火方法不同的货物放在一起，不仅会使安全隐患增加，也增加了火灾控制和扑救的难度和危险性。

二、仓库规划

仓库规划方案应做到以尽可能低的成本，实现货物在仓库内快速、准确地流动。这个目标的实现，要通过物流技术、信息技术、成本控制和仓库的组织结构的一体化策略才能达到。仓储系统的物流规划原则不是一成不变的，要视具体情况而定。在特定场合下，有些原则是互相影响的，甚至互相矛盾。为了做出最好的设计，有必要对这些原则进行选择和修改。

(一)仓库规划原则

1. 系统简化原则

标准化是系统简化原则的应用。要根据物流标准化做好包装和物流容器的标准化，把杂货、粮食、饮料、食盐、食糖、饲料等散装货物、外形不规则货物组成标准的储运集装单元，实现集装单元与运输车辆的载重量、有效空间尺寸的配合，集装单位与装卸设备的配合，集装单位与仓储设施的配合，这样做会有利于仓储系统中的各个环节的协调。

在进行异地中转等作业时，货物不用换装，提高通用性，减少搬运作业时间，减轻物品的损失、损坏，从而节约费用，也简化了装卸搬运子系统，降低了系统的操作和维护成本，提高了系统的可靠性和仓储作业的效率。

2. 平面设计原则

若无特殊要求，仓储系统中的物流都应在同一平面上实现，从而减少不必要的安全防护措施，减少利用率低、作业效率低和能源消耗较大的起重机械的使用，提高系统的效率。

3. 物流和信息流的结合原则

现代物流是在计算机网络支持下的物流，物流和信息流的结合解决了物流流向的控制问题，提高了系统作业的准确率，从而提高了系统作业效率。如果不能实现物流和信息流的尽早结合，就要求在物流系统的每个分、合节点均设置相应的物流信息识读装置，这势必造成系统的冗余度，增加系统的成本。

如果能实现物流和信息流的尽早结合，将所需信息一次识别出来，再通过计算机网络传到各个节点，即可降低系统的成本。

4. 柔性化原则

仓库的建设和仓储设备的购置，需要大量的资金。为了保证仓储系统高效工作，需要配置针对性较强的设备；而社会物流环境的变化，又有可能使仓储货物品种、规格和经营规模发生改变。因此，在规划时，要注意机械和机械化系统的柔性和仓库扩大经营规模的可能性。

5. 物料处理次数最少原则

不管是以人工方式还是自动方式，每一次物料处理都需要花费一定的时间和费用，通过复合操作，减少不必要的移动，或者引入能同时完成多个操作的设备，就可减少处理次数。

6. 最短移动距离，避免物流线路交叉原则

移动距离越短，所需的时间和费用就越低；避免物流线路交叉，即可解决交叉物流控制和物料等待时间问题，保持物流的畅通。

7. 成本与效益原则

在建设仓库和选择仓储设备时，必须考虑投资成本和系统效益原则。在满足作业需求的条件下，尽量降低投资。

（二）区域划分标识牌

仓库配送业务的重要性，使得仓库环境及其管理分布更加复杂。此时，仓库区域标识牌的引入，有助于更有效地进行仓库管理的必备环节。为此，需要制定仓库区域标识牌标准，统一仓库区域标识牌的样式、大小、字体等要求，以便更好地管理仓库环境。

1. 仓库区域标识牌的样式

仓库区域标识牌的样式应当简洁、大方，如图 2-17 所示。其设计有别于一般的标识牌，不仅要体现出仓库的特色，而且还要考虑可读性和安全性。

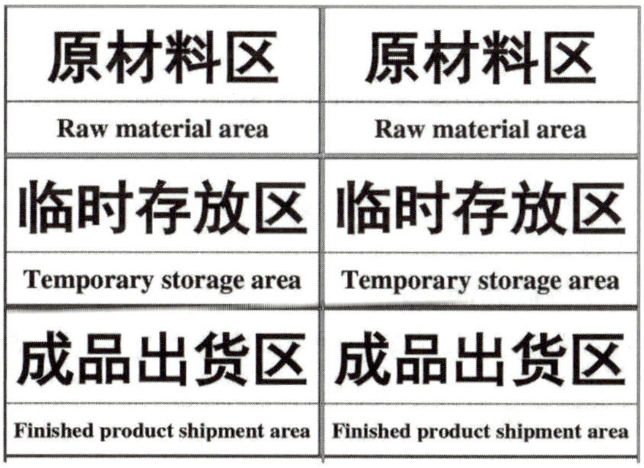

图 2-17 仓库标识牌

仓库标识牌的大小不宜过大，以免影响仓库安全性；同时，根据仓库的不同区域，要设计相应的颜色和图案，以便更好地标识区域的功能。

2. 仓库区域标识牌的大小

仓库区域标识牌的大小应根据仓库空间布局、仓库紧凑度，综合考虑仓库安全及可视度等因素确定大小。一般情况下，仓库区域标识牌的厚度应不小于 4 mm，以保证标识牌的稳定性和耐用性；长度一般为 200～250 cm，宽度一般为 90～120 cm，具体尺寸取决于具体仓库布局。

3. 仓库区域标识牌的字体

仓库区域标识牌的字体要清晰、大方、易读，大小一般为 72 号字体，颜色要有分辨性，字体也要与标识牌的整体设计相协调。字体的选择不宜过于复杂，尽量以普通字体为主，以减少仓库管理人员的辨认难度。

4. 仓库区域标识牌的安装

仓库区域标识牌要安装在视野范围内，以便于仓库管理人员快速识别。具体安装方式，要综合考虑仓库内的空间限制，采取相应措施，确保标识牌安装牢固，避免被撞坏或者拉坏。

5. 仓库区域标识牌的使用

仓库区域标识牌的使用，要求仓库管理人员要熟记每一个标识牌的功能，在做相应的仓库分区规划时，要综合考虑仓库内的商品种类、仓库出入口位置、仓库人员操作流程以及安全措施等因素，以保障仓库内商品、出入口、操作管理等的安全性和仓库管理的正常运行。

(三)仓库货位分区布置

商品的分区是指根据仓库保管场所的建筑、设备等条件，将仓储库房、货场、货棚和货架等划分为若干保管区，以适应定区储存一定种类商品的需要。

根据仓储商品自然属性(性质)、养护需要、消防要求的一致性，将仓储商品划分为若干类，结合业务需要，分别按种类集中储存于相对固定的货区。

在对商品进行分区分类时，应注意对危险品和一般货物，有毒货物和食品，性能抵触、互相串味的货物，养护方法不同的货物分开存放，确保货物存储安全。同时，还应便于检查、养护和取货。

因此，最好在将货物分区分类存放时，对货位进行编号。编号时可以按其地面位置的顺序统一编号，货位编号置于明显之处，以利于货物的进出。

1. 分区分类法的作用

(1)有利于商品安全保管；

(2)有利于合理使用仓容；

(3)有利于缩短商品收发作业时间；

(4)有利于保管员掌握商品进出库活动规律，熟悉商品性能，提高保管技术水平；

(5)有利于业务管理。

2. 分区分类方法

(1)规划分区分类之前，要调查研究购销业务部门需要入库储存的商品情况。主要包括：

①经营的品种、数量与进出库的批量；

②商品性能、包装状况及其需要的保管条件、消防要求；

③商品收发、装卸、搬运等所需的保管条件、消防要求；

④仓储商品收货方式、大致流向和周转期；

⑤有无特殊的保管、验收和理货要求等。

通过对购销业务的活动的调查与分析，分清在性能、养护和消防方法上一致的各类商品所需仓容，考虑对储存、吞吐条件的要求，结合仓库具体设备条件，即可进行分区分类。

(2)仓库的分区分类一般采用以下五种方法：

①按货物种类和性质分区。这是按物品的自然属性归类。例如对化学品、危险品的存放，

归类时应注意不同性质的危险品之间相互作用引发危险的可能。

②按不同货主分区分类。当仓库为几个大货主服务时，为方便货主物品的存取，避免和减少物品混淆，往往采用这种方式。

③按货物流向分区分类。这种方式多适用于短期中转储存的货物仓库，如在各种场、站、码头、机场的中转库，一般可采用这种方法。

④按物品所需的储存条件分区分类。这种方式，在货主没有特殊要求时，被普遍采用。

⑤按物品的流时分区分类。这种方式主要适用于长期储存物品和短期储存物品混存在同一仓库时，需要将长期储存物与短期储存物严格分开的情况，一般短期储存物放在离库门比较近的地方，方便物品出入。

3. 分区分类应注意的事项

(1)凡一个单位经营的商品，只要性质相近，有消费连带关系的，要尽量安排在一起储存。

(2)按商品性质和仓库设备条件安排储存。如对怕热的商品要存放在保温库、地下室、半地下室和温度较低的库房内；对怕冻商品要安排在保温库或暖库储存；对怕潮、易溶、易锈等商品，要安排在楼仓的上层或比较干燥的库房内储存。

(3)互相影响、不宜混存的商品，一定要隔离存放。化学危险品与一般商品不能混存一库，互相串味、影响质量的商品不得混存一库，毒品与食品要严格分存，含水量不同的商品不能混存一库。

(4)要保证作业安全，方便分区分类。如出入库频繁的商品，要安排在靠近库门处；笨重、长、大的商品，不宜放在库房深处；易碎商品避免与笨重商品存放在一起，以免在搬运时影响易碎商品安全。

(5)消防灭火方法不同的商品不得在一起储存。

(四)货位布局的主要形式

1. 横列式

所谓横列式就是指货位、货架或货垛与库房的宽向平行排列布置，如图 2-18 所示。

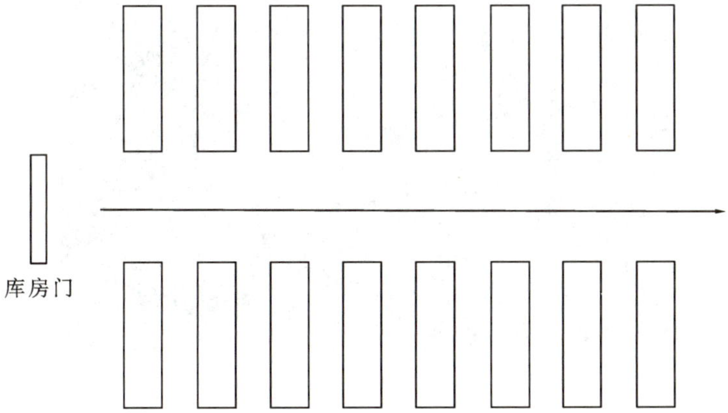

图 2-18　横列式

2. 纵列式

所谓纵列式就是指货位、货架或货垛与库房的宽向垂直排列布置，如图 2-19 所示。

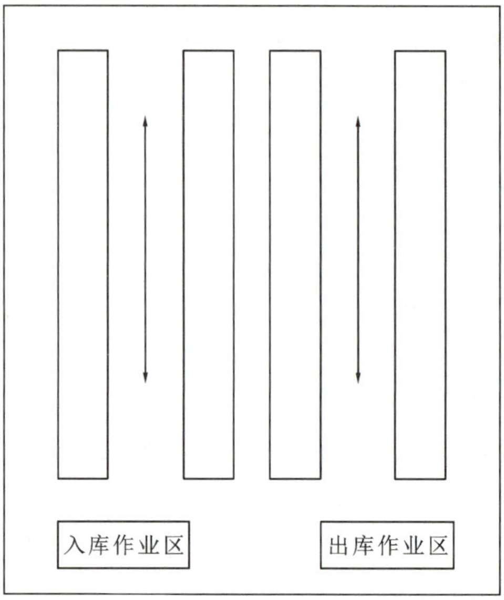

图 2-19 纵列式

3. 混合式

所谓混合式就是指横列式和纵列式在同一库房内混合使用的一种形式。

(五)货位编号方法

货位编号是将库房、货场、货棚、货架按物品存放的具体位置顺序，统一编列号码，做出明显标志。

1. 库房的编号

把整个仓库的所有储存场所，依其地面位置按顺序编号，对库房的号码可统一写在库房外墙上或库门上，编号要清晰醒目，易于查找，如图 2-20 所示。

图 2-20 库房编号

2. 库房内货位编号

根据库内业务情况，按照库内主干道、支干道分布，划分为若干货位，按顺序以各种简明符号与数字来编制货区、货位的号码，并标于明显处，如图 2-21 所示。

图 2-21　库房内货位编号

3. 货架上的货位编号

先对一个仓库内的货架进行编号，然后再对每个货架的货位按层、位进行编号，如图 2-22 所示。货架上的货位编号常采用的是“四号定位”方法，即第一位，表示库序号；第二位，表示货架号；第三位，表示货架层号；第四位，表示货位号。编号顺序应该是从上往下、从左到右、从里到外。

图 2-22　货架上的货位编号

4. 货场货位编号

货场货位编号常见的有两种方法：

(1)在整个货场内先按排编上排号，然后再按各排货位顺序编上货位号；

(2)不分排号，直接按货位顺序编号。

对于集装箱堆场，应对每个箱位进行编号，并画出箱门和四角位置标记。

（六）货物堆垛设计

货物验收入库，根据仓库货物储存计划确定货位后，便进行堆码和苫垫等堆垛工作。妥善的堆码、苫垫是货物保管中的一项重要工作，也是确保货物质量和提高仓库利用率的必要措施。

1. 堆码货物的要求

货物在正式堆垛时，必须具备以下条件：

(1)货物的数量、质量已彻底查清；

(2)包装完好，标识清楚；

(3)外表的污物、尘土、雨雪等已清除，不影响货物质量；

(4)受潮、锈蚀以及已发生某些质量变化或质量不合格的部分已加工恢复或已剔除；

(5)已经加工恢复或者已剔除的部分另行处理，与合格品不相混杂；

(6)为便于机械化操作，金属材料等该大捆的已经大捆，机电产品和仪器仪表等可集中装箱的已装入适用的包装箱。

2. 堆码堆场的要求

(1)库内堆码，货垛应在墙基线和柱基线以外，垛底须垫高；

(2)货棚内堆码须防止雨雪渗漏，棚内两侧或四周必须有排水沟或管道，棚内地面应高于棚外地面，最好铺垫沙石并夯实；

(3)堆垛时要垫垛，一般垫高 20～40 cm；

(4)露天堆垛，堆垛场地应坚实、平坦、干燥、无积水及杂草，场地必须高于四周地面，垛底还应垫高 40 cm。四周必须排水畅通。

3. 堆码的基本要求

(1)合理：分批别类、利用库容、先进先出。

(2)牢固：堆放稳定，绳索辅助固定。

(3)定量：货物数量一致，数量标注清楚。

(4)整齐：垛形和垛高标准化、统一化。

(5)节约：节约仓容，作业一次到位。

(6)方便：堆放便于作业。

（七）货物堆码原则

(1)面向通道进行保管；

(2)尽可能地向高处码放提高保管效率；

(3)重下轻上原则；

(4)根据出库频率选定位置；

(5)同一品种在同一地方保管原则；

(6)便于识别原则；

(7)便于点数原则；

(8)依据形状安排保管方法。

（八）货物堆码方法

货物堆码是指商品入库存放的操作方式，它关系到货物保管的安全，清点数量的便利，以及仓库容量利用率的提高。

1. 散堆法

散堆法是指将无包装的散货在仓库或露天货场上堆成货堆的存放方式。

2. 货架存放

货架存放是使用通用和专用的货架进行物品堆码的方式。

3. 成组堆码

成组堆码采用成组工具(托盘、集装袋、吸塑等)先将货物组成一组,使其堆存单元扩大,从而可以用装卸机械成组搬运、装卸、堆码。

4. 堆垛法存货

堆垛法存货是直接利用物品或其包装外形进行堆码的方式。

1)平台垛

先在底层以同一方向平铺摆放一层货物,然后继续垂直向上堆积,每层货物的件数、方向相同,垛顶呈现平面,垛形为长方体。当然在实际堆垛时并不是采用层层加码的方式,往往从一端开始,逐步后移。

2)起脊垛

先按平台垛的方法码垛到一定的高度,再以卡缝的方式逐层收小,将顶部收尖成屋脊形。起脊垛是用于堆场场地堆货的主要垛型,货垛表面的防雨遮盖从中间起向下倾斜,便于雨水排泄,防止水湿货物。有些仓库由于陈旧或建筑简陋有漏水现象,仓内的怕水货物也采用起脊垛堆垛并遮盖。

3)立体梯形垛

立体梯形垛是在最底层以同一方向排放货物的基础上,向上逐层同方向减数压缝堆垛,垛顶呈平面,整个货垛呈下大上小的立体梯形形状。

4)行列垛

行列垛是将每票货物按件排成行或列排放,每行或列一层或数层高,垛形呈现长条形。

5)梅花形垛

对于需要立直存放的大桶装货物,将第一排(列)货物排成单排(列),第二排(列)的每件货物靠在第一排(列)的两件货物之间卡位,第三排(列)同第一排(列)一样,然后每排(列)依次卡缝排放,形成梅花形垛。梅花形垛货物摆放紧凑,充分利用了货件之间的空隙,节约库场面积。

6)井形垛

井形垛用于长形的钢材、钢管及木方的堆码。

任务三　仓库管理的相关知识

仓库是企业物资供应体系的一个重要组成部分,参与企业各种物资周转储备的环节,同时担负着物资管理的多项业务职能。它的主要任务是:保管好库存物资,做到数量准确、质量完好、确保安全、收发迅速。

为了使公司的仓库管理规范化，保证财产物资的完好无损，根据企业管理和财务管理的一般要求，管理者需要结合公司的一些具体情况，制定相应的管理制度。

一、仓库管理制度

仓库管理制度可以从收料处理、发料、物料转移、单据处理、账务处理、责任区管理、公共环境、设备维护保养、工作服从、值日生职责、领导者责任等方面来分析。

（一）收料处理

收料处理一般包括供应商送货收料、受托加工收料、客户成品退货接纳、现场因订单取消或物料不良的退货处理、供应商的退料接收、制程产品入库。

（1）供应商送货收料，仓管员必须核对采购订单，如超过订单数量应及时提报采购，书面同意后增补采购订单方可收料并做记录；客退货品须依据业务的收退货品相关通知才能收货，收货后须及时清点实物，告知业务，必须取得退货单。

（2）受托加工收料，必须有业务的受托加工通知单，凭单过磅核数并及时通知加工车间领取受托加工物料，加工返仓后告知业务办理物料出厂手续。

（3）对所收物料或客退货品必须及时报检，不得有影响生产的现象。

（4）确保所收物料或客退货品的型号、数量准确，物料品质状态明确，凡三项中有一项有误，当追溯上工序更正或拒收，执行要有力，不得使所收物料或退货品的型号、品质、数量不符；收料记录要准确无误，方便查询。

（5）物料或退货品检验后，须依检验结果及时归位和处理，合格品当与责任人交接清楚，使责任人正常接管物料，不良品当即隔离并有明显标识。

（6）现场等部门退料，所退物料状态必须与检验结果相符，并有品管检验单及退料单，做到手续齐全，手续不齐的一律拒收。

（7）车间产品入库，必须有车间的报检单并由品管确认合格后，方可对实物进行验收入库存放。

（8）物料点收后须及时入电脑账，做到信息反映及时、账物一致，若执行不力，当追究物料接纳人责任。

（9）当所收物料或退料有异常或差异时应及时反馈（含填写进料差异明细表）并及时处理，不能处理的报请主管处理。

（二）发料

发料的一般流程包括生产部门提出领料备料，业务出货、预定备货，成品出货、装卸放行，生产现场补料，材料发外加工，供应商物料品质不良退货。

（1）备料补料或备（出）货时须仔细核对对物控下发的排产计划单、业务开出的销售出货通知单，保证物料产品与单据一致，若有领料部门、业务投诉或内部稽查数量或物料产品有不符者，应予以及时处理。

（2）备料备货出货时若发现表单有问题或不符手续（如品号、数量有问题或修改不清）视情节当报生产、业务主管或修改单据及电脑资料，确保发料出货扣账一致。

（3）委外加工发料或成品出货须依有关程序或指导书作业，不能使型号、数量有误，须手续齐全，否则不予放行。

(4)不良品需退供应商，应按退货管理程序的作业指导书，严格分类并包装好，按品管签发的外协外购产品进货检验报告上的处理意见、时限及对策进行退货并及时入电脑账反映执行状况。

(5)现场补料一律凭有效单据作业，不得无单补料；特殊情况，暂先登记并签名后必须补单。

(6)物料或成品异动后须及时入电脑做单，做到账物一致，若执行不力，当追究发料、发货人责任。

(7)暂借或对数量等有争议的物料补料，且无法开单者，对方应向仓库打借条签名确认方可补给并需做好相应记录。

(三)物料转移

物料转移一般包括资材仓库之间的转移、因制令需求须增减仓库账的制程直接转移或制程委托加工、制程与仓库之间的直接转移。

(1)转移物料必须凭单作业，单据移动与物料移动必须同步。

(2)仓库转移(调拨)物料必须有生产指令或采购业务的联络单或品管的不合格处理报告、工艺变更通知单或依仓库物料归类定位原则。

(3)因生产需求通过制程(上工序转下工序)的直接转移，需增减仓库账的物料必须知会仓库点数确认并制单入账，仓库必须主动掌控，经常清查该类物料，不得超出1%的盘差率。

(4)制程委托加工时应当认真清点待发物料及数量，入ERP系统中委外加工模块录入型号、数量、外托厂商、委托加工工序、外发日期，开出委外加工出仓单作为放行依据，外发日期须记录无误，不得清点有误或记录不准而影响账实相符。

(四)单据处理

正确使用各类单据，开立单据必须符合规范，必须做好单据归类整理、转移和归档工作，加强单据管理。

(1)仓管员必须正确使用各类单据，并有义务指导和纠正其他部门及人员以正确使用单据，如有滥用单据者，产生账实不符，应当负责。

(2)单据填写必须规范，做到真实可靠、内容完整，不得涂改。若有差错，应按规定更正方法进行更正，并签名以示负责；如涉及其他部门及人员应追踪结果，尤其电脑单据的修改，所有电脑系统中的单据只能修改不能删除。

(3)单据必须及时填写、签收和传达。

(4)仓管员必须管好各自单据，归入指定档案夹内，不得遗失，并及时传达给仓库主管进行审核，否则，应负账实不符的责任。

(5)所有单据审核后，仓管员应及时将单据整理分类放入指定文件夹内，加强单据管理；品质检验报告中如有涉及调整库存品质、数量和物料编号的工艺变更通知单，应及时提报处理。

(五)账务处理

账务处理一般包括按资材账务作业指导书进行作业、电脑系统的维护、系统规范操作、单据及时处理、内外部稽核作业、梳理报表体系。

(1)仓管员必须定期自检系统，如有系统不稳定等应及时提报。

(2)仓管员必须严格按照物料(产品)进出仓的操作规程进行规范性操作,如操作有误,应及时反馈,并按规定和要求提报处理。

(3)电脑操作必须有严格的权限管控,不允许其他人员非法操作。

(4)各仓管人员应及时进行各类电脑资料维护作业,确保电脑账务与实物同步。

(5)仓库主管必须定期进行循环盘点等稽查,如发现相关问题,应及时提报,并做原因分析和提出改善措施及对策,确认改善结果。

(6)加强仓储管理,进行存货、库存分析,改善缺失,完善仓储系统,仓管人员应定期提供库存报表。

(7)非仓库财务人员,无权使用仓库财务电脑进行任何操作。

(六)责任区管理

(1)仓管员协助收料人员将所管辖物料归位并按物料属性妥善管理。

(2)物料应按储存区标示管理办法,按物料排序定位放置,不得混料。

(3)所管物料的存卡、标识牌必须清晰。

(4)仓管员必须对辖区内物料全面熟悉,若有异常情况,应及时提报处理,不得将物料散放在任何地方,更不得丢失和短少。

(5)仓管员发现产品质量异常或工艺变更,应及时做出处理,不能处理的提报主管处理。

(6)按仓库门禁制度的规定,仓管员应严格控管进出人员,进出人员所拉物料必须有相应凭证。

(7)仓管员必须保持各仓库区域内环境卫生清洁、整齐有序,坚持做好每天的工作。

(8)仓管员必须按仓库安全操作规程工作,保证搬运与储存物料及人员完整安全。

(七)公共环境

(1)通道应保持畅通,备料或需归位的物料不宜占道,不得影响公共作业。

(2)公共区域如办公场所应保持清洁整齐,不得有闲杂人员逗留,各仓管人员都有责任维护公共环境,维护仓库形象。

(3)仓管员或其他部门及人员在非管辖区作业时,应维护环境清洁,不得有损害他人的行为;磅取、备发物料时有散落零件当时就要归位。

(4)仓库全体人员,必须严格执行仓库门禁制度,共同维护公共环境,爱护公物。

(5)在公共区域或他人责任区作业完毕后,应随手切断灯或电子磅电源,以节约公司能源和保证安全。

(八)设备维护保养

指定专人负责管理设备,及时提报和落实执行设备维护保养计划,保证仓库设备设施运行良好。

(1)仓库设备实行定人管理,各设备管理人员必须定期做设备的保养,并按设备管理程序,提报和落实执行设备维护保养计划,保证仓库设备设施运行良好。

(2)仓库设备应按规范操作,如出现故障等要即刻停止作业,提报上级主管及维修人员及时处理。

(3)仓库设备未经主管同意,不得外借。

(4)各仓库所属区域的公共设备设施,如照明电器、消防器材,也视同专管设备进行管理。

（九）工作服从

工作服从要求明确工作执掌、合理分工、职责分明、服从工作调遣、做到任劳任怨。

（1）仓管员要了解各自工作内容，服从分工，尽心尽力做好本职工作，切实认真执行上级主管吩咐的各项工作。

（2）仓管员要团结互助，协助他人完成工作任务；服从人力调配和工作调遣，完成仓库的一些共同性任务。

（3）仓管员如遇到在不同期间工作不均衡的情况，应首先自我克服，确需人力支援，及时提报上级主管做出处理。

（4）仓管员要接受主管工作分派，首先执行，之后如有异议通过正当渠道提出。仓库与仓库之间，以及仓库与其他各部门及人员之间必须建立良好的沟通合作关系，每位仓管员必须有良好的服务态度和工作品质，善待于人，避免产生摩擦及口角，或消极抵触情绪，以免影响工作。

（十）值日生职责

值日生职责包括完成规定值日内容，并辅助监督管理。

（1）维护办公区等公共区域环境卫生，在当天工作结束之前负责垃圾清理。

（2）各区域负责人负责本管辖范围内物品的摆放与灰尘清扫工作，值日生负责检视仓库各区域卫生状况并督导改善。

（3）下班前 5 分钟负责巡视安全系统是否正常，门窗、电源等是否关闭。

（4）每日填写值班交接表，对工作异常状况等提报及处理。

（5）正常处理仓库各项工作，并在处理完毕后将所涉及的事项与负责该事项的仓管员做好交接，以防出现失误。

（十一）领导者责任

领导者责任主要包括作业程序及制度的建立落实、起表率作用、沟通与协调、稽核与督导、处理与改善、教育与培训、组织与考核。

（1）主管必须了解仓储运作，拟订和建立仓库作业程序、作业指导书、各项规章制度，组织落实执行；并将公司政策等在本部门落实，起到上传下达作用。

（2）主管需以身作则，起模范带头作用。

（3）主管必须具备规划能力，对每一项工作做出周密的计划并落实执行。

（4）主管必须具备良好的人际关系，做好和部门及人员的沟通与协调，以使工作目标达成。

（5）主管必须对下属各项工作进行稽核和监督，保证不偏离工作计划。

（6）部门产生异常时，主管必须分析原因，做出改善对策，并追踪改善结果。

（7）主管必须对员工进行教育训练，要说给员工听，做给员工看，不断提高下属的工作业务素质。

（8）主管因工作督导不力，致使员工工作失职造成负面影响，或员工绩效不彰，依情节负连带责任。

（9）主管必须具有组织能力并完善其组织，发挥整体潜能，不断提高仓储工作和管理效率。

（10）主管要严格执行考核考评制度，坚持公平、公正、公开的原则。

二、仓库管理的重点

怎样才能做好仓库管理，这是所有仓储企业思考的问题，仓库管理说简单也简单，说难也难，需要运用相应的技巧和不断地总结经验，以创造更大的价值。仓库管理中，以下方面值得重视。

（一）明确认识到仓库管理的重要性

仓库作为一个工厂的物料和成品集散地，担负着非常大的作用。除银行外，工厂里几乎所有的流动资产都集中在仓库，仓库的流动顺畅与否，生产进出和物料的收发是否正常有序，直接关系到工厂的生产效率能否达成有效目标。而物料的成本占整个企业成本的50%～70%，重要性极高，仓库提供的物料数据准确性也关乎生产的进度。

如果物料没有及时供给生产，造成收发料的短缺，极可能会影响到出货的顺利。判定一家工厂好坏可以从这三个方面来观察：现场（车间）、仓库和洗手间。仓库的重要性由此可见一斑。

随着工业化的进一步发展，许多工厂传统意义上的仓库得到了逐步的改良。仓库这个部门也有了很多新的叫法，如货仓、仓储科、物料部、资材科、物流中心、配送中心等。但是，不管什么叫法，仓库作为它传统意义上的职能并没有发生根本性变化，它始终担负着中转站的功能。仓库对于生产和货物的流通起着非常重要的作用。

周转愈高愈是快捷高效，生产和流通愈是顺畅，资金的回笼当然也会加快。这也是任何一家公司所希望达到的目的。仓库是物资的集散地，所以，如何对物料保护和控管也是直接关系到各种损耗和浪费是否能减少到最低限度。对库存的有效控管、利用和维护能减少自然损耗、保证数字的精准控制等。

（二）仓库的分类和细节管理的认知

组建一个仓库一般来说要符合以下三个原则：符合工艺要求的原则；符合进出顺利的原则；符合安全的原则。

仓库大体可划分为毒品（化学品）仓、工具仓、办公用品仓、常用物资仓等。常用物资仓又可分为原材料仓、半成品仓、成品仓。原材料仓又可以分为电子材料仓、五金仓、塑胶原料仓、纸箱仓、包辅材料仓和印刷仓等。

对于仓库的主要工作职责可用三字来概括：收、管、发。

收：依订单和送货单对来料进行数量上的验收，以定量包装的原则来要求供应商，按单收料，大数全点，细数采用抽查的方式进行，一般是按5%～15%的比例来抽点，如有误差再加大抽检比例。也可以使用一些精密度比较高的称量辅助工具来达到快捷高效的收料。如：电子磅等。

管：对于IQC已经验收确认或特采的物料依仓储已规划好的位置归于指定地点，并做好标识和账务处理，一定要有品管部门的验收报告和签字记录。这就是所谓的收料“三关”：品质关、数量关、单据关。

发：仓库在发料时一定要按单发料，依照领料单和配料单并查实采购合同单或施工单进行发料，切不可只依领料单发料，以免造成物料的多发和浪费。并且还要做好出入库的料账记录与定期盘存，不良物料及呆废料的定期处理。

简而言之，仓库分类可以用四字来概括：账、物、卡、证。并要求达成“三符”：账账相符、账实相符、账证相符。

在物料归于物料区的过程中，对于物料的堆放要符合一定的堆放原则：立堆、加高机的利用、堆放时易读数等。对于堆放也一定要遵循以下“三不”原则：不得阻塞通道、不得遮挡消防栓和灭火器、不得超高。

对于堆放一般采用“四法”管理：五五堆放法、六号定位法、托盘化管理法、分类管理法。

一般来说，物料上下要采用叠放原则：上小下大、上轻下重、中间常用。

对于化学品的储放要遵守“三远离四严禁”原则：远离火源、远离水源、远离电源、严禁超高、严禁混合堆放、严禁堵塞通道、严禁遮挡灭火器。

储存和发放物料一般要遵循以下原则：仓库十二防（防火、防水、防压、防腐、防锈、防爆、防晒、防倒塌、防潮、防盗、防蛀、防电）、定点定位定量、先进先出三原则。这主要体现仓库管理安全方面的措施。

（三）了解物料的储存期限

电子元器件的有效储存期为 12 个月；塑胶件为 4 个月；五金件为 6 个月；包装材料为 6 个月；成品为 12 个月。化工及危险品按供应商提供的期限为准，当然这个有效期每家公司规定不同，但大致一样。对于超过期限的物料在投入生产时，一定要再次进行品质确认。

（四）掌握原料控制程序

对于原物料的进出仓、半成品的进出仓、成品的进出仓要有一套比较完整的进出控制程序。同时，对于退料补料、呆废料的处理也要建立一套适合各公司具体操作的管理办法。

（五）账务的各种规范和电脑系统化的建立

最开始的手工账逐渐演化到电子账和系统账，但是电子账和系统账并非完美的，所以，手工账在某些方面仍需要结合延用。比如：物料管制卡的记录，用起来直观明了；每日进仓物料日报表和抽检记录也是电脑一时无法完全取代的；各种物料、半成品、成品的标识也需要人为的手工操作等。此外，可能由于电脑故障或人为原因，会造成数据的丢失。

当然，电脑也有很多手工无法比拟的地方，比如查询的快捷方便，资源共享，Excel 的自动生成，主生产计划与物料需求计划的一目了然，都是手工无法做到的。另外，局域网及邮箱也能提高工作的效率。现在许多公司到一定的规模后，为了更好达成资源共享及便于成本核算，还采用了 MRPⅡ、ERP 等系统化管理。

（六）5S 或 6S

5S 或 6S 的积极开展对于仓库管理起到非常关键的作用。任何一家工厂的 5S 开展是否有效可以从仓库反映出来。仓库 5S 开展得好对于在车间的积极推行也有一定的深远影响。同时，仓库的 5S 开展对于仓库的物料更加规范、有效储放也有积极和深远的意义。

（七）盘点

盘点一般采用永续盘存和实地盘存的方式进行，也有是两种盘存方式结合进行的，对于仓库是一项非常重要的不可缺少的工作程序。盘点是为了查明各项物品、材料、固定资产的可用程度，以期达到有效利用资产的目的。同时为生产计划和销售计划提供更加准确的依据，更好把握各项物资的最低存量和最高存量，及时发现各种呆废料和呆滞品，从而有效控管库存。

一般来说，盘点一年进行两次：6 月 30 日和 12 月 31 日。当然平时每月还可以进行一次小盘。盘点时全厂停工，按照初盘、复盘、抽盘三次完成。确定盘点的各项资产的误差率和对于盘点结果在规定的盘点差错率的管理人员进行适当的奖励。盘点完后，仓库要对盘盈盘亏部分进行分析和账务上的调整。

三、仓库物控管理

(一) 物料管控职能和准则

仓库物控的工作内容一般可分为四大块：请购方式与存量基准的设定；生产用料的分析、计算及预测；生产用料的请购与余料的转用；进料异常与生管、采购等部门的协调。

物料控管是为了更好服务于生产，对于物控的精髓是“三不”：不断料、待料；不呆料、滞料；不囤料、积料。如果这些方面没有做好可能会出现停工待料、物料积压、影响生产等损失。

良好的物料管理必须具备五大职能，即“5R”和“三不”准则。

5R 准则：适时、适量、适价、适地、适质。

“三不”准则如下。

不错：笔笔有账、料账相符。

不坏：物物可用、质量确保。

不乱：井然有序、一目了然。

所以对物料的请购和分析是非常重要的，了解这些物控知识对于仓库管理有着非常深远的意义。对于物料控管一般采用 ABC 分析法，简单地说，就是重要的少数，不重要的多数。

这种物料的分析法，对于仓库管理工作可以带来非常有益的作用。在按 ABC 物料分析法订购物料时，也可以按照这种方式对库存进行有效、有针对性地管理。比如 A 类物料是种类少，金额大，这是仓库管理时的重点；B 类物料种类和金额处于一般情况，可以进行存量控管；C 类物料种类多，但金额少，为了节省采购成本可以进行批量采购达到降低采购成本的效果。当然这里还牵涉到物料的分析和计算办法。比如：材料周转率、材料周转天数、成品周转率、成品周转天数、安全存量、最高存量、最低存量等的计算和实际操作办法。

具备物控方面的知识和经验对于仓库管理可以说是十分有益的，也是一个优秀仓储主管必须具备的技能。

(二) 仓库物控管理方法

1. 物控整理

(1)货物或者物料信息整理。对仓库管理需求比较大的行业一般是工业、制造型、贸易型、服务型等，涉及的货物或者物料的种类较多，因此将货物或者物料进行分类很有必要。

(2)供应商和客户的信息整理。当供应商和客户较多时，如何高效地进行货物或物料的入库和出库呢？自然是将供应商和客户的信息进行整理。当货物或物料到达仓库或被提取出库时，快速对应供应商或客户的信息，可以减少单据的填写时间，并且在一定程度上避免出现纰漏。

(3)其他相关信息整理。比如仓库信息的整理，将仓库的具体位置，仓库内具体物品分布等信息进行录入，可以更加清晰地了解仓库以及货物和物料的具体情况。

2. 明确流程

以货物的入库为例。在货物到达仓库之前，仓库管理人员应当确定货物到达的具体时间、运送货物以及接收货物的具体交接人员，这就涉及货物入库的申请以及上级审批；货物入库后应当按照类别进行摆放，并且为了满足先入先出的出库原则，货物还应当分批次划分，这些在货物安置完成或者之后也应该进行信息汇总。

看起来是不是很麻烦？下方如图 2-23 所示的简易的流程图可以帮助理解。

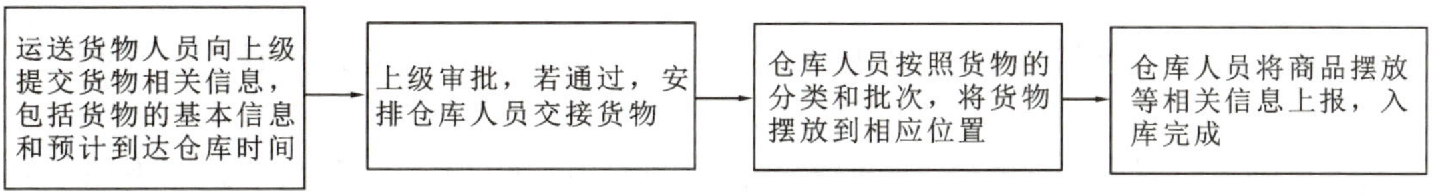

图 2-23 物控流程图

3. 数据分析和判断

库存的数据分析结果会影响到企业下一步的生产和销售计划。因此当数据被及时地汇总以后，应当对信息进行分析归纳。比如出库多的商品要结合市场行情判断是否需要加大生产或者是否需要做好退货入库的准备；而库存多的商品则需要判断是否需要采取行动压价促销。

（三）仓库物控管理员

1. 管理员职责

物控管理，顾名思义就是通过对仓库物品的管理发挥好仓库的功能。而物控管理员的岗位职责包括：

（1）按规定做好物资设备进出库的验收、记账和发放工作，做到账账相符。

（2）随时掌握库存状态，保证物资设备及时供应，充分发挥周转效率。

（3）定期对库房进行清理，保持库房的整齐美观，使物资设备分类排列，存放整齐，数量准确。

（4）熟悉相应物资设备的品种、规格、型号及性能，填写分明。

（5）搞好库房的安全管理工作，检查库房的防火、防盗设施，及时堵塞漏洞。

（6）完成上级交办的其他工作。

而物控是指对物料的控制，主要职能是物料计划、物料请购、物料调度、物料的控制（坏料控制和正常进出用料控制）等。

2. 管理工作部门

因物控工作所涉及的部门有很多，在这里需要了解下面几个方面的工作。

1）市场部

市场部负责订单下达及交期评审。就是说物控员需要了解市场部的订单情况，并依据订单对仓库的物料进行统计，从而了解所需的物料来进行采购。

2）研发部

研发部负责订单 BOM 制订及生产工艺设计。就是说如果有新的订单产生，则需要研发部门及时对订单的内容制订出相应的 BOM 及生产工艺要求。

3)采购部

采购部负责物料的采购、跟进工作以及供应商评审。就是说在接到物控员的指令后及时采购,并对供应商进行评审(是否有资质)。并对所采购的物料要提供交期,以便生产部门安排每周的工作计划。

4)仓库

仓库负责物料进出仓控制及库存物料的质量控制。

5)生产部

生产部负责生产前期准备工作及按计划完成生产任务,对生产进度及异常进行处理控制并反馈。

物控员的核心职责就是要控制好原料及其他物料的采购,不要出现近期生产不用却采购大批物资积压在仓库,造成仓库库存太多;也不要出现马上该生产用原料了,而采购物资却仍不到位。最好是做到恰好要用恰好就到货,实现“零库存”或接近“零库存”的目的。

四、仓库管理流程

仓库管理是一项负责将物资和货物进行组织和储存的重要任务,它既关乎利润,也关乎物流质量。高效的仓库管理可以更好地保证物流时效性,减少浪费,并降低库存储存成本。

一般来说,仓库管理包括以下流程。

(一)入库管理

在货物进入仓库的时候,需要进行入库管理,将货物按照仓库空间和存储要求进行合理排列,以防止货物之间的混杂。

(二)出入库管理

主要是检查仓库物资的准确性,包括检查入库货物和出库货物的准确性,以防止物资出入过程中的差错和损失。

(三)货物信息管理

对仓库中的货物进行信息录入,便于追溯和盘点,其中包括货物批号、货物型号等。

(四)仓库安全管理

仓库管理系统可以帮助仓库实现安全的存储保管,包括定期检查仓库内部的温度、湿度、洁净等内容,防止物资受损。

(五)仓库装卸管理

主要是指对货物进行装卸,即装箱、装载和卸载货物,保证货物完好地运输到目的地。

(六)库存管理

建立物资的报表,记录库存入库量的变动,以便在货物变更的时候准确及时地识别、核实和更新库存记录。

(七)仓库卫生管理

要保证仓库内部卫生良好,以防止物资受损和质量变差,定期搞清洁、防虫防鼠、调节温湿度等是重要管理内容。

(八)物流仓储管理

物流仓储管理主要是指维护物流仓储体系,包括物流仓储策略制订、技术流程确定、拣货优化等部分,这些都是仓库管理的重要主题。

可以看出,仓库管理不仅关乎组织货物的合理性,还要求对物资的时时更新、仓库的安全清洁和物流仓储策略的科学制订,以及仓库货物的有效拣选、堆放和货物信息追踪等。仓库管理不仅要考虑物流效率,还要考虑仓库使用的经济性和安全性。

所以,要实现高效的仓库管理,首先要建立完善的流程,其次要建立有效的数据管理系统,以便实时完美地追踪物资的流量,使物资更安全、更省钱。同时,仓库管理的运作必须符合现行的国家和行业有关法律法规,以确保企业和货主的利益。

综上所述,仓库管理是从入库管理、出入库管理、货物信息管理、仓库安全管理、仓库装卸管理、库存管理、仓库卫生管理和物流仓储管理等多个维度实现的复杂系统,它在物流行业中扮演着不可或缺的角色。仓库管理是一个涉及多方面的综合性管理,需要有专业的知识支持和科学的设计方案,以便有效地控制物资的流量和消耗,提高企业的核心竞争力和货运效率。

五、仓库管理技巧

(一)货物保管技巧

①面向通道进行保管。为使物品出入库方便,容易在仓库内移动,基本条件是将物品面向通道保管。②对于易破损的物品应尽可能遵循先进先出的原则,如标准化商品应放在托盘或货架上来保管,加快周转。并且由于商品的多样化、个性化、使用寿命普遍缩短,这一原则是十分重要的。③尽可能地在高处码放,提高保管效率。有效利用库内容积应尽量向高处码放,为防止破损、保证安全,应当尽可能使用棚架等保管设备。④依据物品形状来保管也是很重要的。

(二)货物摆放技巧

①根据出库频率选定位置。出货和进货频率高的物品应放在靠近出入口、易于作业的地方;流动性差的物品放在距离出入口稍远的地方。②季节性物品则依其季节特性来选定放置的场所。③同一品种在同一地方保管。为提高作业效率和保管效率,同一物品或类似物品应放在同一地方保管,员工对库内物品放置位置的熟悉程度直接影响着出入库的时间,将类似的物品放在邻近的地方也是提高效率的重要方法。④根据物品重量安排保管的位置。安排放置场所时,当然要把重的东西放在下边,把轻的东西放在货架的上边。需要人工搬运的大型物品则以腰部的高度为基准,这对于提高效率、保证安全是一项重要的原则。

(三)货物堆放技巧

①多利用仓库空间,尽量采取立堆式操作,提高仓库利用率。②通道应有适当的宽度,并留有装卸空间,则可保持物料搬运的顺畅,同时不影响物料装卸工作效率。③不同的物料本身形状、性质、价值等不同,考虑不同的堆放方式。④货物的堆放应容易识别与检查,如良品、不良品、呆料、废料的分开处理。

(四)仓库盘点技巧

首先把仓储整顿和管理功能一并在盘点中执行,尤其在预盘的阶段里,更为允当。我们很清楚，主仓库存放的应该是活料，所以明知是呆料的料项一定要清理出去，不管它的价格贵贱。而且主仓库存放的一定要是良品，是给生产可用的良品，因此必须检查出不良料，把它清理出去。盘点计划多在复盘日期的一个月前就要具体拟订而且发布。经过复盘之后，实况资料（包括差异）交盘点主持人，一方面由会计部执行结算（包括调整及计价），作财务报表的依据；一方面由盘点主持人召开“检讨”会议，针对料账差异较大与较奇特的状况，深入检讨其原因。

（五）保证良好的沟通协调能力

仓库是公司的中转站。所以，仓库主管和所有的相关部门都要打交道。各车间、采购部、物控、财务、生管、业务等，几乎牵涉到工厂所有的部门。仓库既要服务于生产，同时又是老板的大总管，是物料监控的直接责任人，偏向任何一方都可能造成生产的不协调或者是物料的浪费。

因此，作为后勤职能部门，仓库既要坚持仓库管理的各种原则，又要做好跟进生产的好“粮草官”。大家都知道：兵马未动，粮草先行。如果没有粮草，部队不可能有战斗力。生产也一样，没有物料，生产不可能进行。同时，粮草控制不善，也可能会出现各种瓶颈。大量的浪费，就算是产品生产出来了也根本不能赚钱。这样的话，作为靠盈利才能生存的企业是不可能接受的。

所以，物控和仓库必须责无旁贷地担负起这个责任。既要坚持原则又要服务于生产，同时，还要让各相关部门在接受仓库管理原则的前提下搞好生产。因此，仓库主管必须要具备良好的沟通协调能力。

（六）仓库先进先出规划

（1）进出从不同的门进行，入库从进仓门进，出库从出仓门出。

（2）联单制，每箱设两联单，一联贴箱上，一联放文件夹内，依据入仓时间排序，需物料时文件夹内单据时间最早的物料优先搬出使用。

（3）双区制，物料调配两个区中，进来物料放A区，发料从B区发，B区发放完成时，AB两个区标识牌互换，始终是B区发料。

（4）重力供料制，适用于散装料，如水泥、米、塑胶颗粒、油，将物料散装于大仓中，从上部进仓，下部出仓。

（5）移区制，物料从验收入库一端或一面移向发料端，保证先进先出，缺点是每次发料都移动（货物可以放到轮板上面），工作量大。

（6）成轴产品用轴穿起来放到钢架上面，实现从入库端到发料端的逐渐移动（同时解决堆放层高的问题），要设有锁定装置。

（七）货位优化设计

货位按入库、验收、存储、分拣、出库流程安排；根据作业频率确定位置，频率高的靠近门。

货位尺寸关系到仓库面积和空间的利用率，也关系到能否顺利存取货物，货位尺寸取决于在货物单元四周需留出的净空尺寸，还要根据销售旺季时，所需单一材料的总量来考虑。注重货物流量（吞吐量大的应置于移动距离最短的位置，包括主通道、低货位）。

（八）功能区域划分优化

功能区域划分优化是指对仓库的各个组成部分——存货区、入库检验区、理货区、配送备货区、通道以及辅助作业区在规定范围内进行全面合理的安排。

(九)物流相关性优化设计

1. 直线型

出入口在仓库的相对面,无论订单大小与拣货品项多少,均要通过仓库全程,适合作业流程简单、规模较小的物流作业。

2. 双直线型

出入口在仓库的相对面,但具有两条通路,适合作业流程相似,但有两种不同的进出货形态的物流形式。

3. 锯齿型

出入口在仓库的不同侧面,路线呈锯齿状,通常适合多排并列的库存货架区内。

4. 分流式

适用于批量拣货的分流作业。

(十)通道优化设计

(1)通道类型主要分为入库区通道、各库房(货位)间通道;

(2)汽车通道不小于 4 m,叉车通道不小于 3.6 m;

(3)使货物的出入库是单向和直线运动,避免逆向操作和大幅度改变方向的低效率运作;

(4)搬运过程中容易撞到的地方可以用软材质物品包裹(墙角、立柱等)。

(十一)搬运设备优化设计

(1)采用高效率的物料搬运设备;

(2)根据仓库物料形状合理设计搬运设备的装卡工具,纸卷类的叉车板用弧形的,平板考虑滚动制动装置,并有软保护;

(3)在物料搬运设备大小、类型、转弯半径的限制下,尽量减少通道占用的空间。

六、仓库管理常用软件

仓储管理员要想把控仓库管理,需要对货物的品类、库存数量、位置等仓库管理信息了如指掌,光靠记忆和手写表格的传统仓库管理方法早已不太适应。传统企业急需进行数字化转型,企业怎样做好仓库管理?仓储管理员常用的简单、好用的仓库管理软件系统有哪些?

要想做好仓库管理,就要借助一些软件,常用的软件有简道云仓库管理软件、百草仓库系统、聚米软件、万里牛和易特软件。

(一)简道云仓库管理软件

简道云仓库管理软件如图 2-24 所示,具有如下优点。

1. 分类精确,针对性强

简道云针对不同规模的企业设计了不同的仓库管理模板,适合大部分的实体企业,小微制造业规模较小,不需要过于复杂的计划流程,同样适用这些模板。年产值达到一定规模(5 亿以上),或希望做仓库及物料精细化管控的制造业企业工厂可以用 WMS 系统。

2. 直击痛点,满足需求

入库管理、出库管理、库存管理及预警、报表统计等,简道云均可满足。

3. 精美看板,数据一目了然

简道云背靠国内老牌报表企业——帆软,在报表展示和分析,仪表板图表的丰富度等方面都做得更出色。

图 2-24　简道云软件

4. 个性化能力强大

简道云仓库管理软件最大的亮点在于“自定义”,可以根据自己的需求像搭积木一样搭建个性化的仓库管理应用,而且后期可以随时修改。

很多传统软件在功能上做得那么复杂,软件的设计是按照工程师思维来的,并没考虑软件的可用性。而且用户不希望在软件可用性上浪费他们的时间。简道云支持自定义,用户可以自由修改仓库管理功能,设计出符合自身需求的仓库管理应用。

(二)百草仓库系统

1. 百草仓库软件介绍

百草仓库库存管理软件是一款年轻人喜欢用的库存管理软件,如图 2-25 所示。用户通过百草仓库库存管理软件可以随时了解商品、出库、入库、客户、供应商及单据等信息,有了百草仓库库存管理软件,销售出库、采购入库和经营利润也能一览无余。

百草仓库库存管理系统的核心功能有销售开单出库、订单跟踪交付管理、商品货物管理、仓库库存管理、采购进货入库、客户供应商管理、销售门店店铺管理、全面的进销存财务管理、丰富的业绩财务报表等。

2. 百草仓库软件功能

百草仓库库存管理系统适用于各行业批发商、代理商、零售商、连锁加盟店、淘宝卖家等形式的商户,帮助商户做好连锁店、店铺销售管理、收支记账、商品进销存、客户会员管理等工作。

3. 百草仓库软件优点

百草仓库系统的优点如下。

(1)概念简单,好操作、好上手;

(2)具备出入库管理、批发管理、零售管理、退换货管理、采购管理、出入库库存查询、成本核算、库存告警等功能。

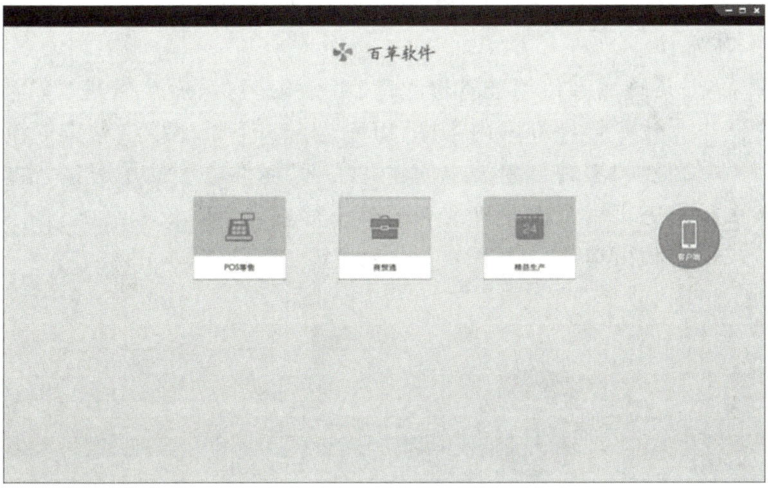

图 2-25 百草仓库软件界面

4. 百草仓库系统特点

(1)简洁、易用、好上手。

(2)百草软件有温度、有情怀;强调视觉美感,体验愉悦感。

(3)多员工、多角色、多仓库同步使用,所有人按业务流程紧密协作。

(4)电脑、平板电脑、手机多设备使用,随时随地开始业务、管理企业。

(5)满足商业新模式,面向未来;支持异地管理,在国外也能用。

(6)众多贴心小功能,如订单物流状态实时查询、送货地址导航、电子面单打印等。

(7)理解行业、理解生意,对数码家电、服装鞋帽、食品饮料、家具建材、汽配五金、日用百货、珠宝配饰行业的销售、进销存、财务管理做了深度优化。

(三)聚米软件

聚米软件如图 2-26 所示。

1. 聚米软件的特点

1)订单管理,高效稳定

平台订单秒级自动下载,每分钟 3000 单的速度让"大促"不再有压力!依靠灵活多变的订单自动化处理策略,可满足电商企业百万级的订单业务处理需求,全面提升订单流转的工作效率。系统日吞吐量 500 万单,超过淘宝对 ERP 系统规定的极限要求的 16 倍。独享服务资源,数据完全隔离,安全有保障,聚石塔 24 小时全方位安全监控。

2)库存管理,拒绝负数

精准化库存管理,从现实业务出发,杜绝非正常业务逻辑导致负库存,从数据库底层设计不允许负数字段,基于事务回滚及数据一致性机制保障业务数据准确无误。多平台库存实时同步,库存发生变化数据立刻更新,以防店铺超卖。

3)协同售后,规范高效

自动下载平台店铺退款退货单据,自动截停配货中的订单,减少损失。独创退货与退款业务分离,仓库退货收货人员只需按照包裹商品创建收货,入库后自动关联售后退款单或自动生成待申请售后，售后人员根据收货情况批量同意退款，处理高效快捷。

4)仓库管理，流水作业

多仓库管理系统、条码加库位精准管理化库存、条码验货、库位管理、智能配货、无线盘点等全方位提高仓储作业效率。标准库内入库、出库、上架、下架、盘点、移位等流程作业，让工作有序量化执行。简单高效的零售订单波次创建，“菜鸟”标准电子面单对接，实现打印快递单的快捷。可按照波次批量拣货后二次分拣或者一单一货直接出库校验复核。可实现前置打单或者后置扫描复核成功自动出单。

图 2-26　聚米软件

2. 聚米软件的优点

聚米软件的优点如下：

(1)创新性地采用图形化的界面布局图，界面直观、操作简单，支持键盘快捷操作；

(2)是一款通用的企业库房管理软件，集进库、出库和库存管理为一体；

(3)具备入库指引防错、出库指引防错、发货校验防错以及补货预警提醒等功能。

(四)万里牛

万里牛是杭州湖畔网络技术有限公司旗下 SaaS 软件品牌，如图 2-27 所示，主要针对电商、外贸、实体门店等业务群体，帮助企业快速布局新零售，提升订单处理效率，实现数据化业务管理，为企业降本增效。

2015 年底万里牛获凯泰资本数千万 A 轮投资，2021 年 9 月完成龙腾资本领投、二六三跟投的近亿元 B 轮融资，并于同年 12 月获得西湖科创投千万级 B 轮追投，致力于发展跨境 ERP。万里牛系列是具有良好用户口碑的互联网 SaaS 产品，连续九届获淘宝金牌淘拍档、京东优秀服务商等荣誉，历经十年发展，公司已与阿里巴巴、京东、亚马逊等国内外主流电商平台建立深度合作关系，拥有数十万家企业级用户，并仍在快速增长中。

万里牛软件的特点如下：

(1)非常适合出入货以及库存量非常大的企业；

(2)有专门针对电商的功能，但是也是适合单量比较大的；

(3)如果单量并没有那么大，这个软件可能没有那么合心意。

(五)易特软件

易特进销存普及版是一款进、销、存、财务一体化的进销存管理软件，主要功能为采购入

图 2-27 万里牛软件

库、销售出库、库存及财务应收应付款管理，操作简单。

易特仓库管理软件功能实用，操作简单，如图 2-28 所示，是适合商贸型公司、店铺、个体户等使用的入门级进销存管理软件。它用于商业销售管理、库存管理、客户管理及员工管理等场合，是企业进行信息化管理的强大工具。

易特物资出入库管理系统广泛适用于企事业单位内部物资管理，主要的功能包括物资申领，物资领用出库，工具类物资的借出、还入，企业固定资产管理等。

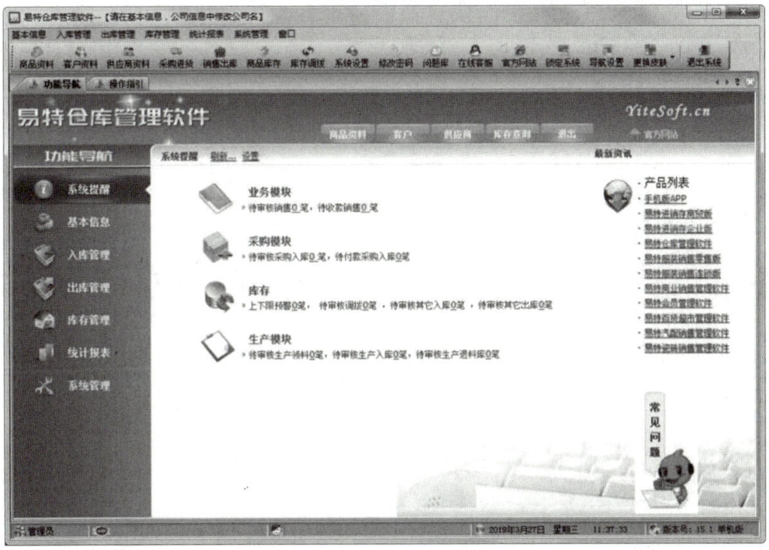

图 2-28 易特软件

易特软件的特点如下：

(1)这款软件包含产品销售管理系统、库存管理系统、财务和报表系统等子模块，适用于企业、商贸公司、个体门店等用于商业销售管理、库存管理、财务管理、客户管理及员工管理的场合。

(2)入库管理可实现进行产品采购入库、采购退货、委外加工入库等功能。

(3)出库管理可实现销售订单、销售出库、客户退货、MRP 物料需求运算以及委外加工发料等功能。

(4)统计报表具有完整的统计查询功能，每张单据、每次业务金额都可以清楚地反映。

(5)该模版支持批量导入导出资料功能，解决品种繁多，录入资料复杂的问题；支持条码枪扫描录入开单，大大加快开单速度，增加时间处理其他业务。

思考题

1. 仓库可以分为哪几类？分类标准是什么？
2. 仓库是由哪几种区域构成的？
3. 简述仓库管理的流程。
4. 仓库管理有哪些技巧？管理重点是什么？

项目三 仓库系统的构成

学习目标

1. 了解仓库存储系统的重要性；
2. 熟悉仓库搬运系统的设计原则及路线；
3. 掌握自动搬运系统的相关技术和常用设备；
4. 掌握自动分拣技术的重要性，了解分拣设备；
5. 掌握出入库系统的具体流程和相关标准；
6. 了解 WMS 系统存在的必要性及管理结构；
7. 掌握 WMS 系统的实际应用方法和标准。

任务一　存储系统

一、存储系统的重要性

仓库的存储系统是物流系统的子系统，作为供应和消费的中间环节，它能起到缓冲和平衡供需矛盾的作用。很多企业在仓储管理工作中都会投入大量的人力、物力和时间，人工成本比较高，这会导致企业生产压力过大，从而影响到仓储管理工作的正常展开。为了解决这些问题，不少企业都会引入实施仓储管理系统，这对于企业生产管理工作而言确实具有重要意义，具体表现如下。

（一）简化工作流程

存储管理系统对企业日常工作管理来说非常重要，因为企业仓储管理工作本身就比较复杂，需要注重的数据比较多，尤其是面对繁杂的工作流程，人工成本就比较高，还很容易因为人为干扰而出现各种问题。合理使用仓储管理系统，这样就能让工作流程得到简化，并且轻松制订各种维护计划。

（二）降低工作成本

企业通过引入实施存储系统进行仓储工作管理，这样不仅能让数据准确率得到提升，还能让成本大大下降，无需投入太多的人力和物力，尤其是人工成本会得到合理控制，能够有效避免传统管理工作造成的各种局限问题。

（三）提高工作效率

存储管理系统在实际工作中可以将各种材料进行统计分析和完善，并且让各种信息文档利用率得到提升，库存量变得更为准确，入库和出库的数据能更新及时，这样就能避免人工在记录过程中出现各种误差。而且，还可以保证所有数据的精准度，这样就能方便工作人员制定各种决策。工作人员通过使用仓储管理系统了解各种数据操作，其工作效率就会得到提升，针对仓储管理工作来说会很轻松。

二、仓库存储设施设备

仓储工作中所使用的设备按其用途和特征可以分成装卸搬运设备、保管设备、计量设备、养护检验设备、通风照明设备、消防安全设备、劳动防护设备以及其他用途设备和工具等。在仓库设备的具体管理中，则应进行恰当的分类，概述如下。

1. 装卸搬运设备

装卸搬运设备用于商品的出入库、库内堆码以及翻垛作业。这类设备对改进仓储管理，减轻劳动强度，提高收发货效率具有重要作用。当前，中国仓库中所使用的装卸搬运设备通常可以分成三类：

（1）装卸堆垛设备。

装卸堆垛设备包括：桥式起重机、轮胎式起重机、门式起重机、叉车、堆垛机、滑车、跳板以及滑板等。

（2）搬运传送设备。

搬运传送设备包括：电平搬运车、皮带输送机、电梯以及手推车等。（见图 3-1）

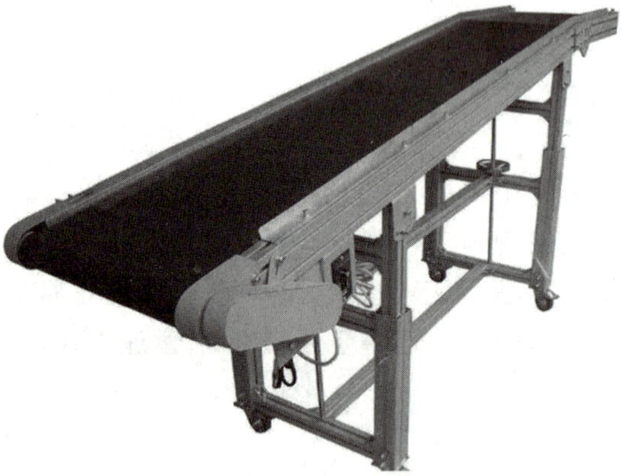

图 3-1 皮带输送机

（3）成组搬运工具。

成组搬运工具包括：托盘等。

2. 保管设备

保管设备是用于保护仓储商品质量的设备。主要可归纳为以下几种。

（1）苫垫用品：起遮挡雨水和隔潮、通风等作用。包括：苫布（油布、塑料布等）、苫席、枕木、石条等。苫布、苫席用在露天堆场。

(2)存货用具：包括各种类型的货架、货橱。

货架即存放货物的敞开式格架，如图 3-2 所示。根据仓库内的布置方式不同，货架可采用组合式或整体焊接式两种，整体式的制造成本较高，不便于货架的组合变化，因此较少采用。货架在批发、零售量大的仓库，特别是立体仓库中起很大的作用，它便于货物的进出，又能提高仓库容积利用率。

图 3-2　货架

货橱即存放货物的封闭式格架。主要用于存放比较贵重的或需要特别养护的商品。

3. 计量设备

计量设备用于商品进出时的计量、点数，以及货存期间的盘点、检查等。如：地磅、轨道秤、电子秤、电子计数器、流量仪、皮带秤、天平仪以及较原始的磅秤、卷尺等。随着仓储管理现代化水平的提高，现代化的自动计量设备将会更多地得到应用。(见图 3-3)

图 3-3　皮带秤

4. 养护检验设备

养护检验设备是指用于商品进入仓库验收和在库内保管测试、化验以及防止商品变质、失效的机具、仪器。如:温度仪、测潮仪、吸潮器、烘干箱、风幕(设在库门处,以隔内外温差)、空气调节器、商品质量化验仪器等。在规模较大的仓库这类设备使用较多。(见图 3-4)

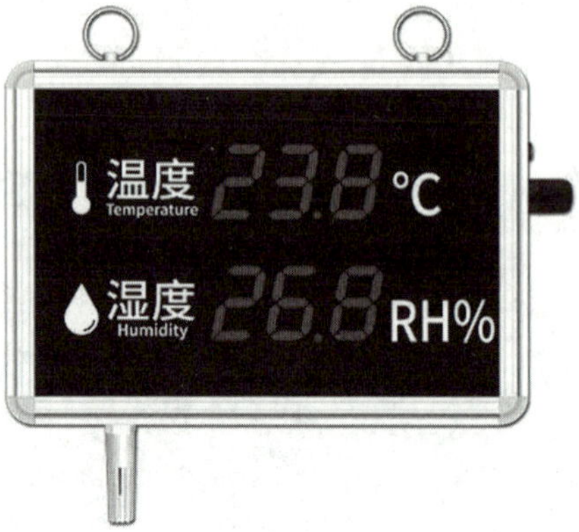

图 3-4 温度仪

5. 通风照明设备

通风照明设备是根据商品保管和仓储作业的需要而设。

6. 消防安全设备

消防安全设备是仓库必不可少的设备。它包括:报警器、消防车、手动抽水器、水枪、消防水源、沙土箱、消防云梯等。(见图 3-5)

图 3-5 仓库消防工具柜

7. 劳动防护设备

劳动防护设备主要用于确保仓库职工在作业中的人身安全。

三、存储系统货架类型

(一)密集库

密集库又叫穿梭式自动化立体仓库,是一种新型的仓储模式。密集库能够实现多层货物存取,是自动化程度较高的高架仓库系统;能够根据上位机下发的指令快速准确地调度仓储设备,并且同时完成对库存货物的自动化管理,是现代化物流中的重要组成部分。(见图 3-6)

它不仅继承了传统立体仓库的优势，还以先进的信息系统架构和作业调度实现了高度自动化，大幅度提高了仓库空间利用率，可达80%左右，比传统立体仓库空间利用率提高了30%以上，是一种存储效率高的仓储系统。

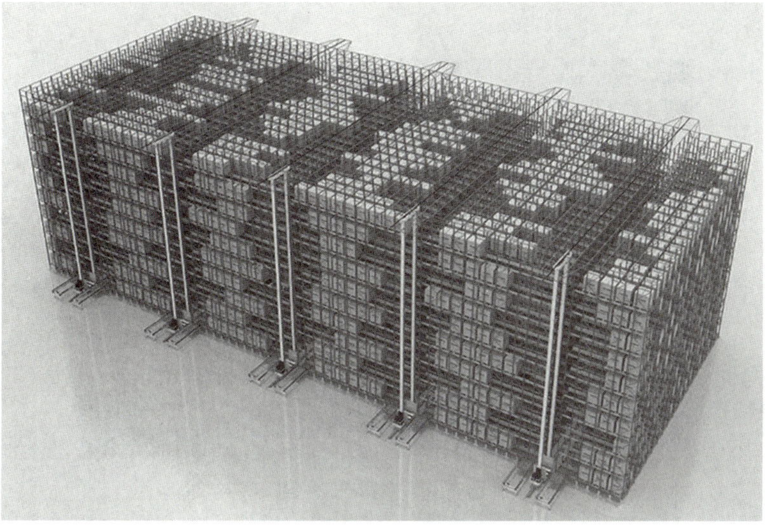

图3-6 密集库示意图

（二）自动化立库

自动化立体仓库利用立体仓库设备可实现仓库高层合理化、存取自动化、操作简便化；自动化立体仓库是当前技术水平较高的形式。（见图3-7）

图3-7 自动化立库

自动化立体仓库的主体由货架、巷道式堆垛起重机、入（出）库工作台和自动运进（出）及操作控制系统组成。货架是钢结构或钢筋混凝土结构的建筑物或结构体，货架内是标准尺寸的货位空间，巷道式堆垛起重机穿行于货架之间的巷道中，完成存取货的工作。管理上采用计算机及条形码技术。

（三）横梁式货架

横梁式货架是现今众多企业选择的货架类型之一。横梁式货架可根据不同企业用户所存储货物的需求进行定制，承载力高达 5000 kg/层，一般为四到五层，也可设计成高位货架。（见图 3-8）

图 3-8　横梁式货架

一般在大中型物流中心或是生产制造企业仓库中，大多数会选择使用高位货架，高位货架也是由横梁式演变而成的，如：窄巷道货架、双深度货架等。这些货架需配合叉车、升降设备等进行使用，可有效提高存储空间利用率，完成仓库货物的批量存取工作。

（四）贯通式货架

贯通式货架可供叉车（或带货叉的无人搬运车）驶入通道存取货物，适用于品种少、批量大类型的货物储存。由于叉车需要进入货架内部存取货物，通常建议单面取货深度不超过 7 个货位。为提高叉车运行速度，可根据实际需要选择配置导向轨道，与货位式货架相比，仓库空间利用率可提高 30%以上，此货架类型广泛应用于批发、冷库及食品、烟草行业。（见图 3-9）

图 3-9　贯通式货架

(五)流利货架

流利货架常由中型横梁式货架演变而成，通过滚道将货物从配货端输送到取货端，货物借助重力自动下滑，可实现“先进先出”作业，使用成本低，存储速度快、密度大。通常使用在企业的精益生产流水作业。（见图 3-10）

图 3-10 流利货架

流利货架一般采用滚轮式铝合金或钣金流利条，呈一定坡度（3°左右）放置。货物通常为纸包装或将货物放于塑料周转箱内，利用其自重实现货物的流动和先进先出，货物由小车进行运送，人工存取，存取方便，单元货架每层载重量通常在 100 kg 左右，货架高度在 2.5 m 以内，分格放置产品。

流利货架适于装配线两侧的工序转换、流水线生产、配送中心的拣选作业等的场所，可配以电子标签实现货物的信息化管理；广泛应用于汽车、医药、化工和电子等行业。

(六)悬臂式货架

悬臂式货架是一种存储特殊形状货物的仓储货架，在物流中心或是生产制造业仓库中对于长条状、圆形、板材等的产品具有很好的存储实用性；材料不同，设计优化的效果也有所不同，其存储货物的重量也是不一样的。（见图 3-11）

(七)重力式货架

重力式货架是由托盘式货架演变而来的，适用于少品种、大批量同类货物的存储，空间利用率极高，重力式货架深度及层数可按需要而定。货架横梁之间安装了数根滚动轴，并让它们呈一定的坡度，通过货物在上面的滑动来完成产品的存取操作。重力式货架属于先进先出的货架类型，货架的深度及层数可根据不同用户的实际要求而定。（见图 3-12）

(八)穿梭式货架

穿梭车与导轨货架的完美结合形成了穿梭车系统。穿梭式货架与上述货架相比是一种相对高端的存储系统，可实现一定的自动化立体仓储应用。不过相对来说造价也较高一点，适用于食品、饮品、化工、烟草等单品种、批量大的货物存储。（见图 3-13）

图 3-11　悬臂式货架

图 3-12　重力式货架

图 3-13　穿梭式货架

四、存储系统的类型

不同的公司对仓库存储系统的要求是不一样的，比较常见的存储系统分为以下四种。

（一）永续系统

永续盘存系统持续跟踪盘存。当物料在生产过程中移动时，库存会实时更新。这种方法受到很多零售商和企业主的青睐，因为指标会不断更新。但是，手动保存库存时会产生许多人工成本。

（二）条码系统

条形码库存系统使用条形码技术来跟踪和更新库存。条形码经过自定义以匹配特定的库存类别。当物料在供应链中移动时，工作人员会对其进行扫描，因此库存计数几乎会立即更新。一些公司可能会发现实施条形码系统很烦琐，因为每个项目都需要一个唯一的条形码。

（三）周期系统

定期库存系统分配特定的时间间隔来更新库存。公司根据其会计期间对这些间隔进行建模。该系统的实现很简单，因为它几乎不需要技术。然而，与永续系统类似，人为错误也是一个问题。

（四）射频识别系统

射频识别（RFID）系统使用标签，这些标签会发出带有库存数据的无线电信号。标签可以保存有关项目的大量标识信息，包括描述、计数、用途等。无线电信号有助于跟踪库存物品的数量及其在空间中的位置。虽然它节省了大量时间，但 RFID 系统的实施和维护成本很高。

五、存储系统的数据要求

仓库存储系统的数据要求是非常明确的，一个合格的存储系统要满足以下几点。

（一）管理大量的数据

对于仓库的存储系统而言，最本质的特点就是管理大量的数据，传统数据库一张表可能记录十万或百万条数据，而数据仓库中一张 Hive 表在 TB 级别是允许的。在谈及数据仓库的时候，技术和效率是要考虑的，除此存储和处理的开销也同样需要考虑。

（二）管理多介质

存储系统的多种存储介质，不仅体现在 DASA 上，同时体现在服务器、日志等介质上。一个满载的数据仓库应该是存放在多种存储层次上的。

（三）索引监视数据

对于数据的访问具有不确定性，不知道查找的数据存放在数仓的哪里。存储系统的关键也在于可以灵活地和对数据进行不可预测的访问，这能够实现存储系统的快速方便的访问。数据访问的实现方式也有很多，比如双重粒度、数据分割、索引等。

（四）有多种技术的接口

可以通过多种技术接口获取和传输数据，接口不仅要高效，还要能够方便使用。

(五)数据的并行存储管理

并行存储可以提高数据仓库的存储效率。

(六)元数据管理

元数据管理可以记录表的结构、表的属性、库的数据源等,在使用时能够快速查找到所需内容,提高工作效率。

(七)有语言接口

存储系统要满足一次查询一组数据、一次查询一条数据,能够支持一个或多个索引,有SQL 接口,能够插入、修改、删除数据。

(八)高效索引的利用

高效索引的利用主要包括多级索引、映像的方法、将部分或全部索引装入内存、创建选择索引或范围索引。

(九)数据压缩

大量的入库出库数据,带来了过多的磁盘 IO,计算机的 IO 资源比 CPU 资源少得多,常用的压缩算法也有很多,比如 BZIP、LZO、SNAP 等。

(十)加锁管理

加锁管理和传统数据库的加锁操作很相似,都是为了保证两个或两个以上的用户对同一个数据进行修改,但是又有很多不同,因为在数据仓库中很少涉及更新,过多地依赖锁会造成资源浪费和运行代价,但还是要仔细地设计锁结构。

(十一)快速恢复

当数据可以从二级存储设备上恢复时,就可能节约大量开支。如果没有能从二级存储设备上快速恢复的能力,通常的做法是将 DASD 的数目增加一倍,然后将增加多出的数目作为恢复或复原的存储区。

(十二)利用多维数据库管理系统和数据仓库管理

多维数据库管理系统也称作是数据集市,可以看作是小型的数据仓库,存储系统面向的是全面数据,而数据集市更像是一种面向单个主题或单个领域的小型数据仓库。相比较而言,数据集市的主题更细化,数据量更小。

六、存储系统的设计原则

为满足仓库管理的一系列要求,在设计存储系统时应遵循以下设计原则。

(一)先进性

在经费许可的范围内,引进、吸收和应用先进技术。方案推荐的产品性能和功能不仅要满足当前的需求,而且要考虑未来的应用发展和数据扩展。

(二)安全性

系统要具有成熟的安全保护机制,关键设备均采用冗余链路的设计,消除单点故障。设计结构中考虑数据备份和恢复功能。

(三)稳定性

任何计算机信息系统，其设备的稳定性都是需要重点考察的问题。设备的硬件是否可靠，内部是否有冗余的电源，控制设备是否是由国际先进的技术和工艺生产的产品等。这一系列因素都会影响整个系统的稳定性。

(四)开放性

存储系统采用的各种硬件设备和软件系统均应遵循国际标准或工业标准，符合开放性设计原则。一个开放性好的系统会具有良好的兼容性和灵活性，对于减少系统故障和今后的平滑升级奠定了良好的基础。

(五)可扩展性

根据经验，约有90%的存储系统将在建成后15个月内需要升级或扩展，其中35%只能够重新设计，其原因就是在最初搭建存储系统时没有考虑好扩展性。系统的扩展性直接关系到今后的投资保护问题。

(六)可行性

系统设计方案中所涉及的技术、设备、实施方法等都必须经过实际工程案例的应用或是在模拟的实验环境中经过验证，具备实际的可操作性。

七、常用存储系统解析

对于独立需求的物品，常采用连续、双堆、定期、非强制补充供货等库存控制系统；而物料需求计划系统则用于相关需求物品的库存控制。在日常生活实践中，最常用的库存系统是连续库存控制系统、双堆系统和定期库存控制系统。

(一)连续库存控制系统

固定订货量系统就是连续库存控制系统，这种系统的运行过程可叙述如下：每当库存余额小于或等于订货点 *ROL* 时就发出固定批量为 *Q* 的订货。由于这种系统由订货点和固定订货量两个数量所完全确定，故又称为以数量为基的系统。在这种系统下，订货点和订货量都是固定的，检查期和需求率是可变的，前置时间可能是固定或可变的。其平均存货量等于安全库存量加订货批量的一半。在连续系统下，每当物品出库或入库时，就需要对出入库量加以记录并及时进行账务处理，将库存余额与订货点加以比较，决定是否发出订货。所以在连续系统下需要对所有物品进行经常或连续盘点。

1. 连续系统的优点

(1)仅在前置时间内才需要安全库存，从而安全库存投资小；

(2)对预测值和参数变化相对不敏感；

(3)对滞销品较少花费精力(订货率低)。

这种系统最适于需要严格控制的高价物品。因为只有在前置期内才需要安全库存，安全库存量小从而储存费用较低。而这一点对高价物品的库存控制是至关重要的。

2. 连续系统可能存在的缺点

(1)需要保持连续的库存记录，资料处理工作量大；

(2)确定订货批量时往往不进行经济分析；

(3)往往不能实现联合订货,从而导致运输成本较高,易失去供应商按一次订货总金额所提的价格折扣。

(二)双堆系统

双堆库存系统也称双箱系统,它属于固定订货量系统。当库存系统使用连续监测的方法来进行补充订货时,跟踪库存水平的变化是非常重要的,因此,找出一种简单而且直观的方法,在库存水平达到再订货点时提醒库存管理人员是非常必要的。尤其是在需要监测的库存种类非常多的时候,双堆和三堆系统就是这样的。

双堆系统比较简单,它要求将再订货点库存和安全库存放在第二个箱子里,平时使用的库存放在第一个箱子里。如果第一个箱子空了,这就相当于一个信号,提醒库存管理人员应该进行补充订货了。实际上,两箱可以放在一块儿,二者之间只要有东西隔开就行。双堆系统操作的关键是将库存分为两部分,在一部分用完之前另一部分保持不动。

该系统采用的是定量订货模型,其主要的优点是不用保持连续的库存记录,订货点由肉眼来判定。双堆系统也可仅用一堆来实现。如在一个存储器内做出物理标记,当库存水平降至该物理标记时就发出订货。双堆系统适用于廉价和前置时间短的物品,如办公用品、螺母、螺栓等。有时,安全库存会被单独放在第三个箱子里,这时就成为三箱系统。这样,库存管理人员就可以一目了然地判断出需求是否超过了预期水平。

(三)定期库存系统

定期库存系统的运行过程可叙述如下:每隔固定的时间就检查库存,确定库存余额并发出订货,订货量等于最高库存水平与库存余额的差。这种系统的检查期固定,订货量、需求率和订货点(检查时的库存余额)是可变更的。用这种系统进行控制,可以对多种物品规定同一长度的检查期,但要对每一物品规定最高库存水平。

连续库存系统是对每种物品分别进行处理,而定期库存系统是相关地处理多种物品,实现联合订货,从而有下列优点:

(1)一次办理多种物品的订货,订货费用低;

(2)一次订货的金额大,易于获得供应商按一次订货总金额提供的价格折扣;

(3)订货量大使运输工具得到有效、经济的运用,运输成本低。

定期系统由于在订货间隔期加前置时间内都需要安全库存,因而对于每一种物品而言,所需要的安全库存量都比连续系统中的大。这使得最优的连续系统比最优的定期系统安全库存费用要小,但由于定期系统具有上述优点,往往可以抵消这一影响。定期系统适于在供货渠道较少或供货来自物流企业的仓库中采用。

(四)最大-最小系统

最大-最小系统又称为非强制补充供货系统,是连续系统和定期系统的混合物。其运行过程可叙述如下:每隔固定的时间就检查库存并确定库存余额,当库存余额小于或等于订货点时就发出订货,订货量等于最高库存水平和库存余额的差。该系统由检查期 T、最高库存水准 E 和订货点 ROL 三个变量所完全确定。

和定期系统相比,由于不一定在每次检查时都订货,故订货次数较少,从而可节省订货费。但若检查期长到几乎每次检查都订货时,就与定期系统没有区别了。

非强制补充供货系统可能需要相当大的安全库存。若在检查时的库存水平稍高于订货点，则安全库存期则需要两个订货间隔再加上前置时间。可按类似于定期系统的方法确定检查期。订货点由安全库存量加整个前置时间与检查期内的期望需求量组成。安全库存则通过分析在包括前置时间和检查周期的时期内发生的需求量的偏差来确定。

（五）物料需求计划系统

物料需求计划（MRP）系统广泛应用于相关需求物品的库存控制。其方法是按反工艺的方向，并根据最终产品或主要装配件的计划完工日期，来确定各种零件和材料需要定购的日期和数量。该方法在能够预知最终产品的具体需求量时特别适用。

我们不能简单地对某一种系统是否优于另一系统做出判断，各种系统都有适用其应用的场合。

任务二　搬运系统

一、物料搬运系统概述

（一）物料搬运系统的概念

物料搬运是指物流系统的控制与管理活动。它是在已经设计和建立的物流系统条件下，使系统中的物料按生产、工艺及服务的要求运动，以实现系统设计提出的目标。而物料搬运系统是指一系列的相关设备和装置，按一定的工艺流程，协调、合理地将物料进行移动、储存或控制。

（二）物料搬运系统的特征

物料搬运是运用各种动力和搬运机械将物料保质、如数、准时、安全、经济地搬离和运到指定地点。现代物料搬运系统的重要特征是把物料的搬运同加工、装配、包装、检验等有关过程和场地，作为一个整体的物流系统进行综合考虑和全面安排。

（三）物料搬运系统的重要性

物料搬运系统不仅是整个产业的重要组成部分，也是企业管理不可缺少的信息来源。掌握物流的信息可以及时了解原材料、零部件和产品的品种、数量、质量、位置、生产进度、资金周转等的动态和存在的问题，有助于改进企业管理和提高经济效益，最终目的是在保证企业正常生产的前提下降低搬运成本，保证企业产品在市场上有足够的竞争力。

在现代企业中，物料搬运费用一般占产品总成本的20%～30%，机械工业中，物料搬运费用占比高达35%～40%，因此，降低物料搬运系统的运行成本是提高企业利润的一条途径。由于我国各地区、各行业发展不平衡的实际情况，各企业的生产类型不一样，只能确定主要的、通用的搬运原则，为企业根据自身情况优化物料搬运系统，提高物料搬运系统的效益提供依据。具体操作准则如下。

（1）提高物料活性指数。

（2）物料集装化、单元化（如集装箱化、托盘化、标准箱化）。

（3）大宗散料搬运输送机化。

(4)物料活性指数与搬运设备搬运指数配置合理化。

(5)物料搬运系统直线化,即搬运距离最短。

(6)物料搬运系统无缝化对接(输送物料尽可能不落地、不装卸,直达式输送)。

(7)合理的、合适的、实用的机械化、自动化、无人化搬运。

(8)物料搬运系统均衡化搬运。

(9)物料搬运系统内搬运设备配置合理化,系统全能力搬运,避免系统内某些设备由于能力、性能过剩或不足而形成功能上的孤岛。

(10)重力化搬运。

(11)在搬运设备允许的条件下,搬运单元应尽可能大。

(12)在仓储系统中,应尽可能利用空间,减少地价费用。

总的来说,现代企业物流系统目前已初步形成了完整的理论、技术和管理方式,成为综合性学科,提高现代企业物流系统的效益,降低物流成本不仅是技术上的问题,也涉及一系列物流系统的管理问题。也就是说,用现代化的物流技术装备组成的现代物流系统,需要用现代化的管理手段,现代化的思维方式,保证现代化物流系统的技术能力得到充分的发挥。

二、搬运系统管理趋势

物料搬运系统最终要实现物料搬运的单元化与标准化,这样才能有效提升工作效率,并节约搬运成本。

物料实行单元化后改变了物料散放状态,提高了搬运活性指数,易于搬运,同时也改变了堆放条件,能更好地利用仓库面积和空间。实现标准化能合理、充分地利用搬运设备、设施,提高生产率和经济效益。

(一)单元化

单元化是将不同状态和大小的物品,集装成一个实体搬运单元,便于搬运作业。单元化也叫作集装单元化或单元载荷(unit load),它是物料搬运中非常重要的一个概念。集装单元可以是托盘、袋、桶和集装箱等,其中以托盘和集装箱应用较为广泛。

采用单元化的主要优点是提高一次搬运更多物品的能力,减少搬运次数,降低搬运成本,减少装卸次数和物品的破损。具有一定规格尺寸的货物单元,便于搬运机械的操作,减轻人力装卸,从而提高生产作业率。

另外,集装单元可以防止物品散失,易于清点和增加货物堆码层数,更好地利用仓库空间。

(二)标准化

标准化是指物品包装与集装单元的尺寸(如托盘、包箱的尺寸等)要符合一定的标准模数,仓库货架、运输车辆、搬运机械也要根据标准模数确定其主要性能参数。

标准化有利于物流系统中各个环节的协调配合,在异地中转等作业时不用换装,提高通用性,减少搬运作业时间,减少物品的散失、损坏,从而节约费用。

三、仓库搬运设施设备

“工欲善其事,必先利其器”,要想提升搬运效率,必须有合适的搬运设备。一般来说,仓库装卸搬运设备主要包含起重机械、连续输送机械、堆垛设备、叉车以及一些轻型的装卸设备。

(一)起重机械

起重机械通常用来运送流动过程是间断的物品，而且物品的尺寸和重量都较大。自动化仓库中起重机械工作是间歇的，各个机械不但时开时停，而且有时正转，有时反转；有的起重机械日夜三班工作，有的只有一班工作，有的特殊用途的起重机械甚至一年才用一两次。有时满载，有时空载，载荷也时大时小。每次吊运货物的工作循环中，各个机械的开动次数和运行时间长短也不相同。

1. 起重机械的种类

起重机械包括千斤顶、滑车及滑车组、葫芦、卷扬机(见图 3-14)等。轻小型起重机械简练轻小，使用方便，适用于流动性和临时性的作业，手动的轻小型起重设备，尤其适用于在无电源的场合。千斤顶靠很小的外力，能顶高很重的物品，所以又称举重器，千斤顶可校正设备安装的偏差和构件的变形，是一种利用刚性承重件顶举或提升重物的起重设备。按构造和工作原理的不同，千斤顶可分为齿条式、螺旋式和液压式三种。

图 3-14　卷扬机

2. 起重机械运行方式

按运行方式的不同，起重机械可以分为固定式回转起重机和运行式起重机。

1)固定式回转起重机

固定式回转起重机指的是固定在基础上或支承在基座上只能原地工作的起重机，如图 3-15 所示，分为固定塔式起重机、甲板起重机、悬臂起重机三类。

2)运行式起重机

运行式起重机是指具有行走功能和可做全回转的起重机，起重机能在陆地上行走。运行式起重机可分为自行式起重机、轨道式起重机和特种专用起重机(见图 3-16)。

(二)连续输送机械

仓储系统中搬运作业的集装单元化搬运非常普遍。因此，所用的输送机也以单元负载式输送机为主。

1. 重力式输送机

重力式输送机是利用货物本身的重量或者人力的作用使货物在倾斜的输送机上由上而下运动。输送机倾斜的坡度大小与滚动体转动的摩擦力、货物和滚动体的惯性及滑行速度的控制，特别是与货物的重量、包装材料和包装物底面的平整度有关。

图 3-15 固定式回转起重机

图 3-16 特种专用起重机

根据滚动体的不同，重力式输送机可分为以下三种。

1)重力式滚轮输送机

重力式滚轮输送机为了使输送货物平稳，任何时候都要求每件货物至少由分布在三根轴的五个滚轮支持，可组成直线式、转弯式和分支式三种形式；适用于输送有一定刚性的平底货物，不适宜输送底部挖空的容器。(见图 3-17)

图 3-17 重力式滚轮输送机

2)重力式滚珠输送机

重力式滚珠输送机是货物可以自由地沿任意方向运动的输送机。其适用于输送底部较硬的货物,使用时不需润滑,但不能在有灰尘的环境中使用。(见图 3-18)

图 3-18 重力式滚珠输送机

3)重力式滚筒输送机

重力式滚筒输送机的应用范围很广,一般不适合用滚轮输送机输送的货物均可采用滚筒输送机。重力式滚筒输送机为保证输送货物的平稳,硬底货物至少需要三根滚筒支承,柔性物品至少需要四根以上滚筒。(见图 3-19)

图 3-19 重力式滚筒输送机

2. 动力式输送机

1)平带输送机

平带输送机既可水平输送,又可倾斜输送,倾斜的角度不大于 15°;分为滑板式和滚筒式;适用于输送各种规则或不规则形状的货物,以及要求精确定位或需要伸缩的场合。(见图 3-20)

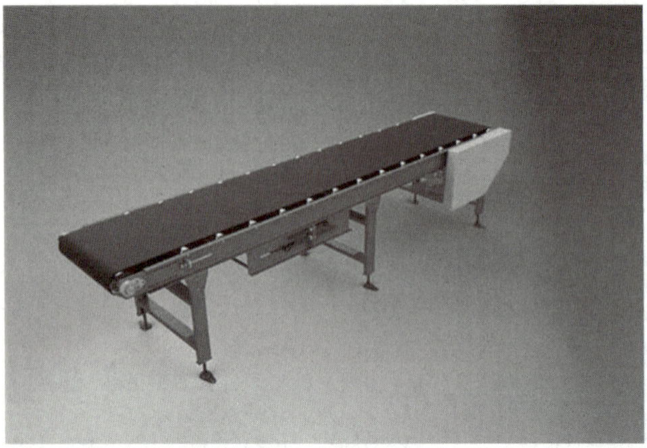

图 3-20　平带输送机

2)悬挂式输送机

悬挂式输送机是一种空间封闭的运输系统,按照牵引小车的驱动方式分为链条牵引式、螺杆驱动式、自行式和积放式四种。悬挂式输送机能适应各种尺寸的物件,运送各种类型的物品,还可以采用如钩盘、斗、桶等各种附件。(见图 3-21)

图 3-21　悬挂式输送机

3)链条式输送机

链条式输送机是以链条为传动元件及输送元件的输送机。输送机链条以导轨为依托,将货物以承托方式进行输送。(见图 3-22)

4)辊子式输送机

辊子式输送机由一系列等间距排列的辊子组成,辊子转动呈主动状态,可以严格控制物品的运行状态,按照规定的速度精确、平稳地输送物品;适用于有积储、分流、合流和分类等要求的场合。(见图 3-23)

四、物料搬运路线类型

物料搬运过程中,若物流量大且距离又长,则说明不合理。距离和物流量可作为确定搬运路线的依据,物料搬运指物料搬运路线、搬运设备和搬运单元的结合。

图 3-22 链条式输送机

图 3-23 辊子式输送机

(一)直达型

直达型的搬运路线可以保证各种物料从起点到终点经过的路线最短。当物流量大、距离短(中等)时可以设计这种搬运路线,直达型路线非常适合于物料有一定特殊性而时间紧迫的情况。(见图 3-24)

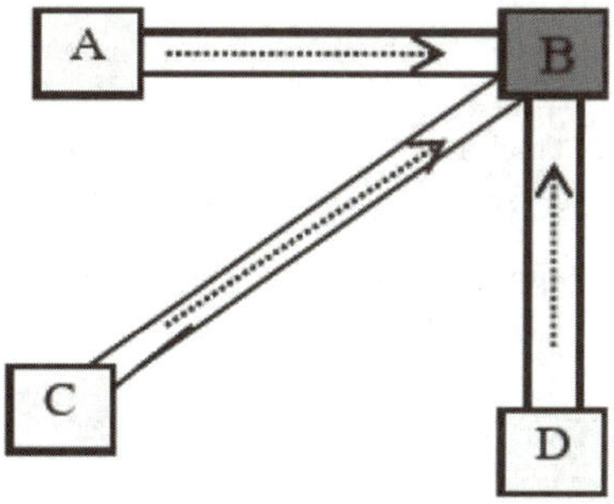

图 3-24 直达型路线

(二)渠道型

渠道型路线是指物料在预定的路线上移动，与来自不同地点的其他物料一起运动到同一个终点。渠道型搬运路线适用于不规则而又分散的运输环境，所以当物流量中等或较小时，距离中等或较长时可以选择渠道型搬运。(见图 3-25)

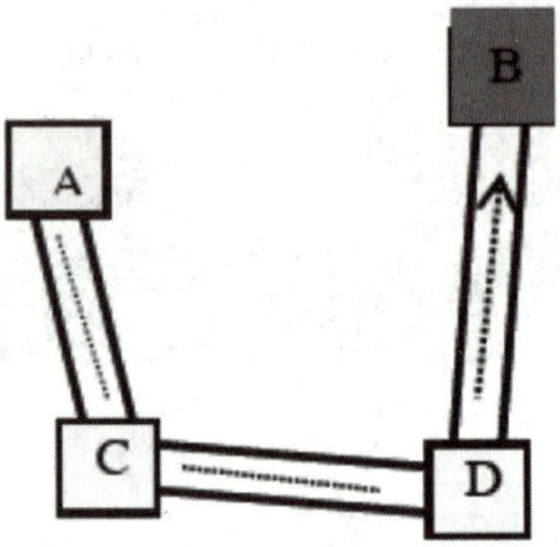

图 3-25 渠道型路线

(三)中心型

中心型搬运路线是指各种物料从起点移动到一个分拣中心，比较适合物流管理水平较高场合。当物流量小而距离中等或较近时可以选择中心型搬运，这样方便又省力。(见图 3-26)

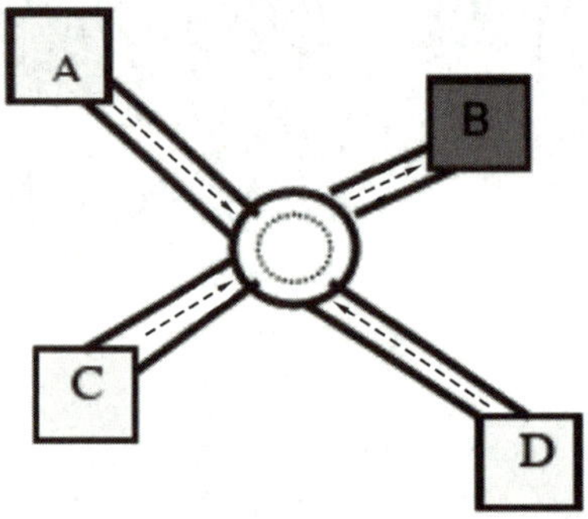

图 3-26 中心型路线

五、物料搬运系统的设计原则

在设计搬运系统之前，要先了解企业现有的搬运方法和问题，实体上和经济上的限制，彻底了解问题所在，以设定未来的需求和目标。物料搬运系统的重要性不言而喻，在设计搬运系统时，不仅要注重实用性，还要尽量降低设计成本与搬运成本。那么，在设计搬运系统的时候应遵循哪些原则呢?

(一)确定方针原则

(1)确定方针原则含义：了解现有方法和问题，实体上和经济上的限制，彻底了解问题所在，以设定未来的需求和目标。

(2)确定方针原则应用场合：系统需求定位不明，如物料搬运设备的功能和顾客需求内容不合。

（二）规划原则

（1）规划原则含义：建立计划，包括基本需求和所有物料搬运及储存活动的应变计划。

（2）规划原则应用场合：缺乏物料搬运的中长期计划，未排定物料搬运设备的短期使用日程。

（三）系统原则

（1）系统原则含义：整合搬运和储存活动，使得系统和活动经济有效，包括进货、检验、储存、生产、组合、包装、仓储、出货、运送等。

（2）系统原则应用场合：物料搬运中发生延迟、物料流程中有障碍、因物料短缺导致停机、作业顺序不合理、设备及车辆停滞未使用、物料运错地点、货运期不准时、在制品控制不良等。

（四）单元负载原则

（1）单元负载原则含义：在实物上，合并货品成单元负载。

（2）单元负载原则应用场合：缺乏使负载单元化及稳定化的设备，未使用托盘搬运的单元负载，内部使用物料未实施单元化。

（五）空间利用原则

（1）空间利用原则含义：充分有效地利用空间。

（2）空间利用原则应用场合：存储空间过度浪费，物料直接堆积在地板上，通道太多，存放空间不足，接收及运送时物料堆放在地板上，不善于使用立体空间。

（六）标准化原则

（1）标准化原则含义：尽可能把搬运方法和设备标准化。

（2）标准化原则应用场合：厂内容器缺乏标准化，缺乏单元负载的标准，作业途程未标准化，物料搬运设备缺乏标准化，物料搬运系统未模块化，工作站未模块化，未按 ABC 分类存放，未依零件编号储放，零件编号缺乏标准化。

（七）工效原则

（1）工效原则含义：了解人类的能力和限制以设计物料搬运设备和程序，使得使用系统的人和系统能有效互动。

（2）工效原则应用场合：人工装载技术欠佳，操作者为取物料而移动，用手举升。

（八）能源原则

（1）能源原则含义：考虑物料搬运系统和物料搬运程序的能源消耗。

（2）能源原则应用场合：物料搬运设备空转，自动物料搬运设备使用率低，工业机器人使用率低，缺乏能源使用安排以及避免尖峰负荷，电池充电次数太多，照明能源效率差。

（九）生态原则

（1）生态原则含义：使用对环境不良作用最少的物料搬运系统和物料搬运程序。

（2）生态原则应用场合：充电区通风不良，环境控制区域隔绝设计不良。

（十）机械化原则

（1）机械化原则含义：物料搬运过程机械化，以增加效率。

(2)机械化原则应用场合:利用直接劳动力搬运,搬运设备不足,物料供应的移动技术不合格,用人工装卸托板,缺乏吊车及牵引车。

(十一)弹性原则

(1)弹性原则含义:所使用的方法和设备可以在不同的状况下做不同的工作。

(2)弹性原则应用场合:固定路径的搬运工作使用可变路径的搬运设备,现有系统无法扩充或转换。

(十二)简单原则

(1)简单原则含义:通过消除减少或合并不需要的移动和设备,以简化搬运。

(2)简单原则应用场合:重复搬运,物料流程倒退,存储规划太烦琐。

(十三)重力原则

(1)重力原则含义:在考虑安全、损坏、遗失等因素下,尽可能使用重力移动物料。

(2)重力原则应用场合:物料由高层往低层移动。

(十四)安全原则

(1)安全原则含义:使用安全的物料搬运系统和方法。

(2)安全原则应用场合:简陋、危险的自制搬运设施,工作人员未预先训练,物料搬运设备操作者未受正式训练,没有警卫保护物料,用托板悬吊负载,负载超过地板、货架及结构负荷,设备运作超速,货架未标明正反面,缺乏自动洒水装置及火警警报器,危险性及易燃性的物料未给予明确标识和隔离,消防设备不完整,出入口不安全,没有火灾的应变计划。

(十五)电脑化原则

(1)电脑化原则含义:在物料搬运和储存系统中使用电脑,以增进物料搬运系统和物料搬运程序对物料和信息的控制。

(2)电脑化原则应用场合:引导式通道轨道缺乏指示记录,出货单未按出货页序打印,累积的订单以人工分类。

(十六)系统流原则

(1)系统流原则含义:处理物料搬运和储存时,整合数据流动和物流流动。

(2)系统流原则应用场合:未及时分派设备,物料因书面作业而等待,未使用自动辨识系统,制造前未预先准备零件,接收工作没有事先告知。

(十七)布局原则

(1)布局原则含义:对所有可行的方案,准备操作顺序和设备设计,接着选择最有效的方案。

(2)布局原则应用场合:搬运距离很长,途径交叉,工作场所布置不良,服务区配置不当,检验点位置不当,通道及存储位置未标示,通道长度未规划,缺乏窄道及特窄道存储设备,物料搬运设备与出口未配合,停车站没有升降平台,停车站没有围篱,停车站门的数目不恰当,未适度分散接收及运送作业,灯光、加热器及风扇摆设不当,物料存放的通风、空调及温度不适当,物料、人员或设备移动距离过长,墙及天花板隔离不合理。

(十八)成本原则

(1)成本原则含义:比较不同解决方案的每单位物料搬运成本。

(2)成本原则应用场合:囤积过多的物料,搬运设备闲置,过多的承运费用,间接费用很高。

(十九)维修原则

(1)维修原则含义:对所有物料搬运设备,准备预防维修和定期维修的计划。

(2)维修原则应用场合:物料搬运设备维修成本过高,未清除过多的废品,负荷梁下垂或货架扭曲,没有预防保养计划。

(二十)淘汰原则

(1)淘汰原则含义:考虑产品的生命周期,对过期的设备更新有长期且经济的合理政策。

(2)淘汰原则应用场合:搬运设备不适合,没有设备更新计划,搬运设备老旧。

六、设计搬运系统时的注意事项

(一)搬运系统的设计思考

在设计仓库搬运系统时,一定要思考以下几个问题,从实际出发,才能提升工作效率。

1. why(为什么)

为什么搬运？为什么需要如此操作？为什么要按此种顺序操作？为什么物料要这样接收？为什么物料要这样运输？为什么物料要这样包装？

2. what(是什么)

移动的对象是什么？其特征、生产量、零件种类数目是什么？需要什么资料,资料如何取得？系统所规划的范围是什么？有什么意外的情况？

3. where(哪里)

物料应存放在什么地方？什么地方需要物流搬运？什么地方有物料？搬运存在什么问题？什么地方应该使用物料搬运设备？企业内什么部门对物料搬运负责任？什么地方未来会发生变化？什么地方的操作可以消除、合并、简化？

4. when(何时)

何时需要移动物料？何时需要自动化？何时需要整理物料？何时要删减作业？何时要扩充系统容量？

5. how(如何)

物料如何移动？如何分析物料搬运问题？如何取得主要人员赞同？如何去学习更多的物料搬运知识？如何应对意外情况？

6. who(谁)

谁来搬运物料？谁参与系统设计？谁来评价此系统？谁来安装系统？谁来审核系统？谁提供系统的设备？

7. which(哪一种)

哪一种操作是必要的？哪一种问题需要首先研究？哪一种设备可以考虑选用？哪一种物料要及时控制？可以取得哪些方案？每个方案的利弊有哪些？哪一种方案最佳？用哪一种标准来评价设计方案？

(二)搬运系统的合理化建议

(1)全面考虑需求、作业目标和功能要求来规划所有的物料搬运和物料存储工作。

(2)搬运方法、设备、器具和软件应标准化,以达到系统总体作业目标,且不牺牲灵活性、模块化和吞吐量的要求。

(3)物料搬运工作应当尽可能最少,且达到作业所需的生产率和服务水平。

(4)在设计物料搬运作业和选择设备时,要考虑人的作业能力和局限性,以保证安全和有效的作业。

(5)尽可能采用标准容器与装载工具集装物料,以保证搬运过程的标准化、集装化。

(6)最大可能地充分利用建筑物的整个空间,包括竖直方向。

(7)尽可能广泛地把各种搬运活动当作一个整体,使之组成相互协调的搬运系统。其范围包括收货、检验、储存、生产、包装、成品储存、发货、运输和反向物流等。

(8)应当采用合理的作业机械化和(或)自动化,以提高作业效率、反应速度和一致性,降低成本并消除重复性和有潜在不安全性的人工作业。

(9)在设计物料搬运系统和选择设备时,应当将对环境的影响和能量消耗作为重要依据。

(10)对所有的物料搬运设备和最终的物料搬运系统,应当作出它们在整个生命周期内的全面深入的经济分析。

七、搬运系统技术分析

现如今,仓库搬运系统越来越成熟,常见的搬运系统技术有以下几种。

(一)运用气压传动技术

由于气压传动具有气源使用方便、不污染环境、动作灵活迅速、工作安全可靠、操作维修简便以及适于在恶劣环境下工作等特点,所以气压传动是一种易于推广普及的实现工业自动化的应用技术。气动系统的应用,引起了世界各国产业界的普遍重视,气动行业已成为工业国家发展速度最快的行业之一。

(二)运用自动化技术

自动化(automation)是指利用自动化设备使机器设备、系统或过程(生产、管理过程)在没有人或较少人的直接参与下,按照人的要求,经过自动检测、信息处理、分析判断、操纵控制,实现预期的目标。采用自动化技术不仅可以把人从繁重的体力劳动、部分脑力劳动以及恶劣、危险的工作环境中解放出来,而且能扩展人的器官功能,极大地提高劳动生产率和经济效益。

(三)利用计算机辅助

人们对管理计算机与程序控制器之间的数据通信越来越熟悉,管理计算机保持在物料搬运系统中对物体的记录仍将是一种趋势。

完成物料搬运系统分析的全过程,往往需花费较多的人力物力。计算机辅助设计在工厂布置与物料搬运系统分析中的应用,能大大缩短整个布置、分析的寻优过程。

(四)条码技术

条码技术在工业生产、商品流通和社会服务领域中得到了日益广泛的应用。在物料搬运系统中的应用则有很多突出的特点。

条码技术是信息管理系统的一部分。应用条码主要是为了实时而准确地获取信息。通过条码获取货品的信息比人工抄写或键盘输入要快得多,而且准确,可以极大地加快货品的流通,减少配送过程中的差错。根据货品上的条码可以追踪产品的生产日期、生产班组以至所用的原材料。它有利于找到质量问题的根源，从而加以改进。条码含义图如图 3-27 所示。

图 3-27　条码含义图

（五）扫描技术

开发各种各样的传感器和扫描设备并广泛用于物流信息收集，例如密度、尺寸、重量、位置和物体的运动方向。当数据接受扫描之后，将被发送到计算机主机上。仓库扫描设备如图 3-28 所示。

图 3-28　仓库扫描设备

（六）通信技术

对于一些大型工厂，例如钢铁厂、汽车制造厂等，它们内部的交通距离一般超过几公里，光缆和射频数据通信技术是可供选择的快速通信方式，便于工厂里较远堆场与计算机主机之间的联系。

任务三　分拣系统

近年来，随着分拣技术的迅速发展，自动分拣系统（automatic sorting system）的规模越来越大，其分拣能力也越来越高，应用范围也越来越广，因此，分拣系统就显得尤为重要。同时，它也是现代仓库中不可缺少的先进设备，决定着仓库作业能力及作业规模的提升。

一、自动分拣系统概述

（一）自动分拣系统的概念

自动分拣系统是物流中心广泛应用的一种分拣系统，也是目前一些大中型物流中心不可缺少的一部分。自动分拣系统即配送中心依据顾客的订单要求或配送计划迅速、准确地将商品从其储位或其他区位拣取出来，并按一定的方式进行分类、集中的作业过程。同时，合理规划与管理分拣作业，对提高配送中心作业效率和降低整个配送中心作业成本具有事半功倍的效果。（见图 3-29）

（二）自动分拣技术现状

纵观国内外分拣系统的应用情况可以发现，国外的物流配送中心倾向于采用自动化程度很高的分拣系统。而在我国，由于物流业起步晚，分拣系统中人工作业的比例较高。

国外自动分拣系统使用广泛，以美国、日本及部分欧洲国家为代表的发达国家，在分拣系统的应用上呈现出自动化程度越来越高的特点。自动分拣系统已成为发达国家大中型物流中心、配送中心或流通中心不可缺少的一部分。

自动分拣系统是二战后在美国、日本以及欧洲的大中型物流中心广泛采用的一种分拣系统，参照邮局分拣信件自动化的经验配置而成。自动分拣系统中人员的使用仅在进货时的接货，系统的控制、经营、管理与维护等环节，这恰好适应了国外企业对减少人员使用、减轻员工劳动强度、提高人员使用效率的要求，因此受到了他们的广泛重视。

就国外进行配送业务的行业或企业来说，自动分拣系统已被广泛应用在医药、化妆品制造等行业，如日本资生堂、花王、大木等株式会社。自动分拣机作为自动分拣系统中的关键设备，因其每小时可达 6000～12 000 箱的高分拣效率，在日本和欧洲也得到广泛应用；日本的连锁商业企业（如西友、日生协、高岛屋等）和宅急便（大和、西浓、佐川等）均普遍使用自动分拣机；在日本唱片中心，CD 及录像带的新出版品也利用高端的机器人自动分拣机拣货。

尽管自动分拣系统有非常多的优点，但因其要求使用者必须具备一定的技术经济条件，在发达国家，物流中心、配送中心或流通中心不用自动分拣系统的情况也很普遍，其主要原因有以下两点。

1. 一次性投资巨大，先期投入回收慢

系统的设备复杂，投资和运营成本相当高，需要可靠的货源作为保证，也许只有大型生产企业或专业物流公司才有能力投资，小企业则无能为力。

2. 系统对商品外包装要求高

为使大部分商品都能用机械进行自动分拣，需要采取诸如推行标准化包装、根据分拣商品统一的包装特性定制分拣机等二次措施。但要让所有商品的供应商都执行国家的包装标准是很困难的，定制分拣机又会使硬件成本上升，且越是特别的，通用性就越差。

因此，除自动分拣系统外，国外配送中心对计算机辅助拣选系统的利用也相当普遍。在流通领域，特别是连锁超市、便利店的配送中心都广泛使用电子标签、RF 等计算机辅助拣选系统。

（三）自动分拣系统的要求

自动分拣系统采用集中管理，分散控制的管理模式，将传感器、PLC、计算机、网络、电子拣

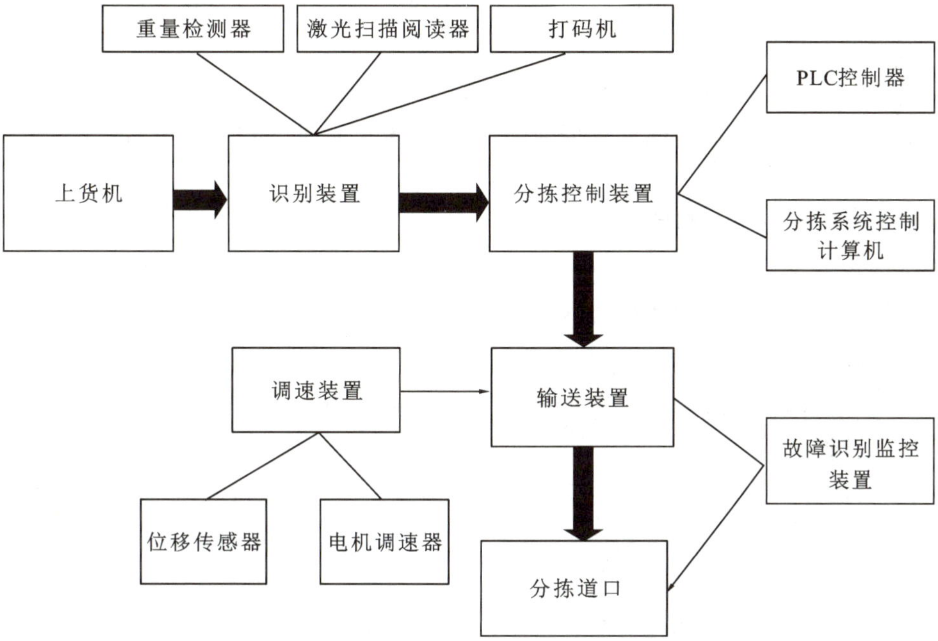

图 3-29　分拣系统示意图

选等硬件和软件模块相结合，以适应分拣系统的工艺要求和管理要求。该系统的总体任务要求是：

（1）实现控制系统与信息管理系统的信息交换；

（2）分拣过程高度自动化；

（3）实现分拣过程与备货系统高度紧密协调运作；

（4）实现对整个设备运行过程的实时监控；

（5）实现日处理订单量≥8000 个的分拣控制；

（6）实现按分拣需求自动补货；

（7）实现当出现非正常停机时，系统保护原有资料；恢复正常时，能接续原状态运行。

二、自动分拣系统的特点和构成

（一）自动分拣系统的特点

1. 轻柔平稳的单个处理

由于其内在的灵活性，系统能快捷自动地适应物件不同的尺寸、重量和条形码信息等。交叉带的加速起动是完全受控的，因此，物件会在分拣过程中保持它们的位置和方向，而不会在加速和减速时翻转和滚动。

2. 可靠性和易维护性

分拣系统由免维护的直线电机驱动，而每个交叉带都由标准的、免维护的无刷直流伺服电机控制。由于在驱动系统中消除了机械接触，并在系统与交叉带单元的数据交换中采用了红外通信，整个系统的磨损被降低到非常小。整体而言，该分拣机有着非常少的可磨损部件。任何损伤部分都可被极快和极方便地替换。若某一交叉带单元中的部件在运行中发生损伤，则该单元的动作可通过控制系统被临时中止，而待分拣系统结束运行后再予以维修。

3. 灵活的系统设计

系统由预制的模块组成，从而使现场安装得以简化，并确保系统在安装后亦易于改建和扩展。系统能回旋于不同楼层间和适于低建筑高度的特性，使其能极大地节省空间，和适应于新的或已建成的工作场地。

4. 具有广泛的物品处理能力

系统可适应易碎物品的分拣处理；可适应在分拣全过程中需保持精确位置方向的物品的分拣处理；可适应物品尺寸变化范围大的分拣处理。

5. 分拣处理无落差

系统可使物品的分拣处理做到无落差，避免物品在分拣过程中出现损坏现象。

6. 高效率且低噪

系统独特的设计使分拣工作达到了高效率和低噪声的水平，可在限定的几小时内集中处理几万件物品。

7. 网络化

分拣技术在光、机、电一体化的基础上融入了网络技术，从而做到物品信息一次输入，然后在分拣、核对、制单、跟踪查询等环节中多次使用，网络化的分拣技术成为信息网、金融网和实物网的重要汇接技术。

（二）自动分拣系统的组成

自动分拣系统一般由控制装置、分类装置、输送装置及分拣道口组成。这四部分组件各自的构成与特点分别如下。

1. 控制装置

控制装置的作用是识别、接收和处理分拣信号，根据分拣信号的要求指示分类装置，按商品品种、按商品送达地点或按货主的类别对商品进行自动分类。这些分拣需求可以通过不同方式满足，如可通过条形码扫描、色码扫描、键盘输入、重量检测、语音识别、高度检测及形状识别等方式，输入到分拣控制系统中去，根据对这些分拣信号的判断，来决定某一种商品该进入哪一个分拣道口。

2. 分类装置

分类装置的作用是根据控制装置发出的分拣指示对商品进行分类，当具有相同分拣信号的商品经过该装置时，该装置会改变商品在输送装置上的运行方向使其进入其他输送机或进入分拣道口。分类装置的种类很多，一般有推出式、浮出式、倾斜式和分支式。不同的分类装置对分拣货物的包装材料、包装重量、包装物底面的平滑程度等有不完全相同的要求。

3. 输送装置

输送装置的主要组成部分是传送带或输送机，一般要连接若干分拣道口，其主要作用是待分拣商品通过控制装置、分类装置后，进入输送装置的两侧，使分好类的商品滑下主输送机（或主传送带）以便进行后续作业。

4. 分拣道口

分拣道口是已分拣商品脱离主输送机（或主传送带）进入集货区域的通道，一般由钢带、皮带、滚筒等组成滑道，使商品从主输送装置滑向集货站台，在那里由工作人员将该道口的所有商品集中后入库储存，或组配装车并进行配送作业。

以上四部分装置通过计算机网络联结在一起，配合人工控制及相应的人工处理环节构成一个完整的自动分拣系统。

三、自动分拣系统的优势

分拣设备是完成出货、拣选、分货等作业的现代化设备，是开展分拣、配送作业的强有力的技术保证。目前国内出现的大容量的仓库和配送中心，几乎都配备有自动分拣机。自动分拣机具有很高的分拣能力，能处理各种各样的货品。

自动分拣系统具有准确性、可靠性、易用性的特点，同时也具有对物料和设备的完善信息管理的特点，系统优势具体表现如下。

(一)自动分拣系统基本实现了无人化

其实建立自动化分拣系统的初衷便是减少人员的使用，减少工作人员的劳动强度，提高工作人员的使用效率，所以使用自动分拣系统可以最大限度地减少工作人员的使用，基本实现了无人化。那么工作人员要做哪些工作呢？

(1)工作人员需要做自动分拣系统的管理、维护和经营工作；

(2)自动分拣系统的分拣线末端需要由人工将分拣出来的货品进行集载、装车；

(3)送货车辆到达自动分拣线的进货端时，统一由人工接货；

(4)自动分拣系统一般由人工控制分拣系统的运行。

(二)降低了分拣误差率

自动分拣系统的分拣误差率一般取决于所输入分拣信息的准确性，而这又取决于分拣信息的输入机制，若采用人工键盘或是语音识别方式输入，则误差率一般会在3%以上；若采用条形码扫描输入，除非条形码的印刷本身就有差错，否则是不会出错的。

(三)实现了连续大批分拣货物

因为大生产中使用了流水线自动作业方式，且自动分拣系统是不受气候、时间、人力等限制的，它可以连续运行操作，同时也因为自动分拣系统单位时间分拣件数多，所以自动分拣系统的分拣可连续运行100小时以上，且每小时可分拣7000件包装货品。

四、分拣系统的分类

分拣系统主要分为以下几种。

(一)推块式分拣系统

推块式分拣机由链板式输送机和在链板间左右滑动进行商品分拣的推块等组成，如图3-30所示。推块式分拣系统是由推块式分拣机、供件机、分流机、信息采集系统、控制系统、网络系统等组成。

它具有如下优点：

(1)可适应不同大小、重量、形状的各种商品；

(2)分拣时轻柔、准确；

(3)可向左右两侧分拣，占地空间小；

图 3-30　推块式分拣机

(4)分拣时所需商品间隙小,分拣能力高达 18 000 个/时;

(5)机身长,可达 110 m,出口多。

(二)交叉带式分拣系统

交叉带式分拣系统由主驱动带式输送机和载有小型带式输送机的台车(简称小车)连接在一起,当小车移动到所规定的分拣位置时,转动皮带,完成把商品分拣送出的任务。因为主驱动带式输送机与小车上的带式输送机呈交叉状,故称交叉带式分拣机,如图 3-31 所示。

图 3-31　交叉带式分拣机

交叉带式分拣系统的主要优点如下:

(1)分拣能力强,一般达 6000～7700 个/时;

(2)适宜于分拣各类小件商品,如食品、化妆品、衣物等;

(3)分拣出口多,可左右两侧分拣。

(三)斜导轮式分拣系统

斜导轮式分拣系统是指当转动着的斜导轮,在平行排列的主窄幅皮带间隙中浮上、下降,达到商品的分拣目的。斜导轮式分拣机如图 3-32 所示。

图 3-32　斜导轮式分拣机

斜导轮式分拣系统主要优点如下：

(1)对商品冲击力小,分拣轻柔;

(2)分拣快速准确;

(3)适应各类硬纸箱、塑料箱等平底面商品;

(4)分拣出口数量多。

(四)轨道台车式分拣系统

轨道台车式分拣系统是指被分拣的物品放置在沿轨道运行的小车托盘上,当到达分拣口时,台车托盘倾斜 30°,物品被分拣到指定的目的地。轨道台车式分拣机如图 3-33 所示。

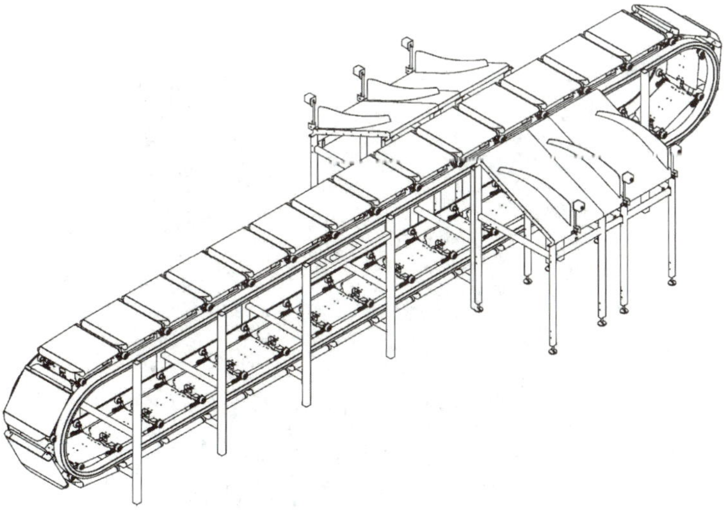

图 3-33　轨道台车式分拣机

轨道台车式分拣系统的优点如下：

(1)可三维立体布局,适应作业工程需要。

(2)可靠耐用,易维修保养。

(3)适用于大批量产品的分拣,如报纸捆、米袋等。

(五)摇臂式分拣系统

摇臂式分拣系统是指被分拣的物品放置在钢带式或链板式输送机上,当到达分拣口时,摇臂转动,物品沿摇臂杆斜面滑到指定的目的地。摇臂式分拣机如图 3-34 所示。

图 3-34 摇臂式分拣机

(六)垂直式拣选系统

垂直式拣选系统又称折板式垂直连续升降输送系统,是不同楼层间平面输送系统的连接装置系统。根据用途和结构的不同,垂直式拣选装置有从某楼层分拣输送至同一楼层的、从某楼层分拣输送至不同的各楼层的、从某楼层分拣输送至同一楼层的不同出口方向的。垂直式拣选机如图 3-35 所示。

图 3-35 垂直式拣选机

五、自动分拣机类型

自动分拣机按照结构分为不同的类型,常见的类型有下列几种。

(一)挡板式分拣机

挡板式分拣机是利用一个挡板(挡杆)挡住在输送机上向前移动的商品,将商品引导到一侧的滑道排出。挡板的另一种形式是挡板一端作为支点,可旋转。挡板工作时,像一堵墙似的挡住商品向前移动,输送机与商品之间的摩擦力推动商品,使商品沿着挡板表面移动,从主输送机上排出至滑道。平时挡板处于主输送机一侧,可让商品继续前移;如挡板横向移动或旋转,则商品就排向滑道。挡板式分拣机如图 3-36 所示。

图 3-36 挡板式分拣机

挡板一般是安装在输送机的两侧,和输送机平面不相接触,即使在工作时也只接触商品而不触及输送机的输送表面,因此它对大多数形式的输送机都适用。就挡板本身而言,也有不同形式,如直线型、曲线型,也有的在挡板工作面上装有滚筒或光滑的塑料材料,以减少摩擦阻力。

(二)浮出式分拣机

浮出式分拣机是把商品从主输送机上托起,从而将商品引导出主输送机的一种分拣机。从引离主输送机的方向看,一种是引出方向与主输送机构成直角;另一种是呈一定夹角(通常是 30°~45°)。一般是前者比后者生产率低,且对商品容易产生较大的冲击力。

浮出式分拣机大致有以下几种形式。

1. 胶带浮出式分拣机

胶带浮出式分拣结构用于辊筒式主输送机上,将有动力驱动的两条或多条胶带或单个链条横向安装在主输送辊筒之间的下方。当分拣机接受指令启动时,胶带或链条向上提升,接触商品底部会把商品托起,并将其向主输送机一侧移出。

2. 辊筒浮出式分拣机

辊筒浮出式分拣结构用于辊筒式或链条式的主输送机上,将一个或数十个有动力驱动的斜向辊筒安装在主输送机表面下方,分拣机启动时,斜向辊筒向上浮起,接触商品底部,将商品斜向移出主输送机。这种上浮式分拣机,有一种是采用一排能向左或向右旋转的辊筒,可将商品向左或向右排出。辊筒浮出式分拣机如图 3-37 所示。

(三)条板倾斜式分拣机

条板倾斜式分拣机是一种特殊型的条板输送机,商品装载在输送机的条板上,当商品行走

图 3-37 辊筒浮出式分拣机

到需要分拣的位置时，条板的一端自动升起，使条板倾斜，从而将商品移离主输送机。商品占用的条板数随不同商品的长度而定，经占用的条板数如同一个单元，同时倾斜。

(四)翻盘式分拣机

翻盘式分拣机是由一系列的盘子组成，盘子为铰接式结构，可向左或向右倾斜，如图 3-38 所示。装载商品的盘子行走到一定位置时，盘子倾斜，将商品翻到旁边的滑道中，为减轻商品倾倒时的冲击力，有的分拣机能控制商品以抛物线状来倾倒出商品。

图 3-38 翻盘式分拣机

这种分拣机对分拣商品的形状和大小约束性不强，以不超出盘子为限。对于长形商品可以跨越两只盘子放置，倾倒时两只盘子同时倾斜。这种分拣机常采用环状连续输送，其占地面积较小，又由于是水平循环，使用时可以分成数段，每段设一个分拣信号输入装置，以便输入商品信息，从而使分拣排出的商品在同一滑道排出，这样就可提高分拣能力。

(五)滑块式分拣机

滑块式分拣机，它也是一种特殊形式的条板输送机，如图 3-39 所示。输送机的表面用金属条板或管子构成，如竹席状，而在每个条板或管子上有一个用硬质材料制成的导向滑块，能沿条板横向滑动。

平时滑块停止在输送机的侧边，滑块的下部有销子与条板下导向杆连接，通过计算机控

图 3-39 滑块式分拣机

制，当被分拣的货物到达指定分拣道口时，控制器使导向滑块有序地自动向输送机的对面一侧滑动，把货物推入分拣道口，从而商品就被引出主输送机。这种方式是将商品侧向逐渐推出，并不冲击商品，故商品不容易损伤，它对分拣商品的形状和大小适用范围较广。

(六)托盘式分拣机

托盘式分拣机是一种应用十分广泛的机型，它主要由托盘小车、驱动装置、牵引装置等组成，如图 3-40 所示。其中托盘小车形式多种多样，有平托盘小车、U 形托盘小车、交叉带式托盘小车等。

图 3-40 托盘式分拣机

传统的平托盘小车利用盘面倾翻，重力卸载货物，结构简单，但存在着上货位置不稳、卸货时间过长的缺点，从而造成高速分拣时不稳定以及格口宽度尺寸过大。

交叉带式托盘小车的特点是取消了传统的盘面倾翻、利用重力卸落货物的结构，而在车体下设置了一条可以双向运转的短传送带(又称交叉带)，用它来承接上货机，并由牵引链牵引运行到格口，再由交叉带运送，将货物强制卸落到左侧或右侧的格口中。

(七)悬挂式分拣机

悬挂式分拣机是用牵引链(或钢丝绳)牵引的分拣设备，按照有无支线，它可分为固定悬挂和推式悬挂两种机型。前者用于分拣、输送货物，它只有主输送线路、吊具和牵引链是连接在一起的，后者除主输送线路外还具备储存支线，并有分拣、储存、输送货物等多种功能。

(1)固定悬挂式分拣机主要由吊挂小车、输送轨道、驱动装置、张紧装置、编码装置、夹钳等组成。分拣时，货物吊夹在吊挂小车的夹钳中，通过编码装置控制，由夹钳释放将货物卸落到指定的搬运小车或分拣滑道上。

(2)推式悬挂分拣机具有线路布置灵活、允许线路爬升等优点，较普遍用于货物分拣和储存业务。

(3)悬挂式分拣机具有悬挂在空中，利用空间进行作业的特点，它适合于分拣箱类、袋类货物，对包装物形状要求不高，分拣货物重量大，一般可达 100 kg 以上，但该机需要专用场地。

(八)滚柱式分拣机

滚柱式分拣机是用于对货物输送、存储与分路的分拣设备，如图 3-41 所示，按处理货物流程需要，可以布置成水平形式，也可以和提升机联合使用构成立体仓库。局部滚柱式分拣机中的每组滚柱(一般由 3～4 个滚柱组成，与货物宽度或长度相当)均具有独立的动力，可以根据货物的存放和分路要求，由计算机控制各组滚柱的转动或停止。

图 3-41 滚柱式分拣机

货物输送过程中在需要积放、分路的位置均设置光电传感器进行检测。当货物输送到需分路的位置时，光电传感器给出检测信号，由计算机控制货物下面的那组滚柱停止转动，并控制推进器开始工作，将货物推入相应支路，完成货物的分拣工作。

滚柱式分拣机一般适用于包装良好、底面平整的箱装货物，其分拣能力高但结构较复杂，价格较高。

六、物流分拣设备设施

不同类别的分拣系统，有着不同的优势，可以被应用到不同的行业当中，常见的物流分拣设备有以下几种。

(一)摆轮式分拣设备

摆轮式分拣设备的分拣结构为“摆轮矩阵”，45°、90°转向输送方式，格口位置匹配“摆轮矩阵”，包裹在主输送机上传输，到达目标格口后，通过伺服电机控制摆轮的转向来改变包裹前行的路径，达到分拣目的。其适用于包裹形状规则、速度要求适中的物流企业的需求，支持分拣流程的自动化作业，规范企业的作业流程，整合企业的信息管理系统，可提高工作效率。摆轮式分拣机如图 3-42 所示。

图 3-42　摆轮式分拣机

摆轮式分拣设备的分拣速度为 4000 件/时，支持自动扫码、自动称重、自动测量货物尺寸；性能稳定、配置灵活，可根据用户需求进行个性化定制；支持与各种硬件的前后无缝接驳及上位机通信，速度稳定。

(二)交叉带式分拣设备

交叉带式分拣设备如图 3-43 所示，其标志性的组成部件是分拣小车，拥有小型皮带输送机的小车载着包裹在主分拣线上运转，到达目标格口后，通过皮带的左右转动实现包裹的下件操作，完成分拣。

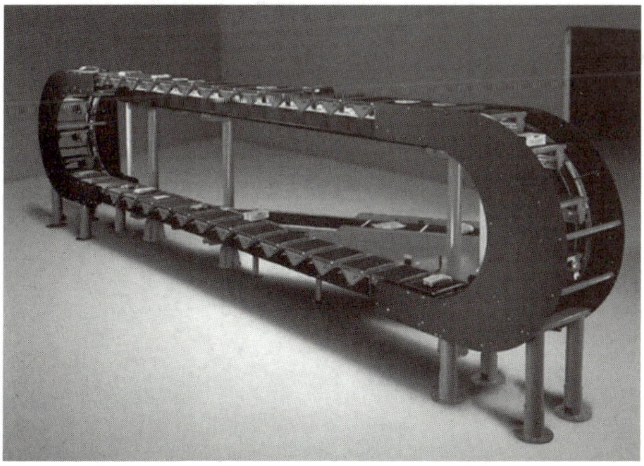

图 3-43　交叉带式分拣设备

交叉带式分拣设备适用于对分拣效率、包裹准确率要求高的物流企业；可构建分拣各类包装及外形商品的高速分拣流水线，不仅满足大多数生产、制造以及物流企业的轻质量货物的高速流通需求，还可以定制重载型高速分拣系统。

交叉带式分拣设备的优点非常明显，它的分拣动作规范，对包裹的冲击力小，可长时间高速分拣货物，而且结构科学、有降噪功能、拆装方便、性价比高，可与客户的各类信息管理系统及平台进行对接，适应性强。

按照形状可以分为圆盘交叉带分拣设备、圆形交叉带分拣设备、直线交叉带分拣设备、环形交叉带分拣设备。

1. 圆盘交叉带分拣设备

圆盘交叉带分拣设备满足场地较小、种类较多的货物快速准确分拣，适用于对成本、分拣效率要求适中的物流企业；灵活构建分拣各类包装及外形商品的中速分拣机，能够匹配物流企业初期投入设备需求；分拣效率可达 3600 件/时。

2. 圆形交叉带分拣设备

圆形交叉带分拣设备占地面积小、分拣效率高、能耗低，具有稳定的工业控制流程功能的软件系统；安全高效的机械系统和电气系统，智能控制系统可与企业的 ERP 进行数据对接、适应性强；可构建分拣各类包装及外形商品的高速分拣流水线，进一步整合物流企业优势资源，提供一体化解决方案。

3. 直线交叉带分拣设备

直线交叉带分拣设备具有规范化的分拣动作，对包裹的冲击力小；满足小场地、种类较多的货物快速准确分拣，如适用生产场地有限，但对分拣速度要求高的图书馆、电商等客户；可构建分拣各类包装及外形商品的高速分拣流水线，为特定客户提供定制化智能物流分拣解决方案。

4. 环形交叉带分拣设备

环形交叉带分拣设备可构建分拣各类包装及外形商品的高速分拣流水线，不仅满足大多数生产、制造以及物流企业的轻质量货物的高速流通需求，还可以定制重载型高速分拣系统。适用于快递、电商、鞋服、图书、医药、烟草、商超等行业。

环形交叉带分拣设备具有以下优点：

(1)结构科学、有降噪功能、拆装方便、性价比高。

(2)可与客户的各类信息管理系统及平台进行对接，适应性强。

(3)支持自动扫码、自动称重、自动测量货物尺寸，节约企业的生产成本和管理成本。

(4)能够满足对分拣效率、包裹准确率要求高的物流企业。

任务四　出入库系统

一、仓库出入库系统

(一)出入库系统的概念

出入库系统是用于对工厂、批发商、零售店的商品出入库情况进行记录、管理和查询的系统；可以帮助工厂、批发商、零售店精准管理商品，有效预测库存需求，避免库存过多或不足影响库存管理效率，比同行更快更精准地满足客户的需求。

在仓库管理当中，货物的出入库工作十分重要，直接关乎货物在仓库当中存储的安全。出入库工作代表着存储的货物发生了变动，一旦工作当中出现了疏漏，那么货物的信息数据就会发生变动，导致实际与账目不符。因此，在仓库管理所有的工作当中，出入库工作是整个工作的关键，并且影响十分巨大。出入库系统示意图如图 3-44 所示。

（二）出入库系统的必要性

为什么说建立仓库出入库系统是非常有必要的呢？因为在出入库系统被广泛应用之前，经常会出现以下问题。

1. 仓库规划缺乏合理性，致使货物摆放混乱

入库后仓库操作人员没有及时记录货物的摆放位置和数量，久而久之就造成库存数据不精准。

2. 手工盘点不精准

手工操作难免会出现盘错货、盘点报表写错数据的问题，要反复核对盘点数据，费时费力。有些货物因标识脱落，无法盘点，因此致使账目不一致。

3. 货物统计难

仓库调拨后，仓库操作人员没有及时做好调拨记录，致使有些货物“不知所踪”，数据统计的难度大幅增加。

4. 单据错误较多

仓库出入库次数频繁，单据也多，手工操作容易出现漏写单据、录错单据数据等问题。

5. 数据不准确

仓库操作人员不按流程进行操作，也会致使库存数据统计不精准。

单纯依靠人工记录的话，以上错误的出现概率是较大的，这不仅会给日常工作带来诸多麻烦，严重降低工作效率，还有可能给企业造成经济损失。因此，设计并推广完善的出入库系统是非常有必要的，有了出入库系统，以上问题都可以顺利解决。

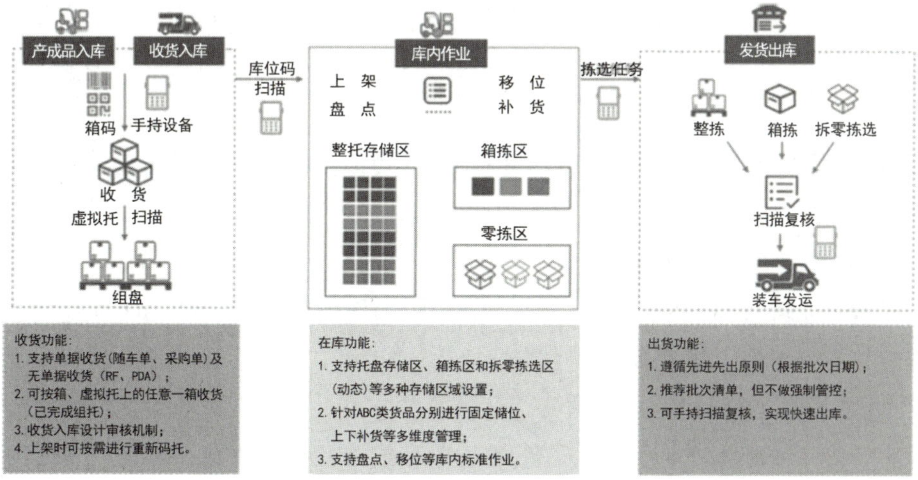

图 3-44　出入库系统示意图

（三）出入库系统的功能

1. 一物一码功能

出入库系统对仓库进行合理划分，为每个库区命名，利用一物一码条码技术结合系统的仓位管理功能，将仓位信息记录进系统，生成仓位条码标签，让仓库操作人员区分和扫描更加方便。一物一码条码技术赋予货物条码标识，入库后，仓库操作人员使用 PDA 扫码枪扫描货物和仓位条码，系统就可以关联二者，实现精准定位。

2. 出入库管理功能

入库收货，仓库操作人员使用 PDA 扫码枪扫描条码标签，可以精准、迅速完成验收任务，操作数据实时上传，同步库存数据。上架时，出入库系统会给出适合的上架方案和仓位，操作员按照指引迅速将货物上架，然后扫描货物与仓位条码，同步关联货物与仓位信息，并将数据实时上传系统。下架时，出入库系统自动优化拣货路径，提醒对应的下架仓位，仓库操作人员按照指引将货物扫描下架就可以了。

3. 库存管理功能

出入库系统可查看库存明细汇总报表，仓库操作人员实时了解当前每种货物的数量、入库日期和仓位等；可以设置库存数量、效期预警，减少库存积压成本。

4. 先进先出功能

仓库操作人员通过查看 PDA 扫码枪上的出库任务，知道需要出库的货物，系统会指引这些出库货物存放的仓位。仓库操作人员根据指引前往目标仓位，先扫描仓位条码，再扫描货物条码进行核对，若扫描的货物条码不符合先进先出要求，系统就会进行提醒并禁止出库，如果符合就可以通过，避免物料呆滞，提高库存周转率，让企业供应链更加灵活便捷。

二、出入库系统的特点

现如今，仓库管理业正在经历着前所未有的急速转型，在这个关键时期，仓库管理信息平台能够用快速、准确的出入库系统来应对挑战，抓住信息化机遇。使用出入库系统不仅可以提高运营效率，还能够降低企业运营成本，提升服务质量。那么，出入库系统有什么明显特点呢？

（一）一体化、自动化

物流装卸、车辆管理、司乘管理、出入口管理、货物清单管理以及报表等工作均自动完成，工作效率大大提高。

（二）准确掌握库存情况

出入库管理系统可以实时监测每一种商品的进出库情况，并及时更新库存数量和状态，让仓库管理人员可以随时了解库存状况。

（三）动态决策，规避风险

出入库管理系统根据车辆、司乘人员、货物单号或货品流向在统一数据库中实现管理、订单跟踪及查询等功能，可以为管理人员提供动态的决策管理信息，实现决策分析的全面管理，有效控制企业的运营风险，为企业构建完备的管理平台。

（四）实时监控，协调统一

出入库管理系统有效实现总部对各分支机构、配销点的统一管理、实时监控，保证企业货物管理、保管等信息及时更新，供货及时，从而疏通物流企业信息系统流程，搭建真正畅通的配销、物流统一的协同平台。

（五）避免库存过多或不足

出入库管理系统可以根据库存量、销售记录等智能预测需求，自动生成采购计划和库存调配策略，避免出现商品堆积过多或缺货等情况。

（六）减少人工操作产生的失误

出入库管理系统可以通过扫描条码、电子小票等自动化技术，减少人工操作错误率，提高数据准确性。

（七）全方位的安全保证

出入库管理系统采用 CA 安全认证体系，通过用户身份认证、数字签名、建立 VPN 专用安全通道等充分保证数据传输安全。

（八）功能强大的查询体系

出入库管理系统可以进行横向的多角度查询及纵向的跨年度查询，以满足不同使用人员的需要。同时，系统支持溯源查询，可以根据经济业务发生后反映到账面的结果追溯到最原始单据，对各级部门做直接、有效的控制。

（九）降低库存管理成本

出入库管理系统可以优化库存管理流程，降低盘点成本和物资损耗率，从而降低企业运营成本。

三、RFID 出入库管理

RFID 技术在仓库管理中的应用非常广泛，仓库管理包括入库、出库、盘点等，运用传统的方式统计起来非常累，效率低，使用 RFID 技术，可无线采集标签信息，实现批量、快速盘点，省时、省力、省心。RFID 出入库管理实施方案如下。

（1）成品在打包区贴上对应的 RFID 电子标签，并将对应的 RFID 电子标签号录入到后台数据库内。

（2）叉车接收入库信息，通过叉车通道读取地埋式 RFID 电子标签，按要求存放在对应的货位。

（3）当成品需要出库或者移库的时候，先在后台数据库将需要的成品对应 RFID 电子标签，进行出库或移库授权。

（4）成品通过出入口读写器进行检测，读取到的 RFID 电子标签数据会上传到后台数据库进行对比，若全为已授权电子标签，则默认通过。相反若有未授权电子标签，则发出警报。

（5）盘点管理：仓储管理员使用 RFID 手持机读取在库货物标签信息，核对实时盘点数据与数据库中统计的仓储信息是否一致。

四、商品出入库规定

为了提升仓库的管理效率，应遵循以下管理规定。

（一）建立管理台账

仓储管理员依据出入库单上的材料规格、数量建立管理台账。材料（成品）库以材料（成品）规格为记账对象，外协、外加工以生产任务单为记账对象。账上应显示日期、订单号、产品名称、数量、交期、入库数、出库数、结存数、欠数等栏目。台账录入依据有：生产任务单、入库单（退库单）、出库单（领料单），所有单据必须当天及时录入。

（二）按时记录当天材料规格

当收到生产任务单时，负责仓库记账的保管员须当天按任务单录入日期、订单号、产品名称、数量、交期、需求数。

（三）及时收货验货

当材料到货时，负责入库的保管员应及时通知进货检验员和装卸工准备收货。收货时，进货检验员先根据采购物资验收管理标准进行检验，保管员凭能证明检验合格的原材料检验报告通知装卸工在指定位置卸货。检验不合格的按不合格控制程序处置，让步接收或退货。

（四）对入库物料的数量准确性负责

保管员卸货时应根据送货单上的规格、数量逐一核实（无法点数的应做计量），卸货后应组织装卸工进行归类整齐摆放并做好标识。物料摆放的每捆、每层、每垛数量应一致，便于点数和计量。

（五）及时开具材料入库单

材料入库后保管员按实收数量在供方送货单上签字确认，并开具材料入库单，一联留存，一联交供方，一联交财务入账。

（六）及时开具材料出库单

材料出库时保管员依据生产任务单上规定的数量进行限额发料（根据数量允许放适当余量，一般在0.1%～2%之间），车间领料员凭申请单到仓库领料。保管员对出库物料数量的准确性负责，出库时开具材料出库单，经领料人签字后一联留存，一联交财务记账。

（七）做好“不合格”标识

材料出库后若在生产过程中发现不合格，经品管员确认后由车间退回仓库，由保管员清点数量开具红字材料入库单入账。退回材料应隔离放置，做上“不合格”标识，同时由保管员把规格、数量通知采购部，退回供方并及时补料。

（八）有问题时及时上报核实

车间按申请单上的数量领足材料后，由于遗失、料废、责废等原因需要补料的，由车间主管开具补料单，经生产主管签字后送仓库负责人，上报采购部补料。各车间废料由车间主管负责与仓库办理退库手续退回材料库，由材料库处理后统一报财务经理，核实后做处理。

五、商品出入库管理程序

公司内仓库管理的业务范围、工作程序与其他部门的工作是相互协助的关系，为了保证各部门工作的有序展开，商品出入库管理系统要遵守以下程序。

（一）物资到货接收

物资到库后，仓库保管员与交库人办理有关资料的交接，共同检查实物是否与计划、合同要求相符。如不相符，应拒绝接收并向生管科报告。

（二）物资的验收

1. 物资数量验收

（1）仓库保管员应按计划收料。超出计划数量的物资，对超出部分暂不办理入库手续，并向生管科报告；对不足计划数量的物资，按实际数量办理入库手续，并向生管科报告。

（2）对包装完好无损、定尺和按件标明数量、重量的物资一般抽查10%～20%，若初次抽查发现数量不符，应重新点数或过磅。对包装损坏的或不能换算、抽查的物资要全部点数。不论过磅、检斤检尺、点件或理论换算验收，均必须认真准确地逐磅逐笔详细记录。

（3）所有物资按实收数量入库。

2. 物资质量验收

（1）外协外购物资到库后，保管员根据进货检验物资清单要求，对试验类物资应及时填写物资进库送检单并提交技术科，由技术科检验人员按照检验管理程序及图纸、检验文件中规定的要求对物资进行检验，经检验合格后方可办理入库；对验证类物资，直接办理入库。

（2）由各工段生产的冲压件或焊接分总成、总成，必须经检验合格方可办理入库。

（3）保管员将经检验合格的采购物资分类、标示、入库贮存。对检验不合格的物资，由技术科负责进行隔离和标识，按不合格品管理程序要求处理。

（4）凡品名、规格、数量、质量验收合格的物资填写入库单办理入库。

（5）入库物资应及时记入物资台账；凡验收不合格的物资，不能记入物资台账，应列为代管物资，同时报告生管科进行处理。

3. 物资的保管

（1）仓库保管员应根据不同物资的种类、特性，将物资存入相应的库房或区域。

（2）入库的物资应有明确标识，按生产现场标识和产品标识规定挂标识牌。自制冲压件白件及入库的焊接分总成、外协外购车身配套件等挂产品标识卡；冷轧（卷）板入库时应检查其出厂产品标签是否齐全、完整。

（3）对有防锈要求的物资，必须涂防锈油，入库后保管员应注意检查，根据实际情况加涂防锈油，防止生锈。

（4）工段转入中心库的冲压件或焊接分总成，一般需装入相应的工位器具，防止划伤、变形，如无相应的工位器具，应采取适当的防护措施，防止刮伤、挤压、磕碰等。

（5）保管员对有保质期的物资要做好记录、标识，定期查看，防止过期变质。

（6）对已过保质期或锈蚀、变形等的物资，保管员必须做出标识，隔离存放，并向生管科报告，由技术科进行评审，按不合格品管理程序要求处理。

(7)仓库保管员应每天将物资入库情况报生管科，每月最后一日进行盘点，将本月收发存情况做好月报表报生管科。

4. 物资的发料

(1)公司内部物资领用，使用领料单。

(2)仓库物资的发料，必须有完整的发料凭证方可发货，手续不齐全者不得发货。

(3)物资的发料应尽量按先进先出的原则。

(4)凡规定交旧(废)领新的物资，必须经相关仓库人员在领料单上签有"废旧已收"字样后，才能领料。

(5)仓库保管员发料时应严格按料单所列物资的名称、型号、规格、数量发料；发料、收料人交接清楚，不得随意更改料单，如更改须由原填写人更改并在更改处加盖经手人印鉴。

(6)发料要做到：一查库、二取料、三记料单、四复核、五点交、六记账的工作程序。

(7)物资的发料必须及时登账，物资发料的单据应按规定装订并归档管理。

5. 物资的退库

(1)物资发放后，由于规格、产品改型或其他原因造成不适合使用的，需将物资退回仓库，不得自行处理。

(2)生产物资因技术质量问题退料的由原领料人填写退料单，注明退库原因，由部门主管批准，经责任部门确认，或经技术科判定责任部门并签署审核意见后，可办理退料。

(3)对外协外购物资需退料的，由保管员填写物资退货通知单，注明退料原因，经技术科、生管科审核后，方可办理退料。

6. 物资的装卸搬运

(1)物资装卸、搬运时，仓库保管员必须到现场指导。

(2)各种物资在装卸、搬运时应该按照产品的特性及搬运要求，采用适当的搬运工具和适当的搬运方法，保护产品在搬运过程中不受损伤。

(3)进行装卸、堆码等工作时，必须按有关安全规定要求操作，相邻堆码间距一般不小于200 mm，堆码层高度不高于6 m。

(4)装卸、搬运物资时，如出现损坏、丢失等情况，应做好登记并由事故责任者签字，上报生管科处理。

7. 物资账务

(1)物资发出后，应及时记账，各类物资明细必须做到日清、月结，准确无误。

(2)物资账、各种原始收发料凭证按规定齐全完整、妥善保管。

(3)材料账应严格按照记账规则记账，不得任意涂改更换。

六、商品出库管理

(一)出库管理制度

1. 单据必须齐全

所有的出库必须有公司授权的单据(授权签字、印章)作为发货依据。

(1)商品出库，保管人员要严格核对商品的配送单日期，所列的名称、规格、型号、单价、数量等内容。

(2)配送商品出库时必须凭配送单出库,确认无误后办理出库手续。

(3)出库时,库管人员按照配送单提货,库管人员与配送员核对商品,并向配送员交代配送商品运输途中的注意事项。

(4)在付货时要严格把关,坚持"五不出库"制度(即破包、散箱不出库,亏量短斤不出库,破损残次不出库,霉烂变质不出库,保存期过不出库)。

(5)商品出库实行"先进先出、推陈出新"的原则,搬运、装卸过程中轻拿轻放,平搬平放,减少残品,保证商品质量。

(6)手续不全不予出库。

2. 出库商品要登记和确认

(1)库管人员要做好出库登记,并定期向主管部门做出库报告。

(2)库管人员确定出库商品后,打印一式三联的商品出库单,经仓库主管、仓储管理员、配送员签字后,第一联存根自留,第二联财务联连同配送员的配送清单交财务,第三联对方联交配送员,日后作为统计销售之用。

(3)商品出库后仓储管理员在当日根据正式出库凭证清点货品结余数,做到账货相符。

(4)本着"厉行节约,杜绝浪费"的原则发放物品,做到专物专用。

3. 当日事当日毕

当天的出库工作完成后,要整理仓库的货位,打扫库房,准备新一天的工作。

(二)出库流程

为了保证公司业务的正常展开,商品、物料、材料等出库时必须遵循以下流程。出库流程如图 3-45 所示。

(1)生产部文员根据生产计划单打印生产领料单,经生产经理审核,审核后由领料员送仓库备料。生产领料单提前两天送交仓库,仓管员应根据车间生产领料单提前将所需材料配好,仓管员、领料员、生产经理在领料单上签字,生产领料单一式三联:

生产联由领料员留存,作为生产车间统计依据;

仓库联由仓管员留存,作为登记保管账簿的凭证;

财务联由财务部留存,作为成本核算凭证(由仓管员代为保管,及时交财务部门)。

(2)每份领料单中的物料应是同一个仓管员保管的物料,对于临时需用的物料应由生产车间领料员填制手写领料单,对于仓库物料不足的应按仓库实际库存量备料,物料到货后应另行填制手写领料单将物料领足。

(3)车间领料员根据生产领料单认真核实仓库人员的配货数量,采取抽查方式确认数据准确后在领料单上签字,若出现数量不符或混料现象,领料员及时通知仓管员补足物料或将物料理清,仓管员应严格按照领料单发料,不许多发或少发物料。

(4)生产车间领料由领料员负责领料,非领料人员未经许可不得进入仓库领料。

(5)生产领料单应填写物料代码、名称、规格、RoHS 标志,仓库人员认真核对领料单,若有填写模糊、不清晰或代码错误,仓库应让其重新填写或拒绝发料。对于特殊原因领料不能填写

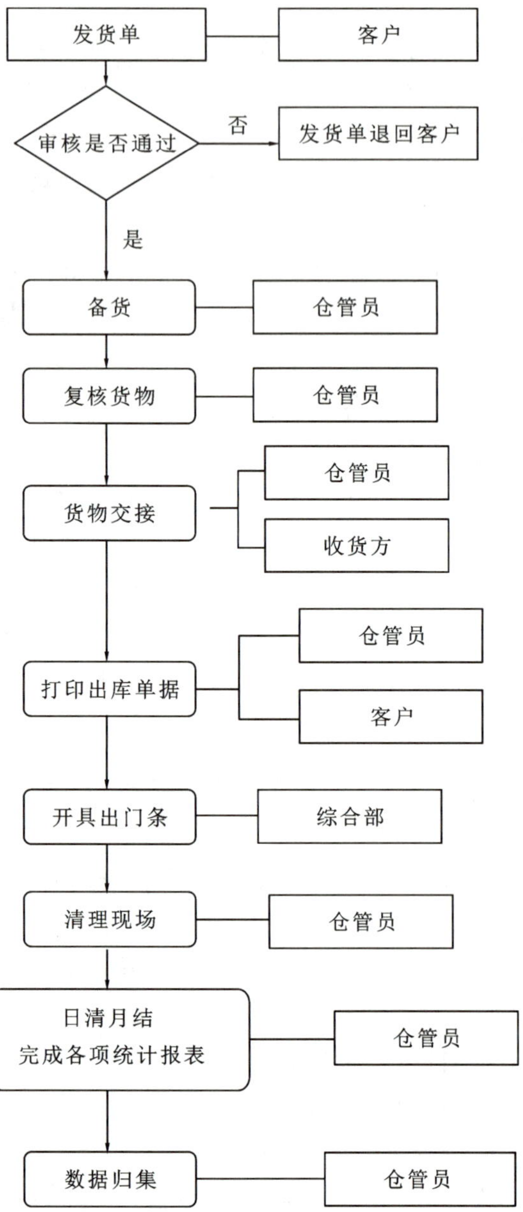

图 3-45　出库流程图

领料单的应打临时借条，事后应及时补办领料单据，但不得超过一天。

(6)对于检修组领用单位价值较高的物料，如 IC 芯片、工字电感等，按照以旧换新的方式领料，照常填写领料单。

(7)仓管员依据手续齐全的入库单据和领料单据做好仓库明细账，如表 3-1 所示，做到日清日结。

表 3-1　仓库出货明细表

月份

产品类别　　第　　页

日期		售单号	客户名称	类型	出货数量	退回数量	备注
日	月						
合计							

(8)在生产过程中发现物料不足,经生产经理批准,领料员填写领料单进行补料。

(9)本批订单生产结束后,有多余物料,应及时办理退料手续。

(10)公司内部物料领用,应填写领用单经仓库主管签字方可领料。

七、商品入库管理

(一)商品入库管理要求

1. 设备材料到货后,由代办单位负责设备接收

代办单位负责对设备材料进行登记,登记内容包括所属合同名称、合同号、到货日期、主设备名称、箱件编号、运输方式、承运单位、包装方式、数量、重量、存放位置等,形成设备材料接收记录。

2. 开箱验收,填写记录表

在规定时间内,按施工进度的要求,由代办单位组织开箱验收,并填写设备开箱验收情况记录(以下简称验收记录表),同时附上设备接收明细表及开箱资料清单,并由参与开箱的供货商、物资部、工程部、资料室、施工监理、施工单位及代办单位相关人员签字。若开箱验收当中存在设备缺件或开箱的设备存在缺陷,则填写设备异常处理单,其编号与验收记录表中的相同,并自动成为验收记录文件的一部分。

验收记录表、设备接收明细表、开箱资料清单、设备异常处理单是验收记录文件不可分割的组成部分,其编号均应相同,若某种表单有多份补充内容时,可于编号后添加英文字母 A、B、C 等加以区别。验收记录表及相应附表文件经签字后,应及时提交物资部,并由代办单位及时录入设备管理 MIS 信息系统,以满足后续管理工作的需要和信息保存、统计、查询的需要。

3. 材料验收及入库管理

(1)材料类物资验收时,应填制材料验收记录。验收记录的编号应具有唯一性。验收记录表应填写齐全,包括机组号、标段、专业名称,以便于检索和查询。

(2)代办单位凭供货单位提交的、符合规定的有效凭证及验收记录表和附表,方可办理设备材料入库手续,并分别填制设备入库单、材料收料单,在设备入库单和材料收料单的开箱记录栏中填写验收记录号,以便查对其所涵盖的验收范围。

(3)设备入库单内必须填写设备的 KKS 编码,材料收料单内必须标明材料的物资编码。物资编码采用国家能源局于 2017 年 11 月 15 日发布、2018 年 3 月 1 日实施的电力物资编码,标准号为 DL/T 700—2017。

(4)设备入库单和材料收料单一式四联,存根联由物资部留存,记账联、稽核联随票据同时交财务部,仓库联由代办单位保管。财务部根据财务制度的要求凭稽核联对库存物资进行稽核。已经稽核过的项目应在相应单据上留有签章。

4. 及时办理领出手续

设备、材料领出时,按各项目公司编制的物资供应管理办法及代办单位仓库管理制度的要求办理审批及领出手续,及时填制设备出库明细表、材料领用明细表,如表 3-2 所示,由仓库和领用单位双方审核并签字。材料领用明细表一式三联,物资部、代办单位、领用单位各一联。代办单位应及时将已办理签字的材料领用明细表按合同整理后移交物资部(不包括备品备件、专用工具及各种原因不再安装的设备材料)。

表 3-2 材料领用明细表

工作单号	材料编号	材料名称	规格	计划领用数量	实发数量	单价	总价

仓库主管　　　　　　　　　　　发料　　　　　　　　　　　核准

代办单位应根据材料领用明细表及时填制设备出库单和材料领料单。设备出库单、材料领料单一式四联,分别为存根联、记账联、稽核联、仓库联,各联的使用方法与设备入库单、材料收料单的相同。设备出库单、材料领料单中应明确记载原设备入库单、材料收料单的编号以及工程项目编号和名称等项。

随机备品备件及专用工具等非安装性设备材料验收后,由代办单位运至项目公司仓库或项目公司指定区域代管仓库保管,其领用由物资部负责管理。在按规定办理相应审批手续后,填制随机备品备件领用单、随机专用工具借用单。随机专用工具不能按规定归还或已损坏的,按规定由相应负责部门赔偿。

(二)入库管理制度

为加强公司自购材料出入库管理,如实反映材料采购、调拨、使用情况,减少流通费用,降低材料采购成本，结合公司实际情况，制订相关办法。为减少公司资金占用量，建设项目中大宗材料原则上实行“零库存”，通过集中招标采购，确定大型供应商，通过相关管理办法进行调拨、保管、使用。

1. 材料计划

采购部根据各项目施工单位报审批准的材料计划，于每月 2 日前编制次月材料需求计划，报工程部复核，总经理审定。材料员按当月采购计划和工程材料设备采购管理办法确定材料（设备）供货商，并报公司领导批准后签订供货合同。

2. 验收程序

根据供货合同供货商送货入库（或直送工地），监理单位、施工单位、采购部、工程部、供货商五方联合验收，监理单位对材料的质量、规格进行检查，工程部和施工单位对材料的数量、规格、质量进行核定。若符合要求，填写材料（设备）验收单，在材料验收单上会签。施工单位开出收料单一式四份，采购部二份（其中提交财务部一份），施工单位一份，供货商一份。不合格材料退回，发生的损失由供货单位自行负责。

3. 建立台账

采购部应在 3 日内办理完毕入库、调拨手续，并按照材料验收单和收料单，建立材料（设备）采供台账。

4. 手续上报

材料员在办理完毕入库、调拨手续后，应在 3 日内将施工单位收料单（一份）报至财务部。

5. 五方对账

采购部应于每月 20 日前会同工程部、监理公司和施工单位对账，做到账实相符。采购部应每月 20 日前与供货商核对材料（设备）采供台账，并每月与财务部对账，做到账账相符。

6. 退库手续

工程竣工验收后，采购部应在 1 个月内通知材料供应单位，将应调拨而未调拨的材料及退库的材料手续办理完毕，在工程财务决算后出现的未办调拨手续的材料，全部由供货单位自行负责。

7. 自购材料入库程序

材料员开具材料入库单→采购部经理审核→材料统计员登记台账。

8. 自购材料出库程序

材料员开具材料出库单（调拨单）→采购部经理审核→施工单位领料人签字→材料统计员登记台账。

9. 报销手续

材料员持已签字的发票附货物入库单→采购部经理审核→财务部经理复核→总经理审定。严禁非采购部人员报销工程材料款，或严禁无材料出入库手续即进行材料报销手续。

10. 库存清点

材料员和材料统计员应按月对仓库库存物资进行清点，每月做出材料盘点表，经采购部经理审核，总经理审定。材料盘点表一式二份，采购部一份，财务部一份。

（三）物料采购入库管理流程

为了规范仓库物料管理，合理控制库存，减少库存资金占用以便物料收发有序地流转，仓

库商品入库应遵守以下操作流程。(见图 3-46)

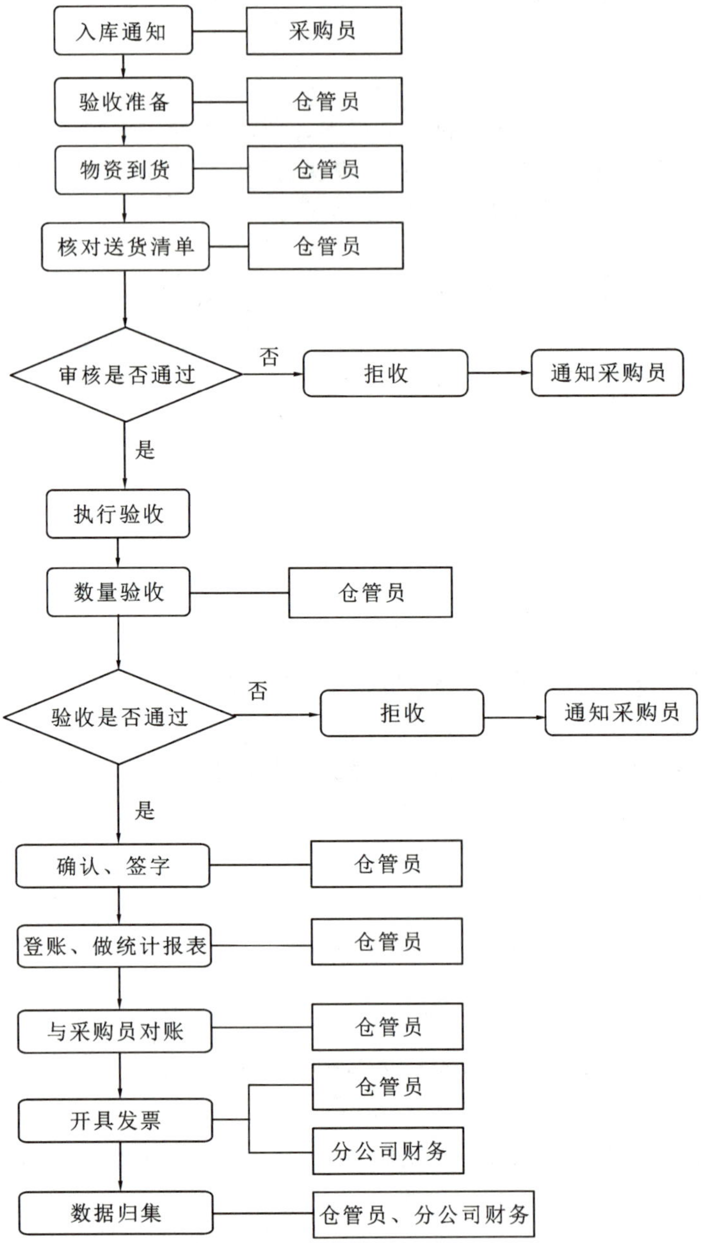

图 3-46 入库流程图

(1)由物料控制中心下发物料采购计划,并注明采购物料的品名、规格、数量及到货时间。

(2)仓库依据采购计划核对到货物料数量及时间,逾期未到货应及时向物控中心反映,由物控中心催促供应商。仓库应先清点到货物料数量,并取样抽查,如发现缺货少货现象,应向物控中心反映,由物控中心与供应商联系。

(3)采购物料到货,采购员填制一式四联的采购验收入库单传递给仓管员,采购员协助配合仓管员在待检区根据采购计划核对物料规格型号,清点数量,核对准确后仓管员通知进料检验员进行检验，检验员按进料检验标准对物料进行检验，仓管员对检验合格的物料办理入库手续，不合格物料严禁入库。

生产及物料控制采购员、仓管员、进料检验员、厂商在入库单上签字确认：

①厂商联交厂商，作为送货凭证；

②仓库联由仓管员留存，作为登记库存账簿凭证；

③财务联由财务部留存，作为成本核算凭证(由仓管员代为保管，及时交财务部门)；

④请款联由采购员留存，作为请款凭证。

填制单据时物料代码、物料名称、规格型号、RoHS 标志必须填写完整，字迹复写清楚，新增物料代码应由仓管员补填。

(4)对于零星物料(劳保用品、工具等)采购，物料到货必须先送到仓库办理入库手续，然后采购员通知申购部门领用并办理出库手续，严禁办理一进一出的入库、出库手续。

(5)办公用品采购入库时，采购员应到综合办公室办理入库、出库手续，办公室指定专人管理。

(四)不良品处理

在签收入库货品时，难免会遇到不合格的产品，这类产品不可随意处置，它是有严格的处理流程的，具体如下。

(1)到货经检测不合格的物料，按不合格品控制程序处理。

(2)生产过程中领用的物料不合格需退仓库时，车间应分类包装标识并注明数量，经品管确认签字后方可退入仓库。若产品包装杂乱、标识不清，仓库拒绝入库。

(3)不良的半成品以及生产中的不良组合配件需退仓库时，对于重要配件，车间应将其拆分恢复到原器件方可退货，否则仓库拒收。

任务五　WMS 系统

一、WMS 系统概述

(一)WMS 系统的概念

WMS 仓储管理系统(warehouse management system)是一种帮助管理仓库或配送中心(DC)的软件。它简化了仓库管理的每一个部分——从接收和存储到拣选、包装、运输、库存跟踪等所有步骤。WMS 有助于公司提高运营效率，减少浪费和成本，同时提高劳动力管理和客户满意度。(见图 3-47)

众所周知，仓储在企业的整个供应链中起着至关重要的作用，如果不能保证正确的进货、库存控制及发货，将会导致管理费用的增加，服务质量难以得到保证，从而影响企业的竞争力。传统简单、静态的仓储管理已无法保证企业各种资源的高效利用。如今的仓库作业和库存控制作业已十分复杂化、多样化，仅靠人工记忆和手工录入，不但费时费力，而且容易出错，给企业带来巨大损失。

而WMS仓储管理系统具有仓储服务、出库服务、仓库转移、库存转移和虚拟仓库管理等功能。全面批次管理、物料对应、库存盘点、质检管理、虚拟仓库管理和实时库存管理，可有效控制和跟踪仓库业务的物流和成本管理全过程，实现完善的企业仓库信息管理。系统可以独立进行库存操作，也可以与其他系统的单据、凭证结合使用，提供更加完整、全面的企业业务流程和财务管理信息。

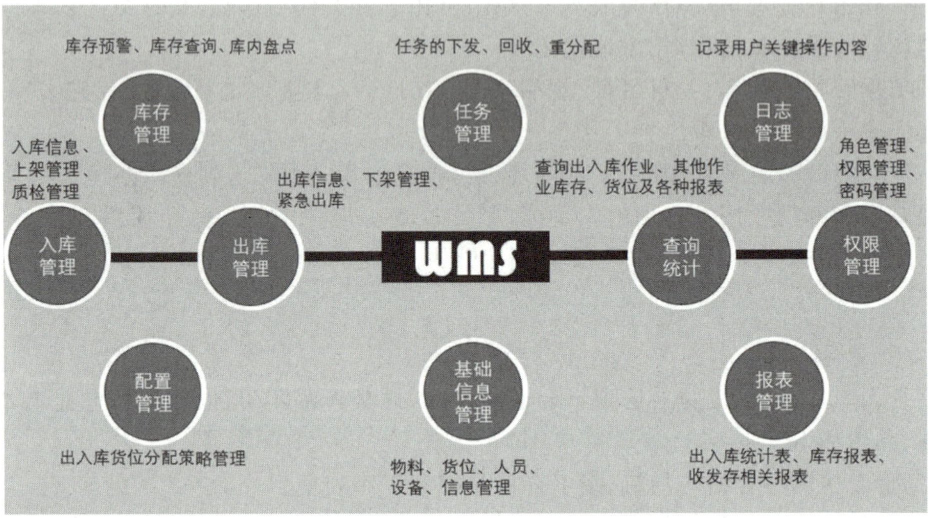

图 3-47　WMS 系统

（二）WMS系统管理结构

对于仓储系统信息流及物流而言，两者之间能够实现有机结合，其主要就是利用货物及货位编码，从而可制作标签在货物上粘贴，在此基础上可实现其与货物共同运动。对于当前WMS仓储管理系统而言，在实际应用中的结构类型主要包括三种，即集中式物流信息系统、分布式物流管理系统与混合式信息管理系统。

1. 集中式物流信息系统

集中式物流信息系统最大特点就是仓储作业过程中一些所需信息可在中央处理器中进行存储，并且相关物流信息数据可利用识读设备实现一次录入，可通过网络向主机传送，从而可使数据信息有效实现及时更新及对比，之后可通过网络向制动器进行传送，在此基础上使物流控制能够得以有效实现。

2. 分布式物流管理系统

分布式物流管理系统依据其实际功能可分为几个模块，在实际运行过程中各个模块 所需的一些数据信息均通过货物标签进行标识，在此基础上可使数据信息实现自给自足。

3. 混合式信息管理系统

混合式信息管理系统在实际运行过程中所需的一些数据信息主要来源于货物标签信息，其他相关信息可通过中央处理器提供，在实际运行过程中该系统所需的有关控制算法，主要就是在分布式数据库中储存，在将标签上信息读出之后，可利用分布式子系统对相关命令执行，而中央处理器的主要工作就是协调子系统。

（三）WMS 系统的优点

WMS 仓储管理系统是一款标准化、智能化的面向流程的仓储管理软件，结合了多家知名企业的实际情况和管理经验，能够准确、高效地管理和跟踪客户订单、采购订单以及进行全面的仓储管理。此外，该系统还具有以下优点。

1. 提高运营效率

WMS 自动化并优化了从入库到出库的仓库流程，以提高效率，使仓库更顺畅的运营，并能够处理更大的货物数量。它减少了拣选和运输货物时的错误，并消除了重复和不必要的工作。WMS 还与 ERP 和运输管理系统共享数据，提供超越仓库的整体视角，并有助于加快货物的运输。

2. 增强库存可见性和准确性

WMS 可实时查看仓库和运输中的整个库存。它使用条形码扫描、RFID 标签或其他技术跟踪仓库中每件物品的位置、数量、状态和历史记录。它还支持库存管理功能，如周期盘点、补货、库存轮换、过期日期跟踪等。WMS 可帮助企业保持最佳库存水平，避免缺货和积压，减少收缩和变质，并遵守法规要求。

3. 改进劳动力管理和提高生产力

WMS 根据技能水平、可用性、优先级和工作量分配任务，更有效地管理仓库劳动力。它还监测每个工人的表现，并提供反馈和激励措施，以提高生产力和质量。WMS 还可以与劳动力管理系统（LMS）或其他工具集成，以跟踪劳动力成本、安排轮班、衡量利用率等。WMS 可帮助企业减少劳动力支出，提高员工满意度和忠诚度，并培养持续改进的文化。

4. 具有更好的客户服务和满意度

WMS 通过确保快速、准确、及时地完成订单，满足客户的期望和需求。它能够处理来自多个渠道（如零售、批发）的订单，并提供灵活的配送选项（如当天配送、路边取货）。它还通过提供订单状态更新、跟踪信息、交货证明等来改善与客户的沟通。WMS 可帮助企业提高客户忠诚度，减少退货和投诉，并获得竞争优势。

5. 增强可扩展性和灵活性

WMS 根据特定要求配置仓库流程，从而适应不断变化的业务需求和市场条件。它支持多种仓库、语言、货币、计量单位等。WMS 还可以与其他系统（如 ERP、TMS）或设备（如机器人）集成，以实现数据无缝交换和自动化。WMS 可以帮助企业在不影响效率或质量的情况下发展业务。

6. 仓位管理

由于仓库的规划和管理，仓库的物资管理变得准确和简单。通过 WMS 系统可随时找到产品的存放位置和数量。根据仓位的使用规则和产品的库存分布，安排产品上架、仓库提货、动态库存等策略。因此，仓位管理是仓库物流运作的基础。

7. 强大和快速的订单处理能力和运输能力

随着业务的发展，企业对仓库管理能力的要求越来越高。当成千上万的产品分布在仓库的每个角落时，WMS 系统能够快速、及时地帮助完成拣选、查验、包装和装载，以满足众多订单的装运需求。

8. WMS 系统是一个高度定制的系统

即使在同一个行业，由于企业的业务模式和设备应用水平不同，系统流程和运行模式也不同，因此满足企业 WMS 系统的实际需求，这就需要高度的定制化。WMS 在总结多家企业库房管理经验的基础上，可以为客户供给完好、全面的软件定制计划。

WMS 体系促进了公司管理形式的改变，从传统的依据经验的管理改变为精确的数字分析管理，从后期管理改变为过程管理和实时管理，加快了资金周转，提高了供应链的响应速度，必将提高公司的整体竞争力。

(四)WMS 系统的必要性

WMS 仓储管理系统是对仓储业务的物流和成本管理的全过程进行控制和跟踪，实现完善的企业仓储信息管理。运营于各企业的仓库、物流、电子执行、第三方物流、制造部门。它不仅用于记录、检查和管理仓库运营结果，还用于指导和规范仓库运营流程，提高仓库效率、管理透明度、真实性和降低成本。使用后，仓库管理模式从传统的“以结果为导向”转变为“以过程为导向”，从“数据录入”到“数据采集”，从“人工找货”到“系统定位提货”，管理变得高效快捷。

WMS 系统将为用户带来巨大的经济效益，主要表现在：

(1)数据采集及时、流程管理准确、全自动化和智能化定位，提高工作效率；

(2)精确的位置管理和全面的状态监控；

(3)根据先进先出，智能自动分配上下机架位置，避免人为失误；

(4)实时控制库存情况，合理维护和控制企业库存。

二、WMS 系统的功能和作用

WMS 系统的功能不仅是记录、检查和管理仓库运行结果，而且可以指导和规范仓库运行过程，通过指导和规范仓库运行操作，确保相关记录数据的准确性、速度和自动登记(进入计算机系统)，提高仓库效率、管理透明度和真实性，降低成本等，指示经营者通过无线终端发送订单：当经营者提出送货请求时，终端提示经营者在指定的仓库位置提取指定数量的多种商品，扫描货架和商品条形码，检查其是否正确，然后发送到接收区输入运输单位的信息。为了完成配送任务，重要的是在装载货物的过程中，将包括装运时间，经营者，货物种类、数量，产品序列号以及承运人等信息通过无线方式传输到计算机信息中心的数据库中。

总的来说，WMS 系统的运行是非常有必要的，该系统能为企业提供以下服务。

(一)产品入库

入库时，扫描一个产品包装上的条码，输入相应的数量，扫描仓库的条码，系统会自动处理数据。产品发货：产品发货时，库管员会按照先进先出的原则到指定的位置，先扫描该位置的条码，再扫描其中一个产品的条码。如果满足发货任务条件，则输入数量发货，否则采集器会给出报警提示。

(二)位置管理

利用数据采集器读取产品条码，查询产品在货位的具体位置(如产品 X 在 A 货区 B 水路 C 货位)，实现对产品的全方位管理。

(三)仓库容量管理

通过终端或数据采集器实时检查货物数量、存储情况和产品的最大容量，管理仓库的面积、容量、体积和设备。

(四)产品质量检验

成品包装贴上条形码后，运至仓库临时存放区，由质检部门进行检验。质检部门扫描不合格产品的包装条码，并在采集器上做相应记录。检查结束后，采集器与计算机连接，数据上传至系统；合格产品生成质量检验单，由库管员进行生产入库操作。

(五)产品存储

将入库任务从系统下载到采集器，入库时扫描一个产品包装上的条码，在采集器上输入相应的数量，扫描货位的条码（如果在入库任务中指定了货位，采集器会自动检查货位），采集后将数据上传到系统，系统会自动处理数据。所有必要的信息如品种、数量、仓储人员、质检人员、产品位置、生产日期、团队等都记录在数据库中，系统将产品累积在相应的位置。

(六)预警提示

材料分配根据不同位置生成的配料单包含非常详细的配料信息，包括配料时间、配料站、配料细节、配料数量等。相关保管员在提货时可以根据这些条码信息自动形成预警，并对错误的配料明细和数量信息给出预警提示，大大提高了仓库管理人员的工作效率。

(七)发现产品问题

产品出库时，库管员从系统中找出相应的产品数据，按照先进先出的原则下载到采集器，制订发货任务。当货物到达指定位置时，首先扫描该位置的条形码（如果位置错误，采集器将发出警报），然后扫描其中一个产品的条形码。如果满足发货任务条件，输入发货数量，并检查或记录运输单位和车辆信息（用于将来的产品跟踪和追溯使用），否则采集器会给出报警提示。

(八)仓库退货

根据实际退货情况，扫描退货商品的条码，导入系统生成退货订单，确认后生成退货明细及核算。

(九)仓库盘点

根据要盘点的仓库和品种进行盘点任务，使用采集器扫描指定区域的产品条码，输入数量，然后收集数据生成盘点报告。

(十)仓库库存

库存任务是在系统中根据仓库、品种等条件进行统计的，并将库存信息下载到采集器。仓库工作人员通过扫描指定区域内产品的条形码并输入数量来进行盘点。收集后，数据被上传到系统以生成库存报告。

(十一)库存警告

此外，根据企业的实际情况，可以为每个品种的仓库产品总量设置上下限警戒线。当库存数量接近或超过警戒线时，会给出报警提示，要及时调整生产、销售，优化企业的生产和库存。

三、WMS与物流作业

随着现代社会物流行业的快速发展，在这种大环境下货物流通也越来越复杂，越来越快捷，而在仓储作业过程中，由于频繁流动以及货物品种不断增加，其控制难度也会有所增加，在该过程中合理有效解决货物流向问题及流量控制问题已经成为十分重要的一项内容。在当前货位管理基础上，WMS 仓储管理系统中的核心技术就是入库及出库过程中的定位算法。

在实际作业过程中可发现，随着商品品种不断增加，客户要求也越来越多样化，因而仓储物流作业也越来越多样化。比如，对于保质期要求比较低的一些物品，客户主要为大型零售商，因而在进行拣货作业时主要计算单位就是盘、箱；对一些保质期要求较高的货物，客户通常为小型便利店，其订单批次相对而言比较多，并且单次订货量相对而言比较少，因而在拣货作业中的计算单位主要为“个”。

此外，在 WMS 仓储管理系统应用中比较关键的方面就是多级库存问题以及由此而出现的补货问题，在实际应用及作业过程中应当加强注意。在当前仓储及物流配送作业中，WMS 仓储管理系统的应用已经越来越广泛，在很大程度上提升了物流质量及效率，对物流行业更加良好的发展具有十分重要的推动作用，因此在实际作业过程中应当对该系统进行合理应用。

（一）WMS 在物流存储作业中的应用

在当前仓储物流作业过程中，WMS 仓储管理系统应用中比较重要的一个方面就是在物流存储作业中的应用。在实际应用过程中，WMS 仓储管理系统所表现出的主要功能包括物料批次化管理、物品先进先出、补货作业以及盘点作业等相关方面内容。另外，应当对批次数据以及到货时间等相关要素数据实行有效控制，在此基础上使物流存储管理要求能够得到较好满足。

在实际作业过程中，为使拣货质量及效率能够得以有效提升，对相关库位应当积极开展有效补货作业。除此之外，在实际工作过程中还应当对仓库内的库位不断进行优化，在此基础上保证仓储物流效率能够得以有效提升，从而使物流作业整体质量能够得到较好保证，这对物流行业发展十分有利。

另外，在开展盘点作业过程中，应当依据实际作业需求，积极选择多样化、灵活作业方式，在此基础上才能够使盘点作业得以更好开展，才能够使盘点作业质量得以有效提升。比如，在实际盘点作业过程中，可依据时间、物料作业频次及物料价值实行盘点作业，从而可保证盘点作业能够得以更加有序进行，使其科学性及合理性能够得以有效提升。

（二）WMS 在收货环节中的应用

在整个物流作业过程中，收货环节属于十分重要的一项内容，对整个物流作业质量及效率可起到决定性作用，在该过程中通过对 WMS 仓储管理系统进行利用可得到理想效果。WMS 仓储管理系统能够实现到货预约，并且对于质检、码托及包装等相关方面均具有较好管理功能，在这些功能中到货预约功能就是可与供应商事先进行约定，从而可较好控制到货时间及收货道口，在此基础上可使平衡物流量及均匀到货得以实现，并且可使人员、设备及场地等相关资源实现优化配置。

在实际工作过程中，为能够保证后续仓储业务得以更加有效开展，通过确定到货 SKU 将码托确定，在此基础上可在物流仓储中实现高效存储及上架。对于 WMS 仓储管理系统而言，其能够针对差异性供应商对相关质检措施进行优化设置，对供应商到货质量合理评价，从而可使后勤质检工作得以改进及优化。

对于到货，若不符合包装要求及标准，则应当对其实行深包装，并且 WMS 仓储管理系统所具备的包装功能能够在到货应用包装确定、统计工时及材料管理等相关方面有效管理作业流程，在此基础上保证作业流程得以更好进行，从而使整个物流作业质量能够得到较好保证。

（三）WMS 在出库运发方面的应用

对于 WMS 仓储管理系统而言，其在实际应用过程中所体现的功能主要包括对拣货作业进行有效管理，制作装箱单，按波次对货物实行分拣等。在实施拣货作业过程中，应当依据相关要求合理设置拣货路径，在此基础上使拣货质量及效率得以有效提升，另外，依据出库单零碎程度以及拣货管理要求等相关内容，可实行波次拣货以及合并拣货。

在货物实际运发过程中，也依据行业内相关要求，合理制作装箱单，在此基础上可实现有效管理，为货物运发提供较好理论依据。随着当前社会物流行业不断发展，对货物运输及存储也有着越来越高的要求，因而需对 WMS 仓储管理系统功能进一步研究，从而保证使各个方面需求及相关要求能够得到较好满足，在 WMS 仓储管理系统实际选择及构建过程中，物流企业十分关键的一个选择参考就是软件供应方所具备二次研发能力。

在实际工作过程中，通过对 WMS 仓储管理系统进行有效应用，不但能够对相关作业信息及时进行记录，并且能够使纸质信息数据传输得以较好进行，在此基础上可使信息传递及时性以及准确性得以有效提升。可依据客观要求合理采集不同作业环节相关信息，从而可及时发现物流业务中存在的一些缺陷及不足之处，进而可使物流管理质量及效率得以有效提升，这对物流行业发展具有十分重要的作用。

四、WMS 系统适用行业与实际应用

（一）WMS 系统适用的行业

WMS 仓储管理系统适用于多种行业和企业，主要包括以下几个方面。

1. 零售和电商行业

随着电商业务的发展，仓储管理系统在零售和电商行业中变得越来越重要。WMS 系统可以帮助企业实现库存管理、采购管理、订单管理等功能，提高物流配送效率。

2. 制造业

制造业通常需要对原材料和成品进行存储和管理，WMS 系统可以帮助企业实现精细化的库存管理、生产物料配送等功能，提高生产效率。

3. 物流行业

物流企业需要对货物进行快速、准确、高效的管理，WMS 系统可以帮助企业实现快速的出入库管理、订单处理、货物跟踪等功能，提高物流效率。

4. 货运行业

货运企业需要对货物进行全面、精细的管理，WMS 系统可以帮助企业实现库存管理、入库出库管理、配载管理等功能，提高货运效率。

5. 医药行业

医药行业需要对药品进行全面、精细的管理，WMS 系统可以帮助企业实现药品库存管理、销售管理、批次管理等功能，提高药品管理的精准度和安全性。

总之，WMS 仓储管理系统适用于大多数需要进行物流和库存管理的企业，可以帮助企业实现高效、准确、精细化的物流和库存管理，提高企业的运营效率和利润。

(二)WMS的系统软件示例

现如今,WMS系统已经越来越成熟,相关软件的应用也越来越广泛。以下三个软件是常用的WMS系统软件,一起来看看吧!

1. Blue Yonder 的 Luminate Logistics

Luminate Logistics是一个基于云的WMS系统软件,利用人工智能(AI)和机器学习(ML)来优化仓库运营。它提供了需求感知、库存优化、劳动力预测、时间安排优化、堆场管理、语音拾取等功能。

2. Microsoft Dynamics 365 供应链管理

Microsoft Dynamics 365供应链管理是一个基于云的ERP解决方案,包括一个与生产控制、采购等其他模块集成的WMS模块。它提供了收货、入库、定位、库存管理、周期盘点、任务交织、波浪规划、订单分配、订单拣选、补货、包装、运输人工管理等功能。

3. Oracle Fusion 云仓库管理

Oracle Fusion云仓库管理是一种基于云的WMS系统软件,利用物联网(IoT)、区块链等实现智能仓储。它提供了入境物流出境物流交叉对接、质量管理、库存管理、成本核算以及堆场管理等功能。

(三)WMS的实际应用

1. WMS的配送服务应用

现如今,WMS在配送服务中的应用已经越来越广泛,在销售物流中(如连锁超市的配送信息中心),在供应物流中(如生产技术企业的零配件配送发展中心),都能见到WMS系统。

该系统在配送服务应用中的目标是实施GSP等国家医疗物流管理和控制标准,优化流程,提高效率。系统主要包括进货管理、库存风险管理、订单管理、拣选、复核、配送、RF终端设备管理、商品与货位信息资源管理等功能模块。

网络化和数字化,提高了仓库的作业控制水平和作业安排水平。WMS系统把配送工作时间缩短了50%,订单信息处理技术能力提高了一倍以上,还取得了显著的社会经济效益,成为中国医药物流的一个样板。这些系统大多用于制造业或分销业的供应链管理,也是工作流管理系统中非常常用的类型。

2. WMS整合优化

WMS是以仓储作业技术的整合为主要目标的系统,解决各种自动化控制设备的信息网络系统之间整合与优化的问题。该系统主要可以解决这些原材料库、半成品库与成品库之间的协调发展运行环境问题,否则将不能保持一个连续作业,不仅放空生产力,还会浪费能源。

该系统的难点问题在于企业物流管理系统与流水线的各自动化技术设备系统要无缝连接,使库存成为流水线中的一个流动环节,也使流水线成为库存操作的一个重要组成部分。

各种专用设备都有自己的信息系统。WMS不仅要整合设备系统,还要整合工艺流程系统。此类信息系统主要涉及的流程相对规范、专业化,多出现在大型ERP系统设计之中。

3. WMS决策应用系统

WMS决策应用系统显著特点是拥有非常灵活的计费系统、准确及时的账务系统和功能齐全的客户管理系统,为仓储行业提供决策支持信息。华润物流发展有限公司的润发仓储管理信息系统就是这样的一个案例。

这种系统在一些提供仓储服务的企业中经常使用。它具有技术共性多等特点，适合为大多数客户提供通用服务。该公司采用了一套适合企业自身发展的 WMS 以后，减少了人工管理成本，提高了仓库利用率，明显增加了社会经济效益。

4. WMS 与电商

以电商 B2C 仓储管理为目的的应用信息系统主要侧重于仓库管理和配送成本管理的一体化，也就是通常所说的"WMS＋TMS"，这类系统大部分采用随机存储策略，亚马逊的系统设计非常著名。

通过仓配一体化的系统，真正将电商的仓储企业管理、物流公司的配送管理、客服的管理、供应链的可视化技术得以有效开展和应用。

仓储管理系统的核心是有效的任务执行和过程规划策略，它是基于成熟的物流理念、高效的管理流程、先进的设备共同来实现成功的仓储管理的。

思考题

1. 简述仓库存储系统的重要性。
2. 仓库搬运系统存在的意义是什么？设计原则有哪些？
3. 出入库管理系统的标准程序是什么？
4. WMS 系统的作用是什么？如何应用到实际生活中？

项目四 仓库的规划设计

学习目标

1. 掌握仓库的规划方法及目标；
2. 了解仓库规划设计的逻辑；
3. 熟悉数据仓库的优势及使用方法；
4. 了解仓库模拟的优势；
5. 掌握仓库验证的相关步骤。

任务一 仓库规划设计目标和基本逻辑

一个标准化的仓库，总结起来，其实可以归结为一句话：人员在不在，照常运作。仓库，不是为仓管员建立的，而是为新员工建立的，当一名员工请假的时候，别人能够立刻开展工作，不会因为人员的缺失，而造成仓库脱节或是找不到东西的后果，所以仓库的科学管理和规划至关重要。

一、仓库的规划

仓库规划设计是一项相当复杂的系统工作，但仓库的总规划、划分功能性区域、人员管理规划、货架体系规划，以及仓库拓展性和性价比这六大方面，是仓库规划设计的主要内容。一般有经验的货架厂在做货架工程前都会帮企业做好仓库规划设计的，并且费用也是包括在里面了的，不会额外增加仓库规划费用。

(一)仓库规划内容

在进行仓库的规划建设时，要从以下几个方面来考虑。

1. 仓库的总体合理布局

根据仓库生产和管理的需要，对整个仓库的所有设施进行用途规划，确定生产、辅助生产、行政等场所，确定储存区、作业区、道路等的分布，并对各类设施和建筑进行区别。如利用仓库货场编号、道路命名、行政办公区识别等方法。

根据生产情况、货物存取要求及现有仓库条件，对仓库整体进行总规划，做出整体规划图。当然这种总的仓库规划，并不是设计方单方面一次性就能完成的，而是一个和甲方反复沟通、探讨的过程。

2. 仓库的专业化分工

根据专业规划的原则，对仓库进行用途确定，一般按照仓储物种进行分类分区，对于专业化的仓库，可以按照不同的作业方式进行划分。通过专业分区使得仓库形成如食品区、日用品区、机电区、物资区或者保管区、验货区、包装区等分区。

3. 仓库员工的分工和管理范围

按照仓库员工的管理幅度需要确定班、组管理范围，确定仓库工作岗位和岗位职责。根据前面划分好的区域，对人员也要进行管理规划，结合仓库运作情况进行排班、分岗位和建立组织架构，等等。

4. 仓库货位的安排和用途

为了实现安全保管和快捷作业，将仓库、货场划分为一定的货位，并对货位进行编号。确定仓库、货场内的作业通道，保证每一个货位都能与通道相通，并确定每一个仓库和货场作业流程的进出口和运送方向。

5. 仓库的未来发展

仓库的未来发展包括仓库的发展战略、规模(仓库的扩建、改造，仓库吞吐存储能力的增长等)以及仓库机械化发展水平和技术改造方向，如仓库的机械化、自动化水平等。

6. 仓库的主要经济指标

仓库的主要经济指标包括仓库的主要设施利用率、劳动生产率、仓库吞吐存储能力、物资周转率、储存空间利用率、储运质量等指标。因此，仓库规划是在仓库合理布局和正确选择库址的基础上对库区的总体设计。仓库建设规模以及仓库储存保管水平的确定，使仓库形成相对稳定的布局和管理系统。

7. 划分功能性区域

一些较大的仓库，并不是一个简单的存放货物的地方，而是会精细划分功能区域，针对不同类型的货物也会有相关的仓库类型，比如有存放 IC 芯片的防静电仓库、存放普通原材料的原材料仓库，而为了进一步规范管理，还会划分出更多的区域，比如穿梭车道、货物缓存区、货物长期存储区以及仓库人员办公区，等等。

8. 货架体系规划

货架体系规划就涉及货架工程了，不仅要根据前面的情况确定货架种类，还要设计出货架的摆放图等。

9. 可拓展性

当规划一个仓库的时候，并不是仅根据目前看到的情况，而应当有一定的前瞻性，其实也就是要考虑未来的发展，仓库是否能满足其要求，或者是留有相关的拓展接口，不至于不能应对未来预期内的增长。

10. 价格要合适

预算高一些，当然可以考虑更多东西进来，能达到的效果也更好，但一家企业给仓库的预算是有限度的，不仅要考虑造价，还要考虑到运作成本。另外要注意的是，完工后，正常运作的仓库的效率，能给企业带来的是什么，要量化出来，才可能得出真正的性价比。

(二)仓库规划设计要求

库场规模是指仓库能够容纳的货物的最大数量和总体积。直接影响仓库规模的因素是仓库的商品储存量。

库场规模设计是根据库区场所条件、仓库的业务性质和规模、储存物品的性质,以及仓库技术条件等因素,对仓库的主要建筑物、辅助建筑物、构筑物、货场、站台等固定设施和库内运输路线进行的总体安排和配置,以最大限度地提高仓库储存能力和作业能力,降低各项仓储作业费用,更有效地发挥仓库在物流过程中的作用。

仓库库区的总体设计是仓储业务和仓库管理的需要,其合理性直接影响着仓库各项工作的效率和储存物品的安全,以及仓库储存保管作用的发挥。

对仓库规模的总体设计应该满足以下条件:

(1)方便仓库作业并能保证物品的储存安全;

(2)最大限度地利用仓库面积,减少用地;

(3)符合安全保卫和消防工作的要求;

(4)防止重复装卸、搬运、迂回运输,避免交通阻塞;

(5)有利于充分利用仓库设施和机械设备;

(6)结合仓库当前需要和长远规划,有利于将来仓库的扩建等。

关于仓库规模的确定问题,主要根据储存物品的性能、物品数量与仓库容量之间的比例关系等来确定仓库规模。

(三)仓库规划数据要求

1. 仓库面积

专业的现代物流仓库建筑面积大多数不小于 10 000 m^2,大部分仓库应该采用矩形形状,这样更有利于提高仓储作业和配送作业的效率。

2. 容积率

物流地产商还需要格外注意的是,某些城市规定如果仓库层高超过 6 m 的话,在计算容积率时该层建筑面积需要加倍计算,具体折算倍数不同城市各不相同。

3. 仓库高度

不同类型仓库的层数或高度要求是不一样的。

立体仓库:一般是较高的,其高度一般在 5 m 以上,最高达到 40 m,常见的立体仓库的高度在 7~25 m 之间。

仓库跨度宜为 20~30 m,柱距宜为 9~12 m。仓库地板承载力一般不宜小于 3 t/m^2,仓库地板厚度不宜小于 15.2 cm。

4. 装卸平台

仓库装卸平台的高,一般宜为 1~1.4 m,库外装卸作业平台的宽度宜不小于 4.5 m。当站台登车桥不设在库门时,库外装卸作业平台的宽度宜不小于 5 m。有些仓库每隔约 300 m^2 就会配置一个装卸平台,有些仓库可能每隔 1500 m^2 才会配置一个装卸平台。事实上装卸平台的配置比例应该随着仓库用途和承租人数量的不同而不同。仓库装卸设备如图 4-1 所示。

冷藏和冷冻仓库,为了保证储存货物的质量,一般都需要使用内部装卸平台。

图 4-1　仓库装卸设备

5. 仓库库门

一般来说，每 10 000 m^2 仓库需要配置不少于 6 扇库门，库门的宽度不小于 2.75 m，高度不小于 3.5 m。

6. 仓库雨棚

一般来说，仓库雨棚的有效宽度应不小于 2.5 m，距离地面净高宜不小于 5 m。

(四)仓库规划设计原则

仓库规划的时候要遵守以下原则，这样才能将仓库的作用发挥到极致。

1. 空间利用率最大

仓库规划最主要的原则就是最大限度地利用平面空间与立体空间，在保障作业的效能、安全的前提下尽可能多地规划储位，如：安装高位货架、楼层货架等。

2. 操作效能最高

仓库规划要考虑如何提升现场作业的效率，保持系统操作与现场作业的一致性、便捷性，实现一次性作业，减少装卸搬运次数，缩短搬运作业距离。

3. 仓库安全性最佳

仓库规划要考虑仓库消防、商品存储、库内作业等方面的安全因素，如：卸货保护、人机分流、安全警示物等。

4. 规划成本最省

仓库规划要因地制宜，充分利用现有资源和外部条件，依据仓库的规划设计要求和商品的储存属性，最大限度地节省仓库规划成本，如：电、水、网、供暖、消防、升降台成本等。

5. 流程标准最专业

仓库规划要充分考虑库内作业流程、存储标准、堆码规则，减免日后仓库标准化建设的工作量，提升仓库作业效能与可视化管理水平。

6. 柔性发展最优

仓库规划还要保留一定的柔性发展空间，日后可根据业务量变化与经营模式的改变而迅速调整、适用，既节省成本，又保障业务发展。

（五）仓库规划安全要求

1. 消防安全设备

仓库配置的消防设备要符合消防、安监部门的要求，如配置喷淋装置、消防栓、灭火器、消防站等。

2. 资质安全管控

入库商品必须具备相关质量安全的报告与认证，如：商品质量报告、流通检疫报告、进出口报告等。

3. 存储安全要求

保障库内存储商品的安全管理，如：存储条件、堆码要求、效期监控以及库内加工包装安全。

4. 作业安全要求

做好仓库所有收发存作业安全管理，如：装卸、搬运、机械、设备、防护等安全管理。

（六）仓库空间规划

1. 仓库空间概述

传统的商贸企业仓储管理环节，常常把库存货物放在离进货到达地点最近的可用空间里，不去考虑商品动态变化的需求或客户订货需求模式，没有合理规划，采用一直以来的习惯和经验去堆放，这样一来就容易造成流程速度慢、效率低以及仓库利用不足等问题。

仓库利用不足包括面积和容积利用不足，造成企业资源浪费，增加仓储成本。仓库面积利用率是仓库可利用面积与仓库建筑总面积的比值，容积利用率是库存商品实际数量或容积与仓库应存数量或容积的比值。它们都是衡量仓库利用程度的重要指标，也是反映仓库管理工作水平的主要经济指标，为分析仓库的实际利用率、挖掘仓库潜能以储存更多商品提供了依据。

在仓库面积中，首先要明确几个概念：

(1)仓库总面积。

不考虑是否可用，从库房内墙起丈量得到的面积是仓库总面积，即库房长乘以宽。

(2)仓库可用面积。

在总面积的基础上减去立柱、楼梯、隔断等物体所占的面积，剩下的才是仓库可用面积。

(3)实际使用面积。

在实际使用时，需要预留过道等作业区域，商品货架或货垛实际占用的面积为实际使用面积。

所以要想仓库实际使用面积达到最优，就必须合理规划整个库房的货架、货垛的数量和位置，以及过道的尺寸，还有其他工作区域（验货区、打包区、装卸区等）的位置和大小。如果没有货架，那么货物码放要根据货物的包装、外形、性质、特点、重量和数量，甚至是温度、储存时长等情况，按一定的规律堆成各种形状的货垛。

2. 提升仓库利用率

经销商如果没有使用仓库管理系统，那么可以采用以下三种提升仓库利用率的办法。

(1)合理利用空间。

首先是平面面积利用，规划好货架或是货垛的大小与数量、相互之间的过道尺寸最小值，也不要过度追求货物放得多而挤压过道宽度，影响拣货员行动。

然后是垂直空间利用，立体仓库的利用率远远大于普通的单层仓库，经销商要充分合理利用库房高度。使用货架时，整件与散件可以很好地区分，如果没有货架，货物是直接堆放的，那么重量大的货应该放在最下面，小包装散件应该放到上面去，这样拿起来更方便。

(2)合理规划货位。

企业要想科学合理地提升仓库利用率，货位规划是不可缺少的重要环节，也是最大利用空间的一种重要手段。

这里的货位规划不仅仅是规划商品堆放位置，更有区域划分的意思，包括哪些商品放在哪些位置、放多少个，堆叠方式，货物标识和货物设定等项目。

(3)保证货物先进先出。

仓库利用率大小还跟商品库存是否有积压息息相关，仓库内会因为一些原因而积压大量的滞销货物，从而降低了仓库空间的利用率，因此要保证商品快速周转，方法之一就是先进先出。

货物在摆放时要符合先进先出的原则，企业应该根据仓库布局来安排以实现商品快速周转，比如货物最好放成两排，两边都可以卸货，这就能做到先进先出了。需要注意的是堆放货物要留好进出通道，才能加快在货物流转过程中的速度。

除此以外，仓库的工作人员也要加强专业知识培训，提高工作效率，采购、销售、库管各个环节需协同作业才能保证仓库得到最大化利用。

但是随着智能化、数字化软件越来越多地渗透到传统企业中，在系统化仓库管理面前，传统的仓库管理方式就相形见绌了。

3. 仓库区域空间规划

在提升仓库利用率方面，主要从仓库空间规划入手，云进销存 ERP 软件为企业仓库的规划提供了库区、通道、工作区、商品货位设计等环节的设定方案。

(1)库区。

按企业实际的场地规划把仓库的物理空间分为不同区域，比如按区域功能分为退货区域、残次区域、存储区域、拣货区域，在这些区域内放置对应商品的货架，便于把仓库内的空间划分为多个更小空间的库区，充分利用每一片区域。(见图 4-2)

(2)通道。

通道即为拣货员进行拣货作业或拣货装备取货时留出的可行动空间，根据库区与库区、货架与货架之间的距离进行计算后，留取最优宽度，既能保证人员畅通无阻，又能最大化利用面积。(见图 4-3)

(3)工作区。

工作区是对在库区的通道中工作的拣货员设定的工作范围。系统自动按照一定的规则，把拣货单安排给对应工作区的拣货员处理，避免造成人员作业时的拥堵。(见图 4-4)

(4)商品货位。

仓库规划系统自动生成标准的商品货位，货位编号包含了区域、货架、层数和具体位置等

图 4-2 仓库库区

图 4-3 仓库通道

图 4-4 仓库工作区

信息。货位管理不仅能帮助库管员有效管理商品的摆放，提升仓库利用率，更能提升拣货员的拣货效率。（见图 4-5）

图 4-5 仓库货位

除此之外，系统内的先进先出、保质期管理、库存预警等功能，都能保证库存商品数量处在一个合理的区间，不会发生库存积压和缺货等情况，有助于提高商品周转速度，进一步提升仓储利用率。

二、仓库布局设计

为了便于仓库的作业管理，提高仓库的营运效率和营运效益，如何在仓库内进行设备、物品和人员办公的合理布局，对多数企业来讲，这是个不易解决的问题。

(一)仓库平面布置

仓库平面布置指对仓库的各个部分——存货区、入库检验区、理货区、流通加工区、配送备货区、通道以及辅助作业区在规定范围内进行全面合理的安排。仓库平面布置的合理程度，将对仓储作业的效率、储存质量、储存成本和仓库盈利目标的实现产生很大影响。

影响仓库平面布置的因素主要有以下几个方面。

1. 仓库的专业化程度

仓库专业化程度主要与库存物品的种类有关。库存物品种类越多，仓库的专业化程度越低，仓库平面布置的难度越大；反之难度越小。储存物品种类越多，各种物品的理化性质就会有所不同，所要求的储存保管保养方法及装卸搬运方法也将有所不同，因此，在进行平面布置时，必须考虑不同的作业要求。

2. 仓库的规模和功能

仓库的规模越大、功能越多，则需要的设施设备就越多，设施设备之间的配套衔接成为平面布置中的重要问题，增加了布置的难度；反之则简单。

(二)仓库平面布置的要求

仓库内部场所平面布置要求如下。

1. 适应储运生产流程，有利于仓储企业生产的正常进行

(1)单一的物流方向。仓库内商品的卸车、验收、存放地点之间的安排，必须适应仓储生产流程，按一个方向流动。在配置库房、货场、铁路专用线和通路位置时也应服从这一原则。

(2)最短的运距。应尽量减少储存商品在库内的搬运距离，避免迂回运输，专用线的布置应在库区中部，并根据作业方式、仓储商品品种、地理条件等，合理安排库房、专用线与主干道的相对位置。

(3)最少的装卸环节。减少在库商品的装卸搬运次数和环节，商品的卸车、验收、堆码作业最好一次完成。

(4)最大限度地利用空间。仓库总平面布置是立体设计，应有利于商品的合理存储和充分利用库容。

2. 要能够提高仓储经济效益

(1)要因地制宜，充分考虑地形、选址条件，满足商品运输和存放的要求，并能保证仓库充分利用。

(2)平面布置应与竖向布置相适应。所谓竖向布置，是指建设场地平面布局中每个因素，如库房、货场、专用线通道、道路、排水设施、供电设施、站台等在地面标高线上的相对位置，既应满足储运生产的需要，有利于排水，又要充分利用原有地形。

(3)总平面布置应能充分、合理地使用机械化设备。我国目前普遍使用门式、桥式起重机一类的固定设备，应合理配置这类设备的数量和位置，并注意与其他设备的配套，便于开展机械化作业。

3. 要保证安全生产和文明生产

(1)库内各区域间、各建筑间应根据建筑设计防火规范的有关规定留有一定的防火距离，并有防火、防盗等安全设施。

(2)总平面布置应符合卫生和环境要求，既满足库房的通风、日照等条件，又要考虑环境绿化、文明生产，有利于职工身体健康。

(三)仓库平面布局类型

1. U 线型

可以根据进出货频率大小，将流量大的物品安排在靠近进出口的储存区域，缩短这些物品的拣货、搬运路线。U 线型布局适用于有大量物品需要一入库就进行出库操作的企业，有利于提高作业效率。另外储存区在靠里位置，比较集中，易于控制与进行安全防范。这是仓储业较多采用的布局。

2. 直线型

直线型布局的特点是无论订单大小与拣货品项多少，均需要通过仓库全程，适合用于作业流程简单、规模较小的物流作业。直线型布局可以应对进出货高峰同时出现的情况。

3. T 线型

T 线型布局可以满足物品流转与储存两大功能，可以根据需求增加储存面积。

(四)仓库布局设计原则

1. 仓库整体设计原则

(1)尽可能采用单层，因为这样不仅造价低，而且资产的平均利用率高。

(2)使货物在出入仓库时直接流动，以避免逆向操作和低效运作。

（3）采用高效的物料搬运设备和操作流程。

（4）在仓库里采用有效的存储计划，能最大限度地进行仓库操作和避免低效率运作。简单地说，在对所储存货物提供足够的便利和保护的同时，要尽量充分利用已有的空间。

（5）在物料搬运设备大小、类型、转弯半径的限制下，尽量减少过道所占的空间，还必须考虑到产品所造成的一些限制条件。

（6）尽量利用仓库的高度，也就是说，有效地利用仓库的容积，因为利用高度的成本只相当于建造水平方向等容量存储空间费用的1/5。

2. 单层仓库平面布置原则

（1）大件、周转量大、出入库频繁以及重的物品，宜靠近出入口布置，以缩短搬运距离，提高出入库效率。

（2）易燃的物品，应尽量靠外面布置，以便管理。

（3）要考虑充分利用面积和空间，使布置紧凑。

（4）有吊车的仓库，汽车入库的运输通道最好布置在仓库的横向方向，以减少辅助面积，提高仓库利用率。

（5）仓库内部主要运输通道一般采用双行道。

（6）仓库出入口附近，一般应留有收发作业用的区域。

（7）仓库内设置管理室及生活间时，应该用墙与库房隔开，其位置应靠近道路一侧的入口处。

3. 多层仓库平面布置原则

多层仓库平面布置除必须符合单层仓库布置原则外，还必须满足下列要求：

（1）多层仓库最大占地面积、防火隔间面积、层数，根据储存物品类别和建筑耐火等级遵照现行建筑设计防火规范来确定。

（2）一座多层库房占地面积小于300 m^2 时，可设一个疏散楼梯；面积小于100 m^2 的防火隔间，可设置一个门。

（3）多层仓库建筑高度超过24 m时，应按高层库房布置。

（4）多层仓库存放物品时遵守上轻下重的物品放置原则，周转快的物品分布在低层。

（5）当设地下室时，地下室净空高度不宜小于2.2 m。

三、仓库规划设计目标

（一）加强库房建设，防止失窃

仓库的环境较为昏暗，推荐选择红外摄像机，外加硬盘录像的监控系统。如果环境较好的话，可以选择网络高清摄像机，这种效果会更清楚。（见图4-6）

（二）做到一物一码

一物一码，保证有迹可循。在仓库管理中，会遇到有同事、上级来借货的情况，在规定时间内，难免会有借用者没有按时归还的现象，但当后期盘点时，出现货品丢失，需要承担责任的人是库管员。因此，可以在每张库存卡上贴一张专有的条形码和二维码，进出货时，库管员打开手机对准二维码扫一扫，直接记录进出货数据（如备注：借用原因、借出时间、多久归还等）；后期盘点检查时，检查人员打开手机对准条形码扫一扫，便可清楚地了解到货物的具体去向。（见图4-7）

图 4-6　仓库库房

图 4-7　出入库流水账页面

(三)便于梳理业务资料

为了规范业务流程,可以把平常的项目计划、个人周报、会议纪要、产品说明、公司制度、业务规范等多个方面的内容存集于知识库。可以通过知识库梳理业务资料,沉淀业务知识,从而让团队的业务能力更进一步。简道云软件可实现知识库功能,如图 4-8 所示。

(四)规范台账管理,优化库存结构

可以利用前文提到的一物一码对已入库的物品,进行台账核对。增加存放地点、物资用途和物资编码等信息,确保台账和实物相符。这样可以为后续的物资采购、物资调拨等提供有力的解决方案。货品信息在系统中的显示如图 4-9 所示。

四、仓库规划设计的逻辑

仓库规划包含库址选择、库内整体布局、库内储存空间布局和作业流程规划等方面,它是物流规划中的一个重要模块。在作业效率、操作便利性和数据准确性、货物保管质量、未来功能等诸多方面,它都起到基础性的作用。虽然不同行业、不同企业有不同的仓库规划方法,但

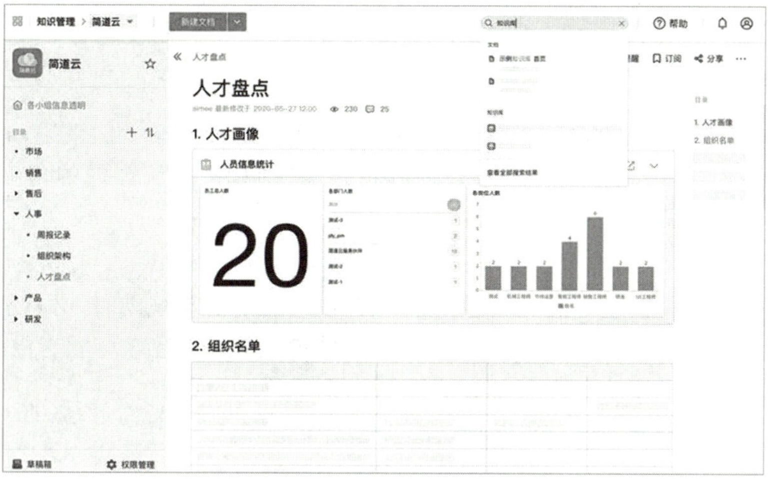

图 4-8　简道云软件截图

图 4-9　货品信息页面

整体的逻辑思路基本上是相通的。

在仓库规划中既要关注细节，同时也要更加注意顶层设计。仓库是物流中的一个战略节点，仓库规划的局限性会影响到整个物流系统的全局性。仓库规划设计的逻辑可以从以下几个方面来了解。

（一）认识，从供应链全局看仓储

对仓储进行规划，从专业的规划角度出发，首先还是要从供应链的角度看，可以把供应链的结构当作一个理解事物的工具，理解将要规划的仓储是处在一个什么环境中。从这样的视角去规划所带来的好处如下。

1. 更加具有前瞻性

纵观全局有助于更加清晰地理解所规划的节点在当前应该解决什么问题，可能出现什么风险，在未来可能会发生什么样的演变，帮助客户从专业和更为宏观的角度去审视和理解将要陈述的方案。

2. 定位清晰

不同的仓储节点功能下的规划，所规划的要素参数一定不同。举例来说，原料仓和成品仓中，流程要素大多一样，但是作业方式和效果可能完全不同，所以从全局的角度把仓储定位搞清楚，规避可能出现的偏差。

3. 架构清晰

物流活动是由供应链（企业运营）而触发，那么在对当前活动规划时，必然需要了解触发的原因，用技术化的语言来说，就是要做好接口，将仓储模块化，当上游发生变化的时候，仓储这个模块，或者仓储里的子模块可以很好地去调整内部结构和过程。

（二）理解，存储对象的特征分析

深刻理解仓储中的对象，核心对象主要是存储的物料。仓库中的物料很多，有的会有数万种 SKU，那么就得进行分类。分类方式有很多，可以按品类，也可以按管理方式。总之，具体问题具体分析，最终在于理解仓储中的对象特征，才能进行最合理的规划。理解对象可以参考以下几个方面。

1. 从物料物理属性分析

分析物料的物理属性是对存储对象最基础性的认识，分析存储对象的外形特征、长、宽和高等，便于容器和货位尺寸的规划；梳理存储对象的存放要求，比如温度要求、通风要求、消防要求、摆放要求等。从不同的行业看，零售、化工、汽车、医药等不同行业的物料在某个仓库里存储和分拣，因此对于物料物理属性的分析是首要的，也是必不可少的，这个过程也可以看成是对静态环境的分析。

2. 从数据分析

对仓储对象进行数据分析是另一个重要的分析环节，最通用的分析方式就是 EIQ 分析法，基于前面的物料分类，然后对其按订单等多维度进行分析，找出分类对象在动态环境中的特征。物料的进出作业可能存在季节性，存在高频次和低频次，每天也存在多个波次。

数据特征分析的方法，根据仓储规划的需要，可以大致分为两种类型，一种是对数据做一些简单的处理来寻找特征，比如找到出入库数据的峰值、谷值、平均值或是一些表现频次的数据等。另一种是用于仿真模型输入的分布函数，通常是通过概率统计得出的，找到其发生的概率来进行模拟，评估所设计的方案是否可行。

3. 从过程运作流程分析

在仓储规划中，对流程的分析或配置是串连整个仓储活动最重要的步骤之一，为了对仓储流程分析得更清晰，可以构造一个流程的模型，分为多层级。第一层级是最主要的几个活动，比如入库、理货、上架、分拣等；第二层级就可以按对象进行细分，不同的物料对象分类下可能会用到不同的流程或活动，比如有的物料只用一次分拣，有的需要二次分拣，有的甚至是越库操作，所以要按具体活动分清楚。越是精细化的仓储，生产力评估就越要进行细分，因为每一个活动都会用到资源，产生成本。

（三）改造，核心设计仓储布局

前面的分析最终都会在仓储布局上进行直观的体现，仓储布局实际是对仓储内的所有对象进行重组，只是精细程度不同。

如果只是到大的功能区，那么可以将功能区作为对象进行拆分，通常主要功能区和次要功能区加在一起一共会有 10～20 个功能区（同类功能区可能会有多个分区），将这些功能区按一定的逻辑进行布置（比如用 SLP 的方法）就可以完成简单的仓储布局。笔者认为简单的应用 SLP 的布局方法对于仓储布局来说是不够的，至少还需要在上面增加逻辑结构。

如果需要做精细化的仓储布局，甚至要进行货位详细设计，会更复杂。随着技术的发展，笔者认为更多的仓储会通过智能化的调度来实现仓储作业，这样的仓储的布局会更加灵活，完全颠覆之前的布局方法。如果仓储布局里面对象拆分得越细，要求的效率越高，那么随机存储、货到人拣选这样的智能化方式会广泛应用，这样布局的方法会更多地使用启发式的算法来寻优解决。当然，当前大多数的布局方法还是比较粗放，但也需要理解如何进行更加精细和有效的布局。

（四）评估，系统评价

系统性评估是仓储规划的一个非常重要的步骤，这里需要系统看待仓储规划，也只有把仓储作为一个系统，才能更好地解释仓储规划的所有逻辑。从排队论的角度看仓储系统中的作业流程，把流程作业中人、设备、功能区等看成是服务台，仓储中需要处理的货物形成队列，将服务台串联，上一个流程完成的作业量，到下一个流程又形成了新的队列，那么这就是系统，有输入也有输出。通过仿真模拟作业过程中人、设施、设备的资源利用率，也就是忙闲程度，这样就可以从仿真的角度对所规划的仓储系统进行生产力评估。

在进行系统评估时可以根据具体需要评估的内容选择指标，完整的仓储评估指标会有上百个，不一定每个规划中都要关注所有的内容，要根据运作环境、功能需求等方面的具体情况来构建需要评估的指标体系。

（五）实施，运作支持

仓储规划最后肯定是需要落地实施的，所以还需要考虑操作中所需要的设备配置和信息化需求以及对于该仓库需要用什么样的建筑条件来匹配。在规划中将流程进行细分，设备和信息化都按照流程中的操作需求进行匹配，并在系统评估的时候选出最佳方案。

1. 设备配置

在仓储规划的模型中将仓储流程进行细分后，每一步操作都会按照流程活动进行。从系统模型的角度看，设备的操作无非是在处理数据，这个数据可以是“托”，也可以是“方”或是其他的物流单位。设备根据规划的需求配置，有的规划有明确的预算，那把预算作为约束，来进行最优化配置；如果仓储追求示范效应，那么可以参考智能化的标准在合理范围内进行配置。总之，要根据作业要求、高效的运作、合理的成本来对设备的配置进行约束，追求用科学的方式来配置设备。

2. 信息化需求

信息化需求也是仓储规划中的必备要素，现在大多数的仓储都有信息化工具，只是工具的功能是不是更加的方便和符合信息化需求。随着现在数字化供应链的推广，对于仓储的信息化要求也越来越高，不论是上下游模块间的对接，还是数字化决策支持，以及可视化管理方面都在不断迭代。

因此从仓储流程中的实际需求为出发点，考虑整个仓储的功能定位，首先要对信息化需求做一个完整的架构，如覆盖哪些模块，交付哪些数据，达到什么样的管理要求；然后再对功能进行配置，与业务场景结合，这样才能实现一个既实用又具有扩展性和战略性考虑的信息化建设。

3. 仓库建筑设计

有的仓储规划是先有了仓库再进行规划，有的是先考虑物流再进行仓库建设，当然最好是按后者的方式进行，因为从建筑的角度看，在一定的参数范围内进行设计和实施都是可行的，但是最后选择的参数对于仓储作业来说不一定是最合理的。越是复杂的仓储环境越需要优先考虑物流作业要求。在通过充分的仓储规划后，出具仓储功能区与设备的布局图纸，然后建筑设计院在此基础上进行建筑设计，如果有相冲突的地方再协商调整。

五、ABC 规划分类法

（一）ABC 分类法的含义

仓库的规划设计基于历史基础数据、存储条件、流程模式、建筑结构、硬件参数等因素，可以使用 ABC 分类方法进行设计、规划。

ABC 分类法（activity based classification），全称应为 ABC 分类库存控制法，又称帕累托分析法、柏拉图分析、主次因分析法 、ABC 分析法、分类管理法、物资重点管理法、ABC 管理法、ABC 管理等。

ABC 分析法是指将库存物资按照重要程度分为特别重要物资（A 类物资）、一般重要物资（B 类物资）和不重要物资（C 类物资）三个等级，对不同类型的物资进行分类管理和控制的方法。ABC 分析法是帕累托理论在物流管理领域中的应用。（见图 4-10）

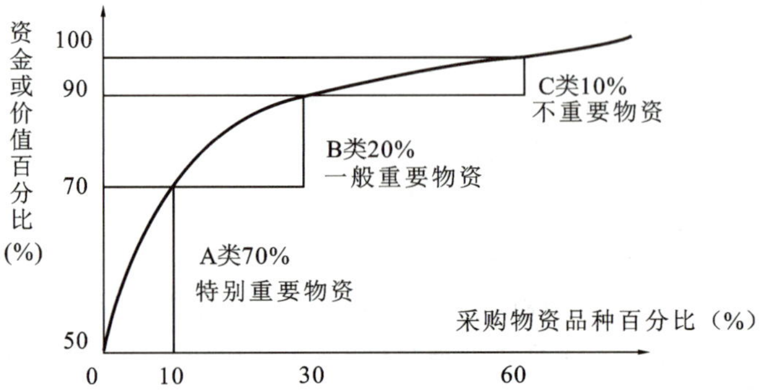

图 4-10　ABC 分类示意图

在 19 世纪，意大利经济学家维尔弗雷多·帕累托在一项对米兰财富分布的研究中，发现 20%的人控制了 80%的财富，而 80%的人却只占有 20%的财富，他将这一关系用图表的方式表示出来，这就是著名的帕累托定理。该定理的核心思想就是决定一个事物的众多因素中，少数因素对事物具有决定性作用，而多数属于对事物影响较小的次要因素。1951 年，管理学家戴克将其应用在库存管理中，命名为 ABC 分析法。后来，朱兰将其引入到质量管理，用于质量分析，被称为排序图。到了 1963 年，管理大师德鲁克将 ABC 分类法推广到全社会，使其成为普遍使用的管理方法。

(二)ABC 分类法的应用

ABC 分类法是由意大利经济学家维尔弗雷多·帕累托首创的。ABC 分类法是储存管理中常用的分析方法,也是经济工作中一种基本工作方法。

ABC 分类法的应用,在储存管理中比较容易地取得以下成效:

(1)压缩了总库存量;

(2)解放了被占压的资金;

(3)使库存结构合理化;

(4)节约了管理力量。

(三)ABC 商品解析

库存管理 ABC 分析法的应用,主要是将企业的全部存货分为 A、B、C 三类来管理,那么,A、B、C 各代表什么呢?

1. A 类商品

A 类商品是周转率高且体积较大的商品,存放在临近发货主通道的库存区域。

2. B 类商品

B 类商品是周转率为均值的商品,临近 A 类商品设置存放区域。

3. C 类商品

C 类商品是品种繁多、周转率不高的商品,可以设置在距离出货口或主通道较远的存放区域;但是,一些特殊类别产品要特殊设置存放区域,如:高价值产品、临时性产品等。

(四)ABC 法则与效率

面对纷繁杂乱的处理对象,如果分不清主次,可想而知,其效率和效益是不可能高起来的。而分清主次,抓住主要的对象,却可以事半功倍。比如,在库存管理中,ABC 法则的运用就可以使工作效率和效益大大提高。

在一个大型公司中,库存存货的种类通常会很多,动则就可能是十几万种甚至几十万种。若在管理工作中不能分清主次,则可能出现混乱,进而造成重大损失:

(1)盘点清查非常困难,而且难以确保准确性。对于非重要的材料,比如低值易耗品,可能影响还不大,但对于重要材料,例如产品关键部件,如果计数错误,却可能导致缺料,生产自然也就不可避免地受到影响,进而不能满足市场需求,丧失市场机会,失去客户。

(2)存量控制困难。重要材料的存量应该作为重点监控,确保不断料又不积压;非重要材料由于其重要性不高和资金占用量小,则可以按一定的估计量备货。如果实行一把抓式的管理,就可能将目光集中在大量非重要材料上,而疏忽了对重要材料的控制。

在日常事务的处理上,ABC 法则的效率和高回报也是显著的。面对众多的问题,如果进行 ABC 分类,然后处理主要问题,次要的和不重要的问题常常也会迎刃而解。

(五)ABC 分类的方法

处理对象可以分为两类,一类是可以量化的,一类是不能量化的。对于不能量化的,通常只有凭经验判断处理。对于能够量化的,分类就要容易得多,而且更为科学。下面以库存管理为例来说明如何进行分类。

(1)计算每一种材料的金额。

(2)将金额由大到小排序并列成表格。

(3)计算每一种材料金额占库存总金额的比率。

(4)计算累计比率。

(5)分类。累计比率在0%～70%之间的,为最重要的A类材料;累计比率在70%～90%之间的,为次重要的B类材料;累计比率在90%～100%之间的,为不重要的C类材料。

(六)ABC分类法的步骤

1. 收集数据

按分析对象和分析内容,收集有关数据。例如,打算分析产品成本,则应收集产品成本因素、产品成本构成等方面的数据;打算分析针对某一系统的价值工程,则应收集系统中各局部功能、各局部成本等数据;打算分析铁路安全,则应搜集影响铁路安全的因素、铁路相关人员的素质情况等方面的数据。

2. 处理数据

对收集来的数据资料进行整理,按要求计算和汇总。

3. 确定分类

按ABC分析表,根据累计品目百分数和平均资金占用额累计百分数确定分类。

任务二　仓库规划数据分析

一、仓库规划数据化

(一)仓库规划数据化现状

仓库数据化技术是一门非常现代化的技术,该技术弥补了信息资源的不足,使数据的呈现更加宏观、客观、完整,自成体系。仓库数据化技术能对大量烦琐的数据进行处理,在统计领域应用范围颇广,提升了统计效率。尤其是近些年以来,国内经济的高度发展对仓库数据化技术提出了更高的要求。(见图4-11)

随着国内经济建设事业的持续开展,统计行业已经成立了完整的以周期性普查为核心目的,以经常性地抽样调查为主要项目,以重点调查、科学估算等为补充形式的仓库统计系统,仓库数据化技术以规模性的模式出现,从根本上反映了经济形势的状况。

这些统计信息具有科学性、权威性、连续性和实时性等特质,不仅仅是国企和事业单位整体管理、有效决策的凭证,同时也是社会民营企业了解经济信息、社会国情的主要信息来源。对于这些海量数据进行筛选、开发,甄别、分析,构建科学的数据统计应用机制,提取出有用的统计数据,对社会经济发展规律和运行模式展开分析调控,在此基础上提升行业统计效果,可以推动信息化建设工作的有效开展。仓库数据化技术迎合了时代科技发展的需求,为统计数据的有效获取提供了科学的理论和指导方案。

(二)仓库数据分析维度

数据分析是仓库规划设计的前提工作。仓库规划设计只有基于全面而准确的数据分析,

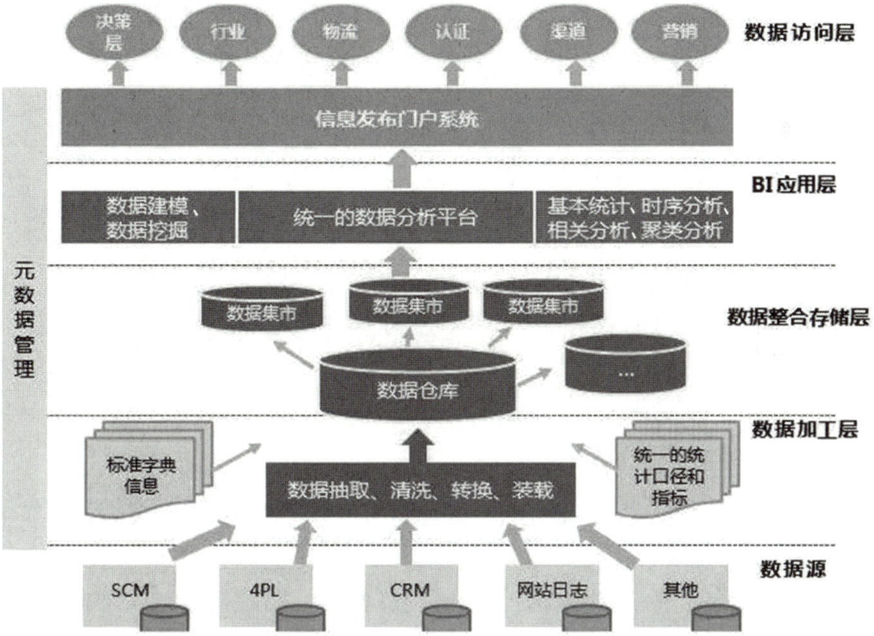

图 4-11 仓库数据化示意图

才有可能成功。对仓库的数据进行分析的目的是更好地认清产品的特性，明确企业的要求，为以后的规划设计提供数据支持。

数据分析的维度有产品分析、数量分析、流量分析和时间分析。

1. 产品分析

产品分析主要涉及对产品种类和订单件数的分析，其目的是对产品进行分组，使得在仓库布局时，能够将拥有共同特性的物品归类存放，以便存取和管理。

比如针对服装电商仓库，根据产品种类，有男装、女装、童装的分类，有内衣、外衣和箱包的分类，然后继续细分有春秋装、夏装、冬装。所以在对仓库进行规划设计时主要考虑如何对这些服装进行落位布局。

2. 数量分析

在做整体的仓储规划前，需要采集一段时间的关键数据，比如商品信息、日均单量、作业效率、库存存量等。通过对订单件数的分析，分析订单的出货特点和业务规律从而初步判断出所需仓库的规模、仓库类型、货架的类型和数量、设备和包材的选择以及人员的配置和业务流程等。

3. 流量分析

要分析日常的数据和大促活动时的数据，从而综合考虑各项数据来创建仓储模型。流量分析主要涉及对物品的需要总量和订单总量的分布的分析，其目的是确定仓储面积和设施设备的数目。

4. 时间分析

以某头部服装电商数据为例，其每天的出库订单为 1 万～1.2 万单，每单为 1～2 件，所以每天的发货件数为1万～2.4万件。在进行仓储能力规划时，应使其库存能够满足每天最大的发货件数——2.4万。而由于外衣的季节性特点，在不同的季节仓库接收的纸箱数也将是不同的。在冬天，较小的纸箱包装能力将会使得仓库要处理的纸箱量急剧增加，这要求仓库的入库分拣能力相应地提高。

二、数据仓库

（一）数据仓库的定义

数据仓库是人类自行设想出来的，为了迎合市场需求所设立起来的统计分析数据库平台。数据库平台中的数据来源于联机事务处理系统、异构外部数据源和脱机历史业务数据等，这一平台属于一整套完整的联机系统，专门为了数据分析、统计等而设置出来的，可以为相关机构提供决策支持、联机分析等。人们通常把这样的数据平台称为数据仓库。

（二）数据仓库的优势

数据仓库是一个面向主题的、集成的、相对稳定的和反映历史变化的数据集合。

1. 面向主题

数据仓库会规划各种业务主题，所以需要理解各大主题的范畴以及之间的关系，这样就了解了数仓的基本架构。

2. 集成

数据仓库的数据来自各个业务系统数据或者外部爬取数据，所以需要知道每个数据仓库的模型字段都是来自哪个源，这样就能快速全面地了解相关业务。

3. 相对稳定

数据仓库的数据一般不会实时变化，如果发现某一个月度数据不对，就可能需要重新汇总历史月份每天的数据。

（三）传统数据仓库问题

把规模性的业务数据在分析、统计、决策等过程中加以应用是一套非常必要的设计程序，但是落实到实际的操作依然存在着诸多问题。在实施的过程中人们发现获取有用信息的难度非常大，传统数据仓库主要有如下几个方面的问题：

(1)所有联机事务信息应用程序把密集的数据更新处理放在了工作的核心地位，同时数据系统可靠性也被提上了研究日程。但是在实际工作过程中，传统数据仓库对于数据的使用效率，譬如数据查询是否方便快捷这个问题，并不关注。不同的联机分析以及事务处理过程对于系统的要求不同，即使是相同的数据库在理论实施的过程中也存在缺陷。

(2)一般情形下，业务数据都在较为分散的异构环境中进行保存和运作，这样的工作条件下不便于用户的访问和查询，而且规模性的历史数据处于脱机状态，不能在实践中被提取出来投入有效应用的进程中。

(3)业务数据体系的建立主要是面向事务处理机构而设计出来的，传统的数据产生形式以及数据走向流程不适宜于非专业领域的业务分析和查询。

上述问题亟待解决，只有建立一个综合性的便于分析的环境结构，有效地支持决策分析过程，从而构建统一科学的数据仓库技术，才可以摒弃传统的处理方式，建立新型的、行之有效的结构和系统，使单一的数据库为结构的数据环境向多元化的环境结构方向转变。

（四）数据仓库的体系结构

数据仓库系统通常是对多个异构数据源的有效集成，集成后按照主题进行重组，包含历史数据；存放在数据仓库中的数据通常不再修改，用于做进一步的分析型数据处理；数据仓库系统的建立和开发是以企事业单位的现有业务系统和大量业务数据的积累为基础的；数据仓库不是一个静态的概念，只有把信息适时交给需要这些信息的使用者，供他们做出改善业务经营的决策，信息才能发挥作用，信息才有意义，因此，把信息加以整理和重组，并及时提供给相应的管理决策人员是数据仓库的根本任务；数据仓库的开发是全生命周期的，通常是一个循环迭代的开发过程。

一个典型的数据仓库系统通常包含数据源、数据存储和管理、OLAP 服务器以及前端工具与应用四个部分。

1. 数据源

数据源是数据仓库系统的基础，即系统的数据来源，通常包含企业或事业单位的各种内部信息和外部信息。内部信息，例如存于操作型数据库中的各种业务数据和办公自动化系统中包含的各类文档数据；外部数据，例如各类法律法规、市场信息、竞争对手的信息以及各类外部统计数据及其他有关文档等。

2. 数据的存储与管理

数据的存储与管理是整个数据仓库系统的核心。在现有各业务系统的基础上，对数据进行抽取、清理、并有效集成，按照主题进行重新组织，最终确定数据仓库的物理存储结构，同时组织存储数据仓库的元数据，包括数据仓库的数据字典、记录系统定义、数据转换规则、数据加载频率以及业务规则等信息。

按照数据的覆盖范围和存储规模，数据仓库可以分为企业级数据仓库和部门级数据仓库；对数据仓库系统的管理也就是对其相应的数据库系统的管理，通常包括数据的安全管理、归档、备份、维护和恢复等工作。

3. OLAP 服务器

OLAP 服务器对需要分析的数据按照多维数据模型进行重组，以支持用户随时从多角度、多层次来分析数据，发现数据规律与趋势。

OLAP 服务器通常有如下 3 种实现方式：

（1）ROLAP 基本数据和聚合数据均存放在 RDBMS 之中；

（2）MOLAP 基本数据和聚合数据存放于多维数据集中；

（3）HOLAP 是 ROLAP 与 MOLAP 的综合，基本数据存放于 RDBMS 之中，聚合数据存放于多维数据集中。

4. 前端工具与应用

前端工具与应用主要包括各种数据分析工具、报表工具、查询工具、数据挖掘工具以及各种基于数据仓库或数据集市开发的应用；其中，数据分析工具主要针对 OLAP 服务器；报表工具、数据挖掘工具既可以用于数据仓库，也可针对 OLAP 服务器。

数据仓库系统的体系结构根据应用需求的不同，可以分为以下 4 种类型：

（1）两层架构（generic two-level architecture）；

(2)独立型数据集市(independent data mart);

(3)依赖型数据集市和操作型数据存储(dependent data mart and operational data store);

(4)逻辑型数据集市和实时数据仓库(logical data mart and real-time data warehouse)。

(五)数据仓库技术在统计系统中的应用

数据仓库从建立之日起,便在市场中投入使用,在投入使用的过程中改变了统计系统内部的管理模式和应用结构,对于引入新型信息资源模式,提高业务统计能力和水准,获取市场的准入度等方面具有积极的调控作用,应用前景非常广泛。

数据仓库在统计系统中的应用前景如下所述。

1. 建立决策支持体系

构建起一套现代数据仓库决策体系,引入现代高端联机分析工具可以对统计微观数据展开深度的挖掘,提炼出社会所需要的有用信息,为规模数据的决策进程、调控进程以及规划进程提供完美的一体化服务流程。

2. 提升专业统计分析水准

信息传播力度以及质量将会影响到整个专业统计人员以及科学工作者的工作进程和效率。当数据仓库建立之后,可以引入不同类型的高端前沿专业分析工具,针对不同时期的数据进行整理、分析和加工,在此基础上提升工作人员的统计科研能力、统计分析水准。

3. 减少数据管理成本

数据仓库的鲜明特点有时效高、大容量、能实现数据的无缝对接和线性发展推广等,与此同时,数据仓库便于数据重新组合,提升空间管理效率,对于更新数据索引等过程进行了自动化处理,从而降低了统计行业的管理成本,确保了统计业务随机报表、加工整理、绘制统计图形等程序的快速完成,使统计工作迎合了市场的需求。

综上所述,数据仓库作为一种基于数据管理、应用、分析的综合性技术很强的现代科技手段,对于数据统计提供了有效的发展路径和方法,提升了专业领域的统计水准,降低了管理成本,同时也大规模缩短了开发周期,建立起一套丰富的统计信息网。随着现代数据仓库统计技术的不断完善,决策能力的大幅度提升,该项技术将大规模普及,在市场经济体系下发挥应有的作用。

(六)数据仓库使用方法

1. 了解原始数据

想要真正地理解指标,要了解原始明细数据,知道数据是哪里来的,经过了怎样维度的计算得到的。

2. 寻找“干净”数据

数据分析要求数据都是“干净”(可以作为算法特征输入)的,而构建数据仓库中的模型的数据一般都符合要求。因此,需要找到“干净”的模型。但找到“干净”的模型并不容易,需要先找到相近的数据,然后找到数据之间的纽带(关联条件),汇总数据。

3. 反馈数据

在做完整个数据分析方案后,可以分享成果,让数仓同事学习数据分析思路的同时,也可以更好地规划模型,从而进入良性循环。

任务三 仓库规划应用

一、仓库规划应用意义

现代仓储在企业发展的过程中发挥着极其重要的作用，它可以体现一个企业仓库管理的现代化水平，好的仓库规划可以提高企业整体运作速度，从而更好地服务于企业。所以，仓库规划应用是影响企业发展的关键因素之一。

二、仓库规划实际案例

为了方便读者理解仓库规划的相关知识，本书以海尔公司为例，分析海尔仓库的规划与管理流程。

（一）案例分析目的

根据仓库的基本原理及储存功能分析，对客户的需求、反映，市场的变化情况，企业的业务流程、发展模式和发展思路的创新，仓储分布的具体位置，货物的主要流量变化水平，货区货位的设置加以系统调查研究，并在现代配送管理理念的基础上提出策略。

（二）案例分析一般思路

根据市场调查和侧面观察的方法，收集相关资料进而进行案例分析。

（三）案例分析步骤

(1)初步查看海尔公司有关资料，将其与关同行业的资料进行对比，分析研究报告。

(2)进行更进一步的网络搜寻，核对其资料的真实性、客观性等。

(3)对上述所调查的资料进行深刻的研究，找出问题，解决问题实现一个量的质变。对仓库的规划设计与仓储能力进行分析，看是否能满足市场的需求。找到最符合海尔公司的仓库模型。

(4)对所核实的资料进一步有效地进行整理，完成报告，仓库优化需要考虑信息系统升级。

（四）实训内容

1. 海尔公司简介

海尔是世界白色家电第一品牌、中国最具价值品牌之一，海尔 logo 如图 4-12 所示。海尔在全球建立了 138 个制造中心，10 个研发中心，已发展成为大规模的跨国企业集团，是全球最大、最先进的冰箱制造商之一。

海尔制冷产品系统生产带动了中国冰箱、冷柜行业的发展。经过几十年的发展，海尔冰箱(见图 4-13)、冷柜已在国内市场站稳脚跟。随着海尔国际化步伐的不断迈进，海尔冰箱还在美国、意大利、巴基斯坦、突尼斯等多个国家建立了海外工厂，实现了本土化设计、生产和销售。

近年来，面对竞争激烈的制冷市场，海尔始终坚持以创国际名牌为导向的国际化战略，并将本土化设计作为拓展海外市场的突破口，取得了举世瞩目的成就。海尔利用设在世界各地

图 4-12 海尔 logo

的设计分部、设计中心为不同的消费者设计制造不同的产品，所以海尔冰箱、冷柜受到世界各地消费者的普遍欢迎。海尔已在世界各地设立了超 23 万个营销网点，产品覆盖了全球 200 多个国家和地区。

图 4-13 海尔冰箱

2. 海尔物流中心

海尔建立了现代智能化的国际化立体仓库及自动化物流中心，该物流中心以用户的订单信息为核心，通过物流信息管理手段的实施，对库存进行有效控制，实现 JIT 按单配送模式，消除资源浪费。海尔的仓库不再是储存物资的“水库”，而是一条流动的“河”，“河”中流动的是按单采购用来生产所必需的物资，也就是按订单来进行采购、制造等活动。(见图 4-14)

古代商人有句话叫“货不停留利自生”，海尔物流就是通过“零停留”的物流运转从根本上消除了呆滞物资和库存。两个物流中心在硬件上成功地集成国际领先水平的穿梭车、堆垛机、LGV 等先进技术，实现了激光导引、无线扫描、语言监控等，呈现“两高两零”的特点：高速、高效、“零库存”、“零流动资金贷款”。

图 4-14 海尔物流园

物流中心通过信息化加快了物品流动速度,同样的工作,海尔物流中心只需几个叉车司机来完成,而一般仓库完成这样的工作量至少需要上百人。信息化的应用既提高了经济效益,又提高了社会效益。海尔物流整合以来,仓库面积和库存资金均减少了,不但节约了物流费用,而且也大大节约了社会流动资金。

海尔考虑到了市场变化情况,还做出了详细的报告(数据仓库),引进了先进的技术,加强信息化,不断地积累经验,时时创新,提高企业的竞争力。

3. 有关海尔的配送成本

海尔物流的配送是集货、分拣、配载、包装、组配及加工等一系列活动的集合。配送成本包括流通加工费用、配装费用、分拣费用、营运间接费用、车辆费用等费用。企业内部的库存管理将实施 JIT 管理,增加批次、减少批量,以库存速度替代库存水平。在进行 ABC 分类分析的基础上,成品将实施配送需求计划(DRP),并利用先进的资源管理系统实施企业内外部物资的统一配送战略,仓储配送事业部承担降低库存成本并对制造系统进行物流保障的责任。(见图 4-15)

集团对企业内部的运输资源进行整合重组,按照物流一体化的策略构建运输事业部,统一协调控制运输业务。海尔物流改革,依托基础资源,邀请专业物流公司协助确定企业物流系统设计方案,成立专家物流委员会,借力发展。

4. 海尔现代物流创造的奇迹

海尔在连续 16 年保持 80%的增长速度之后,又悄然进行了一场重大的管理革命。在对企业进行全方位流程再造的基础之上,建立了具有国际水平的自动化、智能化的现代物流体系,使企业的运营效益发生了奇迹般的变化,基本实现了“零库存”、“零运营成本”和与顾客的“零距离”,突破了构筑现代企业核心竞争力的瓶颈。

(1)海尔现代物流从根本上重塑了企业的业务流程,真正实现了市场化程度非常高的订单经济,海尔现代物流的起点是订单。

海尔把订单作为企业运行的驱动力,作为业务流程的源头,完全按订单组织采购、生产、销

图 4-15 海尔配送

售等全部经营活动。从接到订单时起，就开始了采购、配送和分拨物流的同步流程，现代物流过程也就开始了。由于物流技术和计算机管理的支持，海尔物流通过 3 个 JIT，即 JIT 采购、JIT 配送、JIT 分拨物流来实现同步流程。这样的运行速度为海尔赢得了源源不断的订单。

由于所有的采购基于订单，采购周期减到 3 天之内；所有的生产基于订单，生产过程降到一周之内；所有的配送基于订单，产品一下线，中心城市在 8 小时内、辐射区域在 24 小时内、全国在 4 天之内即能送达。

订单是企业建立现代物流的基础。如果没有订单，现代物流就无物可流，现代企业就不可能运作。没有订单的采购，意味着采购回来就是库存；没有订单的生产，就等于制造库存；没有订单的销售，就不外乎是处理库存。抓住了订单，就抓住了满足即期消费需求、开发潜在消费需求、创造崭新消费需求这个"牛鼻子"。但如果没有现代物流保障流通的速度，有了订单也会失去。

(2)海尔现代物流从根本上改变了物品在企业的流通方式，基本实现了资本效率最大化的"零库存"。

海尔改变了传统仓库的"蓄水池"功能，使之成为一条流动的"河"。海尔认为，提高物流效率的最大目的就是实现"零库存"，现在海尔的仓库已经不是传统意义上的仓库，它只是企业的一个配送中心，成了为下道工序配送而暂时存放物资的地方。

建立现代物流系统之前，海尔仓库占地面积 50 多万平方米，费用开支很大。目前，海尔建立了规模很大、自动化水平很高的现代化、智能化立体仓库，满足了企业原材料和制成品配送的需求。立体仓库与海尔的商流、信息流、资金流、工作流联网，进行数据同步传输，采用世界上先进的激光导引无人驾驶运输车系统、机器人技术、巷道堆垛机、通信传感技术等。

自动堆垛机把原材料和制成品举上 7 层楼高的货位，自动穿梭车则把货位上的货物搬下来，一一放在激光导引无人驾驶运输车上，运输车井然有序地按照指令再把货送到机器人面前，机器人叉起托盘，把货物装上外运的载重运输车上，运输车开向出库大门，仓库中物品的流动过程结束。整个仓库实现了对物料的统一编码，使用了条形码技术、自动扫描技术和标准化的包装，没有一道环节会使流动的过程堵塞。海尔的流程再造使原来表现为固态的、静止的、僵硬的业务过程变成了动态的、活跃的和柔性的业务流程。

(3)海尔现代物流从根本上打破了企业自循环的封闭体系,建立了市场快速响应体系。

面对日趋激烈的市场竞争,现代企业要占领市场份额,就必须以最快的速度满足终端消费者多样化的个性需求。因此,海尔建立了一整套对市场的快速响应系统。一是建立网上订单管理平台。全部采购订单均由网上发出,供货商在网上查询库存,根据订单和库存情况及时补货。二是建立网上支付系统。网上支付准确率和及时率达 100%,并节约高额差旅费。三是建立网上招标竞价平台。供应商与海尔一道共同面对终端消费者,以快速度、好质量、低价格供应原材料,提高了产品的竞争力。

(4)建立信息交流平台,供应商、销售商共享网上信息,保证了商流、物流、资金流的顺畅。

集成化的信息平台,形成了企业内部的信息"高速公路",架起了海尔与全球用户资源网、全球供应链资源网和计算机网络之间的桥梁,将用户信息同步转化为企业内部信息,以信息替代库存,强化了整个系统执行订单的能力,海尔物流成功地运用电子商务体系,大大缩短了海尔与终端消费者的距离,为海尔赢得了响应市场的速度,扩大了海尔产品的市场份额。

5. 海尔问题分析

根据对海尔公司的实际考察,发现了一些问题,具体有:

(1)海尔在中国 PC 市场的份额有所下滑。

(2)网站的页面过于单一,产品简介不够详细,不够系统化、明了化。

(3)需要建立一个情报系统,安排专业人员进行管理,时时了解客户的需求,跟踪客户,发现问题、及时解决问题并一一反馈。

(4)有很多地方没有按照规章制度执行,或执行力度不够,没有达到一定的效果。海尔有大企业的通病,管理有些脱节,上级想法到底层实施会变形,同样也反映出海尔上层对于底层了解不够。

(5)海尔走的是多元化路线,但是除了冰箱和洗衣机还有空调,其他产品都没有成为同种产品中的佼佼者。

(6)无法对内部人才合理分配,导致人才流失。

根据所学知识对其问题提出建议。

(1)面对不同市场采取不同的措施,具体问题具体分析,不能笼统。为各个管理部门安排一些专业的技术人员进行指导。

(2)鼓励技术人员创新,不断积累经验,提高市场的灵活力,开拓市场,增加企业的竞争力。

(3)高薪挖掘人才,好好地利用人才。

(4)员工要严格按照规章制度执行各级命令,服从管理,使各个部门协调起来。

(5)采用现代的科学管理方法,具体实施好配送管理业务流程。

(五)心得体会

通过对海尔仓库的调查分析,发现现在一个企业要想发展得好就要不断地积累经验,看清市场的变化情况,优化企业的业务流程、发展模式,创新发展思路,注重仓储具体位置的分布、货物的主要流量变化水平及货区货位的设置等,并且广纳人才。

任务四　仓库模拟与验证

一、仓库模拟的含义

仓库模拟也叫虚拟仓库，指建立在计算机和网络通信技术基础上，将地理上分散的、属于不同所有者物品储存、保管和远程控制的物流设施进行整理，形成具有统一目标、统一任务、统一流程的暂时性物资存储与控制组织。它可以实现不同状态、空间、时间的物资有效调度和统一管理。（见图 4-16）

现在跨境电商正在快速发展，有很多企业都面临着共同的问题，那就是库存严重，许多货物都滞留在仓库，短时间没办法流通，为了解决这个问题，虚拟仓应运而生。

目前，传统的仓库管理越来越难以适应这个网络时代的挑战。为了提高仓库管理的效率，许多企业都推出了虚拟仓库。在今天，新的仓储模式出现并发展起来。虚拟仓库中的货物在地理上是分散的，不同货主的货物通过互联网储存和保管，并进行远程控制。同时，对需要运送的目标货物进行临时储存和管理。

图 4-16　仓库模拟效果图

虚拟仓也被称为虚拟海外仓，是使用的专线渠道，在中国贴好目的国的运单标签，国内交付货运公司，全程一个单号到买家手中。虚拟仓的模式就是介于国内直发货和海外仓发货之间的模式。

简单来说，虚拟仓库将不同时间、空间的流通货物放在一起，完成其物流过程。此外，这些商品可能不是同一所有人的。虚拟仓库模型在仓库信息管理器中分析，仓库与货物是真实的，解决了仓库对货物的管理问题。

二、仓库模拟的优势

(一)没有囤货压力

仓库模拟不需要囤货，没有库存压力，避免了海外仓产品不畅销带来的囤货风险，就没有了周期资金上的压力，因此也没有了对应的海外仓储费用。

(二)发货地址优势

虽然国内发货，而实际显示发货地址为美国当地，实现美国本土化发货方式。

(三)提升用户体验

相比于国内自发货，客户的体验更好，有助于提升用户体验、店铺的销量。

(四)对接多个系统

虚拟仓系统可以对接亚马逊、速卖通、wish、ebay 等平台，也可以对接各种 ERP 系统，实现批量上传订单，操作便捷高效。

(五)周转周期短

包裹的周转周期短，极少产生包裹破损情况，物流跟踪信息可在第三方物流官网查询。

(六)可二次销售

支持产品二次销售，当在美国销售的产品出现退货时，可退货到虚拟海外仓库，帮助卖家减少损失，并实现二次销售的可能性。

(七)提高产品销售价格

因为货物始发地显示为美国当地，跨境电商卖家可将产品的卖价提高，跟美国当地产品卖价一致，增加利润。

当然在做虚拟海外仓需要注意的是：

(1)做虚拟仓的前提是不能缺货，而且要找到时效稳定的专线渠道。

(2)需要跨境商家在国内贴好尾程派送单。

(3)不是所有的商家都适合虚拟海外仓的，一般虚拟海外仓只适用于子单件多，小型商家或者销量小的商家。

三、仓库模拟常用软件

(一)Dematic 软件

1. Dematic 软件优势

Dematic 软件提供设施仿真和模拟平台，该平台提供了单独的数据环境，确保企业可以在此环境中安全地探索解决方案，避免影响日常运营。可以在上线之前评估软件更新或运营变化的影响，无需担心对业务功能造成损害。通过虚拟模型，可以验证和查看未来的变化，从而降低风险、尽可能提高正常运行时间，并避免现实中不必要的费用。(见图 4-17)

2. Dematic 软件功能

Dematic 软件为仓库打造虚拟模型。该模型可以运用一组样本数据或直接连接到仓库软件，从而实现以下功能：

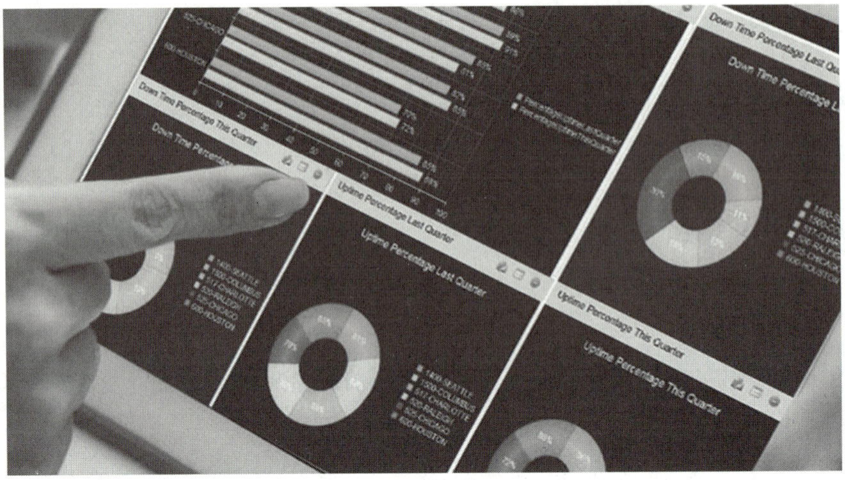

图 4-17 Dematic 软件

（1）创建最能代表规划的或实际设施的模型，利用此模型确认软件功能，进行自定义配置对软件集成以及计算机硬件和网络兼容性与要求进行验证。

（2）估算最大负载和其他定义场景（高峰日、常规日和低谷日）的实际吞吐率；诊断瓶颈和异常，并对其影响做出评估。

（3）测试异常处理、替代负载处理策略或新软件实施的假设场景，无需昂贵的试点计划，不会造成运营中断。

运用 Dematic 软件，了解现实中的因果影响。如果模型运行过程中发现了问题，可以在平台内探索可能的解决方案，降低风险、避免成本高昂的变更单，同时优化运营策略。

3. Dematic 软件体验

模拟是一项至关重要的工具，有助于理解和验证运营变化的潜在影响。当用户沉浸在仓库的三维虚拟现实模型中时，该工具会变得更加强大。虚拟现实环境提供在屏幕或纸张上采用静态计划不可能实现的独特视角。

Dematic 软件运用先进的游戏和三维图形渲染技术以及专有的物理算法，准确地描绘出仓库的运行和库存流程。这些强大的工具可以直接连接到主机系统，以创建设施的虚拟版本，虚拟版本的设施功能与真实设施非常接近。

Dematic 软件可以在显示器上显示三维模拟场景，或者，用户也可以使用虚拟现实耳机和控件沉浸式探索数字仓库。

4. Dematic 利润优势

Dematic 软件可以安全地模拟出当今的变化，帮助用户更好地为未来做准备。在利润方面的优势：

（1）在设施发生变化前，抢先体验变化；

（2）直观展示设备布局和物料流；

（3）识别和缓解运营问题；

（4）展示成功策略和挑战。

(二)轻流软件

轻流软件通过无代码技术重塑系统开发方式,如搭积木般快速、灵活地创造定制化管理系统,轻松实现多元业务场景的数字化管理。(见图 4-18)

轻流软件是上海易校信息科技有限公司旗下产品,公司成立于 2015 年,总部位于上海,在北京、广东深圳、江苏南通、湖南长沙、重庆、新疆等地均设有分支服务机构。经过 8 年的探索历程,轻流的产品和服务已经覆盖全国 34 个省级行政区、超过 1 000 000 家的企业用户,在无代码领域拥有 19 项专利和 48 项软件著作权。轻流的核心团队成员均来自上海交通大学,核心技术骨干均来自阿里巴巴、华为、SAP、依图等知名企业,研发团队成员超过半数。

图 4-18　轻流软件

轻流是一个无代码系统搭建平台,无需代码开发即可搭建专属管理系统,随搭随改随用;帮助管理者将自己的想法落地成个性化定制系统,实现管理理念的数字化转型升级。

轻流通过强大的表单、可自定义的业务流程、丰富的数据报表、灵活的权限管理以及自动化业务机器人 Q-Robot 串联起企业的多元化业务管理;同时提供丰富的拓展插件以及开放接口,支持上千系统互联互通,助力平台整合团队内部协作及外部业务管理。

自上线以来,有超 100 万家海内外企业、政府机关单位及学校,通过使用轻流来促进团队管理与协作。轻流可以满足互联网、制造、零售、教育、工程建筑、金融、生活服务、娱乐传媒等数十个行业对管理系统的需求;此外还为企业资源管理、生产管理、项目管理、订单管理、客户关系管理、人事行政管理等近百个业务场景提供数字化解决方案。

四、仓库温湿度验证

(一)温湿度验证的重要性

对仓储区的温湿度进行合理的检查和监控,是保证物料及产品有效期内质量合格的关键因素。通过对仓储区进行温湿度分布的验证,确认仓储区内各位置均能达到物料储存温湿度条件要求。

为进一步规范仓库温湿度分布验证，公司技术委员会应编制《仓库温湿度分布验证通则》，从仓库温湿度可接受标准的确立、温湿度分布验证周期、布点选取、检测问题和验证实施的必备条件等方面，对“仓库温湿度分布验证”进行了规定，为确定库区内温湿度的极端状态以及仓储区温湿度的日常检查和监控提供科学依据。

根据GMP要求，结合物料自身对温湿度的要求，公司应对相应库房安装辅助设施设备，以便能控制并维持该库房内的环境温度达到规定要求。为保证温湿度计在该库房间内记录的温湿度值是最具有代表性的，应对该房间进行温湿度监控点的验证。（见图4-19）

图4-19　仓库温湿度仪器

（二）仓库温湿度分布验证周期

我国出台的《药品生产质量管理规范》强化了验证管理工作，对储存物料及成品的冷库、储运温湿度监测系统以及冷藏运输设施设备等进行验证都提出了直接或间接的要求。

像大多数的验证一样，仓库的温湿度验证也应尽可能考虑包括所有最差条件（即库外极端气候条件），如最冷与最热、最干燥与最潮湿的情况等，由此可见，如果想使库房的温湿度分布验证结果更明确，应该做为期一年的验证。

仓库温湿度验证类似于制水系统验证，应在进行初步验证后，持续进行为期一年的季节性影响因素考察，方可算验证工作结束。初步验证后的整个监测计划包括春夏秋冬四个季节。

温湿度分布验证就是证明那些最差的位置（死角）也能达到可接受标准；而包括一年四季的监测计划是为了考察在春夏秋冬任一季节外部条件下仓库内的温湿度情况，最终找到一年中每个仓库温湿度稳定性最差的点作为日常监测点，确定温湿度计的放置位置，进行仓库的温湿度日常监测，同时建立日常预警机制。

（三）温湿度布点选取

选择温湿度分布点时首先应尽可能离货物近，这样更真实，也容易合格，尤其是在仓库很高、很大的情况下。

如果仓库是装有中央空调的，室内空气质量相对来说比较均匀，若在高架仓库宜选取上、中、下 3 个部分分布选点，平面上宜按“东西南北中”进行布点。

另外，应兼顾某些特殊位置，如货物较多等空气不流通的位置、仓库进出口位置(对比外界与内部的温湿度差异)、太阳能直接晒到货物的位置以及空调影响最弱的位置。

如果仓库是用室内空调和除、加湿机来控制温湿度的，本身温湿度均匀性差，布点一定要相应多一些。

(四)温湿度监测

进行温湿度监测时，首选经检验过的温湿度自动监测仪来检测，也可采用经校验合格的多个温湿度计，给分布点及对应的温湿度计编号，确保每个点安放的是同一温湿度计，保证数据的准确性。

在验证期间，应该每天上午、中午和下午 3 次进行温湿度监测和记录。温湿度应该连续监测 3～7 天，碰到恶劣天气增加测试。考虑到每天早晚的温差，监测频率为上、中、下午至少隔 2 小时监测 1 次。因为温湿度计大多 1～2 分钟才能正确显示数据，过高的取样频率只会增加工作量。

(五)仓库温湿度分布验证实施的必备条件

仓库温湿度分布验证实施的必备条件有：

(1)验证前应对库房的排风、除湿、降温设备进行确认和验证，空调系统要安装完好，能正常运行；

(2)已制订本岗位的设备标准操作规程及岗位标准操作规程；

(3)用于检测成品阴凉库的温湿度检测仪表需经过合法的校验，并具有合格证书；

(4)被验证仓库的清洁卫生应符合相关规定的要求；

(5)参加验证人员均经过了验证专项培训。

(六)记录数据

即使是恒温恒湿箱，也会有偏差，出现个别超过限度的数据也不必恐慌，在数据统计上这是很正常的事情。仓库温湿度记录表如图 4-20 所示。

仓库温湿度记录表										
单位名称					仓库地址					
仓储物品				适宜温度			适宜湿度			
温湿度记录情况										
日期	上午					下午				
	温度	湿度	是否合格	调整措施	调整结果	温度	湿度	是否合格	调整措施	调整结果

图 4-20　仓库温湿度记录表

冷库就是以机械制冷的方式，使库内保持一定的温湿度，是对温湿度有特殊要求的商品的仓库。与其他仓库结构不同，冷库的制冷中心是压缩机，配电室是整个冷库的动力中心。

冷库的验证工作人员应以最了解冷库构造和性能的更专业的冷库制造商为主，由企业相关人员配合来开展验证工作。

对冷库的性能确认分为空载测试和负载热分布测试。在做冷库性能确认前，需做冷库制冷效果和保温效果确认，这两点很关键。

思考题

1. 仓库规划布局的原则是什么？
2. 简述ABC分类法的应用。
3. 仓库数据化的优势有哪些？
4. 仓库模拟的常用软件及优势是什么？

项目五 仓库运营管理

· 学习目标 ·

1. 了解仓库运营目标；
2. 熟悉仓库运营的管理制度；
3. 掌握仓库运营的组织架构及人员职责；
4. 了解仓库运营管理技巧；
5. 掌握仓库管理指标制定标准。

任务一 仓库运营管理目标

一、仓库运营目标

(一)仓库运营管理的目标

仓库管理也叫仓储管理，指的是对仓储货物的收发、结存等活动的有效控制，其目的是为企业保证仓储货物的完好无损，确保生产经营活动的正常进行，并在此基础上对各类货物的活动状况进行分类记录，以明确的图表方式表达仓储货物在数量、品质方面的状况，以及所在的地理位置、部门、订单归属和仓储分散程度等情况的综合管理形式。(见图 5-1)

仓库运营管理的目标是供、用、省、无断、无囤、无呆废物资等。

1. 供

供应要及时，适质适量适时采购，提高采购质量，减少库位占用，做到交料进度控制与逾期督促，进料质量、数量监控，采购方式的设定与市场行情调查。

2. 用

使用要合理，加强用料控制，减少呆废物资的产生，余料再利用，物尽其用。

3. 省

以坏换新，避免浪费，合理处理呆废物资，降低成本。

4. 无断

生产领用要有材料，销售发货要有货物。

图 5-1　仓库运营管理示意图

5. 无囤

不要过量过时地囤积物资，要增加储位空间，减少损失。

6. 无呆废物资

要及时处理和利用库存的呆废物资，减少保管费用。

(二)仓库运营管理的注意点

良好的管理、清楚的通道、干净的地板、适当且有次序的储存及安全的运行都是良好管理所关心的问题，这将使得工作条件变得有效率及促进工作积极性的提高。那么，仓库运营管理的过程中应注意哪些方面呢？

1. 库存准确率

库存准确率是最能体现仓库管理水平高低的数据之一，库存准确率每降低 1%，有可能会让仓库运营成本增加 10%。好的仓库在盘点库存时是不需要暂停出库的，盘点和出库、移库等业务互不冲突，即使在货物不间断地流通的状态下，仓库实际库存、系统记录库存、登记卡上库存数据都是统一的，这样的仓库才是真正合格、优秀的仓库。

这里谈谈库位管理方面提升准确率的方法：

(1)一品多位、多位一品、一位一品。

所谓的“位”指的是货位，所谓的“品”指的是 SKU(stock keeping unit，库存量单位)。三种方式各有利弊。

一位一品的方式，其货位与 SKU 对应关系极为清晰，代价是仓容利用率或单位面积保管量的下降。

多位一品，其单位面积保管量上升，代价是分拣效率的下降与库存准确性的间接下降。

而一品多位的方式多应用在两种情况：单个 SKU 商品数量过大，一个货位(或托盘位)放不下；随机上架模式采用的副产物。

(2)分拣方式与其配套的分拨方式。

一般单量少的情况下会使用“摘果法”分拣，也就是逐个订单逐个分拣的方法。单量大的情况下会使用“播种法”分拣，其形式是批量订单统一分拣后再进行分拨处理区分单个订单与对应实物。

理论上播种方式操作的复杂度会导致比摘果方式出现的差错率高。不过如果有分拨墙、信息系统（波次汇总、分拨操作等）辅助的话，可以有效控制差错率，还可进一步提高分拣效率。

（3）相邻货位是否放置相似商品。

由于分拣、上架环节是人来操作，在分拣与上架过程中极易发生看错了相邻货位的商品而出现分拣与上架错误的情况。这样虽不影响按照商品产品线进行区域集中管理的思路，但是如果在信息系统不支持的情况下，线下做手工调拨进行此种管理对于人力的消耗是不容忽视的。

2. 单位面积储存量

当相同仓库由不同人管理时，可以以单位面积储存量作为指标，衡量两者管理水平的高低。单位面积存储量越高，仓库空间利用率就越高，仓库的吞吐能力就越强。无论是引入自动化立体货架还是采用不同的堆垛方式混合堆放，都是管理者智慧的体现，也是优秀仓库与普通仓库产生差距的原因。

首先，货物堆码要根据货物的包装、外形、性质、特点、重量和数量，气候情况，以及储存时间长短，将货物按一定的规律码成各种形状的货垛。

为了大幅度提高仓库利用率，科学、合理的仓位规划是必不可少的，也是最大限度利用空间的一种重要手段。

1）货位标识

每个储存仓位都有固定大小，最好使用标准的包装容器。标准的包装，对于货品的标识、维护、点检、运输都很方便。每个容器都标明储存的物料，与条码技术相结合，则仓储和盘点等管理都可以实现系统自动化，给工作带来极大的方便。

2）先进先出

在货物的摆放方面应当符合先进先出的原则。很多先来的货放在里头，后来的货放在外面，就没办法先进先出了。货物最好放成两排，两边都可以卸货，这就能做到先进先出了。如果一定做成三排也可以，但是当中这一排往往是往里头放先进来的货物的，所以一定要做一个传送带，东西放上面，按钮一按，方便货物出来。堆放货物要合理地留好进出通道以加快在货物流转过程中的速度。

3）空间利用

要提高仓库利用率可以充分利用库房高度。合理地利用空间高度，重量重或比较大的货放在最下面，小东西或零零散散的货物应放在上面，这样拿起来很方便。

3. 员工积极性

能否调动员工工作积极性是考验主管管理能力的重要指标，为此大多数主管会制订激励机制。在制订激励目标时，主管要掌握适度原则，目标过小对员工的激励作用不大，目标过大员工会产生逆反心理。设置合理的目标会让员工工作有方向、有干劲，让他们在实现目标过程中努力思考，在不断优化自己工作的同时，也在为公司创造效益。拥有一支积极性高的团队，仓库新型管理制度的实施更加快速，员工们积极建言献策，仓库的管理水平也会不断上升。

另外，任何一个组织，发展到一定的阶段，一定需要通过绩效管理来激发企业内部的发展动力，通过设定相应的指标指挥员工朝着相关方向去努力，实现企业的跨越式发展。绩效评估是对业绩和效率的一种事后的评估与度量以及事前的控制与指导，从而判断是否完成了预定的任务、完成的水平高低、取得的效益和所付出的代价大小。

具体到仓库方面就是要提高企业的仓储服务水平，降低仓储成本，实现仓储效益和效率的最优化目标，应用好仓储绩效管理，能够提高仓储经济效益，同时激发管理人员管理水平的提高，通过奖惩措施来激发员工的工作能力。

4. 仓库信息化

在现代化仓库中，好的仓库管理离不开信息化设备的支持，它们是规范业务操作流程、提高仓库运转效率的极佳工具。如今已经到了仓储业转型升级的关键时期，智能的仓储管理系统、自动化硬件设备是企业抢占市场的利器，信息化程度越高，仓库对客户需求的响应速度就越快，企业在激烈的赛道中竞争优势就越明显。

在提高服务水平、降低库存、节约时间和成本最小化的压力下，仓储管理显然是越来越重要了。在实际操作中，仓储管理与市场和产品的稳定性、物料类型、仓储设备的类型和数量、仓库的规模和数量、信息管理水平和单元负载的选择都有着重要关联。

要进行有效的仓储管理，必须选择适当的负载单元，充分利用仓库和仓储设备，最大程度减少操作环节，完善 WMS 系统以及保证良好的操作环境和安全等。只有这样，才能很好地发挥仓储管理在供应链中的作用。

二、仓库运营管理制度

在发展不断提速的社会中，制度使用的频率越来越高，制度一般指要求大家共同遵守的办事规程或行动准则，也指在一定历史条件下形成的法令、礼俗等规范或一定的规格。要想保证仓库管理工作的章程展开，管理者必须制定相应的运营管理制度，按制度办事，这样也能提高工作效率。

（一）物料管理制度

（1）仓库保管员必须合理设置各类物资和产品的明细账簿和台账。

（2）原材料仓库必须根据实际情况和各类原材料的性质、用途、类型分门别类建立相应的明细账、卡片；半成品、产成品应按照类型及规格型号建立明细账、卡片。

（3）财务部门与仓库所建账簿及顺序编号必须互相统一、相互一致。合格品、逾期品、失效品、料废、返修品等应分别建账反映。

（4）必须严格按照仓库管理规程进行日常操作，仓库保管员对当日发生的业务必须及时登记入账，做到日清日结，确保物料进出及结存数据的正确无误。

（5）做好各类物料和产品的日常核查工作，仓库保管员必须对各类库存物资定期进行检查盘点，并做到账、卡、物一致。如有变动及时向主管领导及相关职能部门反映，以便及时调整。

（6）仓库通道出入口要保持畅通，仓库内垃圾要及时清理，保持整洁。（见图 5-2）

（7）各种物料码放、搬运入库时应先内后外、先下后上；出库时应先外后内、先上后下、先进先出，防止坍塌伤人及损坏机械设施。各种物料不得抛掷。

（8）供应部门必须根据生产计划及仓库库存情况合理确定采购数量，并严格控制各类物资的库存量。

（9）仓管员在月末结账前要与车间及相关部门做好物料进出的衔接工作，各相关部门的计

图 5-2　通道口要整洁

算口径应保持一致，以保障成本核算的正确性。

（二）仓库设备管理制度

为加强仓库设备的安全使用管理，保证仓储作业安全与质量，提高机械设备的完好率，特制定以下制度。

（1）机械设备应按其技术性能要求正确使用，缺少安全装置已失效的机械设备不得使用。

（2）严禁拆除机械设备上的安全装置，严禁拆除监测、指示、仪表、报警及警示装置。上述装置的调试维修应由专业人员负责进行。

（3）新机和大修后的机械设备注意做好机械走合期的使用保养，机械设备冬季使用应按机械设备冬季使用保养的有关规定执行。

（4）机械设备操作人员必须身体健康，经过专业培训考试合格，获得有关部门颁发的操作证或驾驶执照、特殊工种操作证后，方可独立操作机械设备，不准操作与操作证不相符的机械设备。（见图 5-3）

图 5-3　机械设备操作证

（5）机械作业时，操作人员不得擅离工作岗位，不准将机械设备交给非本机操作人员操作，严禁无关人员进入机械作业区和操作室内，工作时，思想要集中，严禁酒后操作。

(6)任何组织或个人都不得强迫操作人员违章作业。

(7)机械设备在夜间作业时,作业区内应有充足的照明设备。

(8)机械设备应按时进行保养,严禁机械设备"带病"运转或超负荷运转。

(9)操作人员必须严格执行工作前的检查制度,工作中的观察制度和工作后的检查保养制度。

(10)机械设备在保养或修理时,要特别注意安全。禁止在机械设备运转中冒险进行保养、修理、调整作业。各电气设备的检查维修,一般应停电作业。

(三)仓管员管理制度

(1)仓管员要定期做好盘点工作。计算仓库内现有的物料种类与数量,掌握和明了库存的实际情况,作为采购或进货的参考。物料经盘点后,若发生实际库存数量与账面结存数量不符,除追查差异的原因外,还要编制盘点损益单,经审批后调整账面数字,使之与实际数字相符。

(2)仓管员要做好物料出入库。

(3)仓库管理的工作职责是物料的储存工作,及时供应生产所需的原料。对物料进行检验、收料、发料、存储、入账、盘点,以及呆废料的处理等内容。物料仓库主要指面料仓库、辅料仓库、机物料仓库。

(4)仓库管理的收料工作在于检查采购物料的数量和品质。仓管员检验和清点送来物料的种类和合格品数量,填写入库单,发生数量不足和品质不合格时,通知供销科补足或更换,每种物料存放在固定的地方,便于清点和发料。物料入库价格先按估价入库,等发票来后再红字冲销。

(5)仓库管理的发料工作主要是为生产提供原辅料和机物料。使用部门填写领料单后才能从仓库领取物料。仓管员根据领料单所填数量分发物料。物料的出库价格按照入库价格的移动加权平均计算得出,在此基础上编制日报和月结存表,以供相关部门使用。

(四)食品仓库管理制度

(1)主食、副食分库房存放,食品与非食品不能混放,食品仓库内不得存放有毒有害物品,不得存放个人物品和杂物,食品仓库如图 5-4 所示。

图 5-4 食品仓库

(2)库房每日清扫,保持库房及货柜货架清洁卫生,经常开窗或利用机械通风设备通风,保持干燥。

(3)做好食品数量、质量入库登记,使用应遵循先进先出、易坏先用的原则。

(4)食品按类别、品种分架,隔墙、离地均在 10 cm 以上,整齐摆放,散装食品及原料储存容器加盖密封,同时经常检查,防止霉变。

(5)食品冷藏、冷冻贮藏的温度应分别符合冷藏和冷冻的温度范围要求。

(6)食品冷藏、冷冻贮藏应做到原料、半成品、成品严格分开,不得在同一冰室内存放。冷藏、冷冻柜(库)应有明显区分标志,宜设外显式温度(指示)计,以便于对冷藏、冷冻柜(库)内部温度的监测。食品在冷藏、冷冻柜(库)内贮藏时,应做到植物性食品、动物性食品和水产品分类摆放。

(7)冷冻(藏)设备定期化霜,保持霜薄(不超过 1 cm)、气足。

(8)经常检查食品质量,及时发现和处理变质、超过保质期限的食品。

(9)做好防鼠、防蝇、防蟑螂工作,安装符合要求的挡鼠板;不得在仓库内抽烟。

(五)材料仓库管理制度

材料仓库如图 5-5 所示。

图 5-5 材料仓库

为了规范管理,服务好运行维修工作,特制订材料仓库管理办法如下。

1. 入库

仓库保管员按照采购清单所列的名称、数量、型号、质量标准等与实物对照、检查,完全相符的,方可点收入库,登记入账。凡是不符合要求的,一律不予接收。否则,由此造成的一切损失,均由仓库保管员承担。

2. 出库

材料出库时,仓库保管员必须凭领料单办理出库手续。申请人在领料单上签字,写清名称、数量、型号,并请相关人员签字确认。然后,仓库保管员登记入账。手续未办到位的,不得出库。

出库管理必须遵循以旧换新的原则,每次领用维修材料时,必须将对应的破旧物品交与仓库,方能领取新的维修材料。

3. 退库

申请人将剩余材料送交仓库保管员，仓库保管员清点入库，并调整出、入库记账。

4. 盘库

仓库保管员每月末最后两天对仓库进行一次盘点，确保账物相符。其结果报相关部门抽查。

5. 保管

仓库保管员对入库材料要分类存放，保持仓库整洁，保证仓库安全。

6. 其他

为减少维修材料资金的占用，除灯泡、灯管、胶布、标准件等常用消耗材料外，其他材料原则上实行“零库存”。

（六）原料保管制度

（1）原材料进厂入库，仓库管理人员应检查包装物是否受潮、破损，对产地、日期等严格把关。

（2）合格的原材料入库后填写库存入库卡，包括名称、来源、编号、到货日期、收入量、发出量、结存量，经收人应记录收发情况。

（3）存放区应保持清洁，应分类、分区按批存放。

（4）原料在流转中应严格称重计量，由发、领双方共同签字。

（5）原料保管要做到科学保养，搞好清洁卫生，及时检查安全、通风、防潮、消防器材及安全标志等设施。

（6）对变质、过期原料应及时处理。

（7）积极做好防火安全工作，杜绝不安全因素。

（8）现场 7S 管理：

①整理：将仓库有用和无用物资区分开。对于有用物资在规定区域摆放整齐。

②整顿：将无用物资移出仓库或加以处理，以便腾出宝贵空间，更利于仓库管理。

③清洁：做好有用物资及场地保洁工作。

④清扫：将清洁后的脏物打扫出仓库。

⑤素养：加强自律，爱岗敬业，有责任心，安全及服务意识强。

⑥安全：管好仓库门前禁烟牌、消防设施宣传警示牌，做好仓库防盗、防腐、防霉、消防等安全工作，注意装卸搬运安全，严禁吸烟者入库。

⑦服务：树立上级为下级服务理念，为相关衔接部门做足服务工作。

（七）仓库防火管理制度

（1）未经许可，无关人员禁止进入仓库。

（2）仓库消防安全管理要做到“五不准”“五留距”“一整齐”，即在仓库内不准设火炉，不准乱拉、乱接电线，不准吸烟，不准点蜡烛，不准易燃物品或性质相抵触的物品混存；货场堆放要留墙距、柱距、顶距、垛距、灯距，堆放要整齐划一。仓库防火标识如图 5-6 所示。

（3）装卸化学易燃物品，必须轻拿轻放，严防震动、撞击、高压、摩擦和倒置。不准使用能产生火花的工具开启容器，不准穿带钉的鞋进入库内，在能产生静电的设备上安装可靠的接地装置。

图 5-6 仓库防火标识

(4)进入易燃可燃物品库区的蒸汽机车和内燃机车,必须装置防火罩。蒸汽机车要关闭风箱和送风器,并不得在库区停留和清炉。进入库房的电瓶车、铲车,必须有防止产生火花的安全装置。

(5)受阳光照射容易燃烧、爆炸的化学易燃物品,不得露天存放。遇水容易燃烧、爆炸的化学易燃物品,不得存放在潮湿和容易积水的地点。

(6)闪点在 45 ℃以下的桶装易燃液体不准露天存放。如果需要露天存放时,在夏天必须采取降温措施。

(7)各类物资仓库属厂区重点防火部位,必须设置醒目的禁火标志,非工作人员未经许可不得入内,执行出入登记制度。

(8)库房内要保持干净整洁,货物摆放有序,对棉丝、油布、废纸等易燃物质应该及时消除。

(9)库房内不得架设临时电缆,因工作需要时,必须经车间、科室负责人批准,报安环科备案,并在限期内及时拆除。

(10)库房内严禁烟火和动火,需要动火作业时,需厂安环科审批后,办理动火证并采取有效的安全防范措施后,方可动火明火作业。

(11)库房内只准使用 100 W 以下的白炽灯或日光灯照明。灯头要与物品留 50 cm 以上间距,严禁使用其他灯泡照明和电热器具取暖。

(12)库房内不得存放易燃易爆物品,因生产需要的易燃易爆物品必须按消防部门规定设专库存放,专库内保持通风,防湿、防晒。

(13)仓库管理人员每天下班前,必须进行防火安全检查,确认无事故隐患,关好门窗,切断电源,方可离开。

(14)工作人员会正确使用消防器材和掌握扑救火灾的基本方法,对配备器材必须妥善保管,严格执行消防器材管理规定。

(八)库存物品管理制度

(1)遵守仓库有关固定资产和维修物品管理规章制度,并建立库存物品的数据库。

(2)库存固定资产和维修物品应按规格分类放在货架上,堆放整齐干净,一目了然。

(3)严格规范固定资产的进出手续。

(4)符合入库的维修物品,严把入库验收关,要认真核对物品名称、规格、数量、价格,根据审核无误的货单和有关原始凭证,填写入库单,采购人员和仓管员签字确认后,方可入库,货物清单附入库单后面存底。

(5)严把维修物品出库关,领料人员必须写好所需物品清单,仓管员核实后,填写出库单,领料人员签字确认,清单附出库单后面存底。更换新物品的废旧物品收回仓库,统一处理。

(6)物品入库和出库,必须按照有关规定及时登记入账,做到账物相符,并不定期地对库存物品进行清点、核对,随时掌握库存物品的数量,并向领导汇报库存物品情况,保证维修物品正常供应。

(7)库房内严禁吸烟,严格执行安全防范措施,随时关好库房门窗,加强管理,做好防火、防盗、防鼠、防潮、防虫、防霉"六防"工作,并保持库房的清洁卫生。

(8)做好卫生工具和劳保用品的发放工作。

三、仓库运营的瓶颈及解决办法

(一)仓库运营的瓶颈

什么是仓库运营的瓶颈?仓库运营瓶颈是指在长期的某段时间,与之前的工作相比,仓库作业效率没有提升,在瞬息万变的时代,"原地踏步"相当于"退步"。

举一个简单的例子,比如在一条货品传送带上,如果传送带输送的货品多于包装机处理的货品,又无法提高包装机的数量或者处理速度,这就是仓库运营遭遇了瓶颈。

仓库运营瓶颈会影响仓库的生产力和员工干劲。仓库运营示意图如图 5-7 所示。

1. 仓库运营的瓶颈问题

1)人力方面

尽管层出不穷的智能技术有助于使供应链更加自动化,但目前大部分的仓库管理仍然依赖于人工作业。如果仓库员工没有得到正规的培训,或者工具使用不当,将会导致部分过程停滞,减慢整个流程速度,导致效率低下。

2)技术方面

仓库技术正在成为供应链中不可或缺的一部分。然而,这并不意味着技术是完美无缺的。例如系统兼容性、速度和停机问题都可能导致短期或长期瓶颈,从而对整个生产线的效率产生负面影响。

3)仓库布局方面

当仓库内有大量库存,如果仓库杂乱无章或布局不合理,员工将在流程中造成延误。

2. 仓库运营遭遇瓶颈的影响

1)作业效率低下

作业效率降低是仓库运营遭遇瓶颈的最直接的表现之一。比如,如果仓库人员没有经过专业培训或者人手不足,分拣速度会明显变慢;如果收货人员不熟悉收货流程,将导致货物上架效率低下。

2)库存管理不合理

仓库布局不合理,对作业时间、拣货和包装效率等方面都会产生重大影响。将免费商品与经常挑选的商品存放在尽可能接近的位置,这是防止库存瓶颈的方法之一。

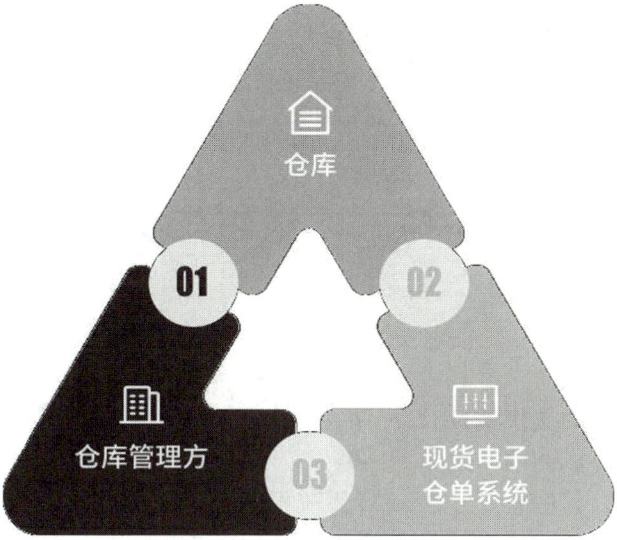

图 5-7　仓库运营示意图

3)员工动力不足

因瓶颈产生的空闲时间往往会导致员工的抱怨和沮丧。陷入瓶颈的员工会担心自己无法按时完成工作,其他员工将因工作被推迟感到不安,并开始质疑管理人员的能力,工作动力大大降低。

4)盈利能力降低

仓库运营遭遇瓶颈意味着流程的某些部分已经停滞。以上所有负面影响最终将影响企业的盈利能力,因为货品没有被有效地储存或分配。更糟糕的是,客户必须等待更长时间才能收到他们的订单,这对客户的体验产生了负面影响,瓶颈会干扰与客户的关系,从而对盈利能力产生长期的负面影响。

(二)仓库运营瓶颈解决办法

新格局下的商流变化多端,仓储物流业也在随着时代的变化更新迭代。遭遇仓库运营瓶颈,应该如何处理?通过对仓库运营效率的观察和复盘——包括订单的处理和传送方式、寻货花费时间较长的区域等,都可以找到仓库运营中的脆弱点。一旦确定了瓶颈,就可以开始采取措施来补救它们。

1)从人力方面改进

通过专业的仓库操作培训或改进流程,以便员工能够更有效地工作;如果使用专业工具比较频繁,请每天对工具进行检查,确保它随时可用;根据季节性或者其他需求,对频繁使用和使用频次较少的货品位置进行理性评估和调整。

2)从技术使用方面改进

如果发现某些系统只能由特定员工(例如具有管理员权限的员工)才能访问,降低了整体运营效率,可以考虑在不涉及机密的前提下,增加其他员工的访问权限;另外,可以寻找提高通信、速度、效率的新技术,进行更新迭代。

3)从仓库布局方面改进

在仓库中,客户下单最多的货品应该是最容易搬取的;货架放置应井然有序,以便员工可以快速找到;交通车道需要保持畅通,在必要时可以加宽以容纳更大的交通量。

任务二　组织架构

一、仓库结构

仓库结构是指仓库的层次性,应根据储存的商品和地价合理确定。一个企业可以根据自己的实际情况来定义仓库结构以适应不同需求。

仓库的物理结构。其中仓库号在 WM 系统中可以用来表示物理上的仓库复杂性;储存类型用来表示每种储存场所,储存类型由占据空间、技术或组织的因素确定,每种储存类型划分为不同的子区域,每个子区域根据储存技术、组织结构、功能的不同而不同。

储位是储存类型中最小的地址单元,用于查出仓库中存货和可以存货的准确位置。

存储区一般包括具有相同特点的所有储位,也可以自己定义标准,把一些储位划为一个存储区;储位类型被系统用于寻找储位。

二、仓库结构设计

(一)平房建筑和多层建筑

仓库的结构,从出入库作业的合理化方面考虑,尽可能采用平房建筑,这样储存产品就不必上下移动,而利用电梯将储存产品从一个楼层搬运到另一个楼层费时费力,而且电梯往往也是产品流转中的一个瓶颈,因为有许多材料搬运机通常都会竞相利用数量有限的电梯,从而影响库存作业效率。

但是在城市内,尤其是在商业中心地区,土地有限或者昂贵,为了充分利用土地,采用多层建筑成为最佳的选择之一。在采用多层仓库时,要特别重视上下楼的通道设计。

(二)仓库出入口和通道

仓库出入口的位置和数量是由建筑的开间、进深、库内货物堆码形式、建筑物主体结构、出入库次数、出入库作业流程及仓库职能等因素所决定的。出入口尺寸的大小是由卡车是否出入库内,所用叉车的种类、尺寸、台数、出入库次数,保管货物尺寸大小所决定的。

库内的通道是保证库内作业的畅顺的基本条件,通道应延伸至每一个货位,使每一个货位都可以直接进行作业,通道需要路面平整和平直,减少转弯和交叉。

(三)立柱间隔

库房内的立柱是出入库作业的障碍,会导致保管效率低下,因而立柱应尽可能减小。但当平房仓库梁的长度超过 25 m 时,建立无柱仓库有困难,则可设中间的梁间柱,使仓库成为有柱结构。在开间方向上的壁柱,可以每隔 5～10 m 设一根,由于这个距离仅和门的宽度有关,库内又不显露出柱子,因此和梁间柱相比,在设柱方面比较简单。(见图 5-8)

图 5-8　仓库立柱

但是在开间方向上的柱间距必须和隔墙、防火墙的位置，天花板的宽度或库内开间方向上设置的卡车停车站台长度等相匹配。

（四）天花板的高度

由于实现了仓库的机械化、自动化，因此对仓库天花板的高度也提出了很高的要求。用叉车的时候，标准提升高度是 3 m；而使用多端式高门架的时候要达到 6 m。另外，从托盘装载货物的高度看，包括托盘的厚度在内，密度大且不稳定的货物，通常以 1.2 m 为标准；密度小而稳定的货物，通常以 1.6 m 为标准。

以其倍数（层数）来看，1.2 m/层×4 层＝4.8 m，1.6 m/层×3 层＝4.8 m，因此，仓库的天花板高度最低应该是 5 m。

（五）地面

地面的构造主要看地面的耐压强度，地面的承载力要根据承载货物的种类或堆码高度具体研究。通常，一般平房普通仓库地面承载力为 2.5～3 t，其次是 3～3.5 t；多层仓库层数加高，地面承受负荷能力减少，一层是 2.5～3 t，二层是 2～2.5 t，三层是 2～2.5 t，四层是 1.5～2 t，五层是 1～1.5 t 甚至更小。（见图 5-9）

图 5-9　仓库地面

地面的负荷能力是由保管货物的重量、所使用的装卸机械的总重量、楼板骨架的跨度等所决定的。流通仓库的地面承载力，则必须还要保证重型叉车作业的足够受力。

三、仓库人员组织架构

（一）岗位组织结构图

仓库部主要负责管理企业各类原材料等物资的入库、保管、库存控制、出库、配送等活动，为企业的生产经营活动提供保障，为企业的发展提供服务。仓库组织结构中会涉及诸多人员，具体的岗位组织结构图如图 5-10 所示。

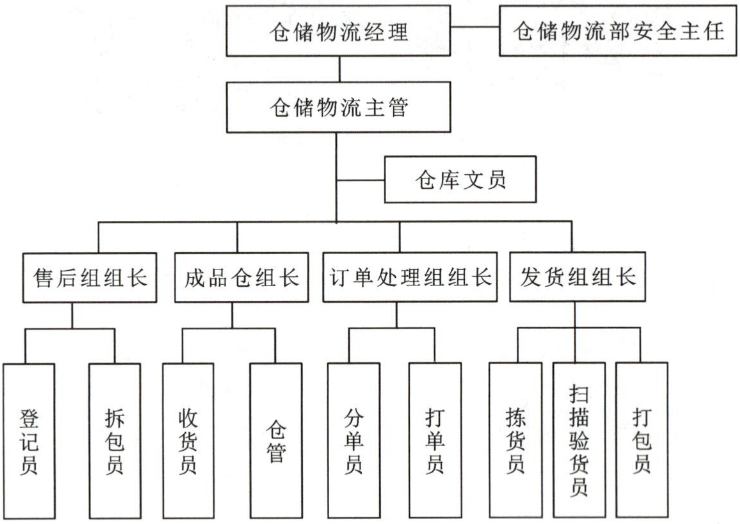

图 5-10 岗位组织结构图

（二）仓库岗位人员职责

为进一步规范仓库作业流程，提高仓库管理效率，明确仓库主要工作职责，特制订如下岗位职责。

1. 仓库主管

（1）协助经理完善仓储物流部日常管理的制度、业务流程，提高仓储物流部运营效率，降低收、发和存的差异率，合理控制物流运营成本。

（2）协助经理进行仓储物流部的规划及建设，包括库容及功能区域规划，仓储物流环境和设施的建设、维护及管理，降低仓储成本。

（3）负责制订和优化仓库的收发存作业流程，降低货品收、发、存的异常率，定期对呆废料进行反馈与处理。

（4）负责货区规划，明晰各货区的管理责任人以及管理职责，提高仓容的有效使用率。

（5）负责仓储物流部各小组运营管理，提高作业的时效性及效率。

（6）负责制订并执行盘点工作计划，提高库存的账实准确率，并定期向公司汇报仓储物流部运营情况。

（7）指导和培训仓储物流部人员，提高员工素质和工作技能。

(8)根据公司绩效考核制度,制定并完善本部门人员绩效考评标准。

(9)负责仓库的卫生、整洁以及仓库标识化管理,定期进行仓库 6S 检查和整改工作。

2. 安全主任

(1)负责公司的安全管理工作,贯彻各项安全生产法律法规、标准、制度以及安全工作的指示和规定。对各部门班组安全员进行安全技术指导;检查仓库 5S 有无达标,对不达标的区域直接追责区域组长,降低绩效考核分数。

(2)参与制定仓库有关安全作业管理制度和技术操作规程,并检查执行情况。

(3)协助公司各级领导做好员工的安全教育工作,负责组织对全体员工、新进员工、变换岗位员工和班组长的教育,检查、督促班组岗位安全教育,建立安全教育档案。

(4)负责安排并检查公司各部门活动,负责公司安全设备、灭火器材、消防灯具的管理,并使处于完整备用状态。

(5)每天深入现场检查,及时发现隐患,制止违章作业。检查厂房、仓库有无火灾隐患,物品堆放是否符合消防要求,各出入口是否畅通并符合紧急情况下疏散人员的安全要求。

(6)组织并参加企业安全生产大检查,对查出的隐患进行分类、汇总并督促有关单位进行整改,主持日常安全教育工作,定期开展安全竞赛评比活动,开展安全周活动,使安全生产深入人心,推行安全生产责任制。

(7)按照“三不放过”的原则(事故原因分析不清不放过;事故责任者和群众没有受到教育不放过;没有防范措施不放过)参加企业安全事故的调查处理,做好统计分析,按时上报。

3. 仓库文员

(1)负责仓储部员工考勤管理,新人入职手续办理及部门规章制度培训,计件员工工资的统计,部门报表的整理。

(2)及时准确地编制月末盘点表,每月 27 日前完成;协助主管经理对盘点结果做盈亏分析,出具盈亏报表至总经理。

(3)有条理地做好供应商送货单、收货入库单、出库单,部门之间的联络单和本部门相关文件的存档工作并及时记录,按规定转交相关部门。

(4)协助部门主管不定时监督抽查大仓和拣货仓的账物是否一致,对有误差的及时查找原因、申请调账,确保月末盘点数据的正确性。

(5)负责本部门文件资料的管控工作及跨部门文件资料的传递并做好记录,如本部门有出联络单,分发各部门且签完名后,放入仓库联络单文件夹归档即可。

(6)负责本部门所有人员的排班工作,请假条的存档,部门公告的发布,会议的组织安排。

(7)负责本部门文具辅料办公用品申购,下请购单给采购。

(8)负责办公区域的清洁卫生,做好 5S 维护工作。

(9)严格执行公司的各项规章制度和工作纪律,按时上下班。

(10)积极、主动提出改进的设想和建议,协助部门主管做好本部门的工作。

4. 订单处理组组长

(1)负责销售订单打印输出工作、内部传递交接工作,及时将相关作业单据交公司相关部门,对留存单据整理归档。

(2)负责商品销售汇总单(拣货员拣货单)的打印输出工作。

(3)对打印的订单按同型号规格分单并做好记录，交接给相关货区的拣货员开始拣货配货工作。

(4)与公司各事业部之间沟通协调,与仓储物流部内部各分组出库业务工作人员沟通协调。

(5)协助仓库文员进行仓库各类物品出库的账务管理。

5. 成品仓组长

(1)负责根据采购部收货指令,进行货品的检验查收,确保收货的准确性与及时性。

(2)货到仓库后,收货员应认真检查所收商品的名称、规格、数量,当所有产品符合销售要求后,方可办理签收手续;货放置待检区,品检合格盖完章方可入至对应的库位存放。

(3)点数员在办理入库手续的同时应做好入库的账目;按收货实数在PDA扫描枪上确认收货实数。

(4)成品经品质检验合格入库,仓管员应将成品分类摆放,根据不同类别、形状、特点、用途等分类整理,保管要做到"一清""二齐""三号定位"摆放。

①一清:数量清;

②二齐:摆放整齐、库容整齐;

③三号定位:按区、按排、按位定位。

(5)产品严禁直接摆放于地上,应放货架或卡板进行隔离防潮。

(6)质量原因退回产品必须分开储存并做好标识与良品区分开,对拣货仓的补货要及时迅速,确保不影响拣货员配货工作。

(7)配合仓库文员和主管不定时的进行抽检周盘工作,对抽检数量有误差的及时查找原因。

(8)公司各仓库内禁带火种、严禁烟火,各库门窗要按防盗要求关锁,并做好防水、防潮工作。班前、班后搞好检查,及时关好电闸、水、气阀门。做到防火、防盗、防水、防潮、防破坏。

(9)有特殊要求的各类物资必须按特殊要求进行保管、存放。

(10)各仓库必须每天清扫,做到库容整洁、地面无杂物,各类物资定置存放。

6. 发货组组长

(1)负责监督拣货员操作的准确率,并将验货员扫描检测出的错误数据每天整理,在每天的早会上提出改进方法,完成与成品仓补货到拣货仓的货物交接工作。

(2)负责根据销售订单明细进行包装工作,包括产品包装、售后卡填写、封箱等的工作。

(3)负责监督和指导打包人员日常业务工作,提高业务处理水平。

(4)负责与快递公司货物的交接工作,监督快递公司必须全部扫描揽件方可拉走货品,合理安排拣货员和打包员的工作。

(5)根据主管的包装工作安排及货物的包装要求进行商品的包装核对工作。

(6)正确、合理使用包装材料,做到有效保护商品,杜绝浪费。

7. 售后组组长

(1)售后登记员每天对快递退回的件在ERP系统进行退货快速扫描验货登记,对退回的白名单件,按规定在系统做登记。

(2)退回件登记完毕移待处理区,待拆包员按型号规格进行分类,售后件多的情况下可以跟主管申请拉到流水线统一处理。

(3)针对拆包员拆包分类好的件通知质检员进行检验，检验完毕的货品入对应的仓库，对需要退厂维修的开具退货单，联络采购通知供应商拉走。

(4)针对每天退回的售后件要当天处理完毕，特殊情况需要报告主管，每天做好售后报表，报表需要清楚记录每天处理售后件的数量，退回的良品和不良品的数量、原因，每周整理一次报告给主管。

8. 仓储部经理

(1)负责编制各项仓库管理制度，经总经理批准后执行；

(2)监督检查各项制度的执行情况，督促部门员工加强对仓库的管理；

(3)合理设计存放区域、摆放地点、摆放位置和摆放规则，确保库容得到最大化利用；

(4)督促仓管员认真办好货物出、入库验收手续；

(5)督导仓管员建立物资进、存、发放台账，做好账务管理工作；

(6)定期盘库，定期向财务部等相关部门提交库存盘点数据，对盘盈、盘亏、丢失、损坏等情况查明原因和责任人，提出处理意见；

(7)每日提供准确的物资库存量数据、库存日报表、发货明细表等；

(8)组织人员对仓库环境进行日常清理和维护，防止货物老化、变质；

(9)按照企业有关规定，落实安全防范措施，做好防火、防盗、防爆工作；

(10)定期检查仓库的卫生清洁工作，保证库内清洁、整齐；

(11)协调本部门各项工作，做好人员调配；

(12)控制本部门各项费用支出；

(13)组织部门员工的选拔、配备、培训和绩效考核工作。

9. 仓管员

(1)负责仓库的货物的保管、验收、入库、出库等工作；严格执行公司仓库保管制度，防止收发货物差错出现；做到以公司利益为重，爱护公司财产，不得监守自盗。

(2)入库要及时登账，手续检验不合要求不准入库；出库时手续不全不发货，特殊情况须经有关领导签批。负责定期对仓库货物盘点清仓，做到账物相符，协助仓库主管做好盘点、盘亏的处理及调账工作。

(3)负责仓库区域内的环境、防盗、消防工作，发现事故隐患及时上报，对意外事件及时处置。

(4)科学合理地安排货物在仓库内的存放次序，按货物的品种、规格、等级取拿的方便程度分区堆码，分区分类、编号管理。货物标识清楚，存卡记录连续、字迹清晰。

(5)负责仓库管理中的入出库单、验收单等原始对废品要及时清理保持库房内的整洁资料、账册的收集、整理和建档工作，及时编制相关的统计报表，应用计算机管理仓库。

(6)仓库库房内所有货物摆放应按照以划分的区域进行摆放，其区域不得出现与之不符的货品。

(7)完成仓储部经理交办的其他各项工作。

10. 装卸工

(1)热爱本职工作，遵守公司各项规章制度，爱护产品和仓库一切物品。

(2)负责装卸摆放产品。对所装卸摆放产品的数量、质量负责,并配合监督仓管员是否按单收、发产品。

(3)装卸工人要遵守劳动纪律,服从仓储部经理的指挥及工作指令,在规定的时间内完成规定的工作。

(4)严禁野蛮操作,严禁破坏物料。大件产品装卸摆放必须两人或两人以上操作。产品严禁拖地操作,产品从高处下放,要用搬放方式操作,严禁乱丢、乱放产品。严禁用完好的产品作垫台。要根据产品的各种装卸摆放要求,严格按照各种装卸摆放方式操作。

(5)装卸工人要根据仓库、场地的安排,整齐规范摆放产品。

(6)搞好工作场所的清洁卫生。每日上班第一时间清理仓库,即原材料车间清洁,原材料包装袋收集整理,车间管材管件堆放整齐。

(7)做好仓库的防火、防盗窃、防破坏工作。

(8)严禁在仓库内吸烟,着装严肃,严禁赤膊。严禁迟到早退,行为散漫。

(9)完成仓储部经理交办的其他各项工作。

11. 司机配送员

(1)严格遵守公司的考勤制度及其他相关规章制度。

(2)不得无故拖延送货时间或拒不执行配送计划。

(3)上班时间不私自无故外出,按时到岗,及时送货,不松懈出车。

(4)出车前检查水、油状况。检查车辆所载商品是否完好,并保证商品在途的安全、完好。

(5)出入库要严格按顺序和行车路线行驶,损坏货物,按价赔偿。

(6)做到从领货—运输—顾客清点签字—付款—回收—入库—财务核销各环节的单据完整、清楚、准确、及时。

(7)出车前认真核对商品与出货单、回货单是否一致,包装是否完好,认真填写配送单据记录。

(8)确保配送、财务、仓库单据数量的一致性,发现问题及时清查。

(9)熟悉片区路段和客户分布情况,保证配送及时、准确、到位。确保账货相符,接到配送通知,应携带齐相关单据。

(10)途中耽误不能及时送货,要和公司取得联系,方便公司另行派车安排。

(11)与门店往来中严禁发生乱赊欠行为,如因乱赊欠行为情节严重并造成影响或后果的,承担相应责任及损失。

(12)认真填写每天汽车使用记录,每周上报仓储部经理。

(13)及时反馈顾客对本公司提出的意见和建议。

任务三　运营流程

一、仓库运营流程内容

仓库运营管理是物流管理的一个核心环节,对整个物流操作有重要作用。本任务具体谈一下仓库运营流程的内容，具体情况还应具体分析，不同的行业流程可能有所不同。

(一)订单管理流程

仓库管理流程的首项就是订单管理作业，通过订单中心，实现对线上订单、线下订单及第三方订单的管理，支持订单接收，订单自动合并与拆分，自动匹配仓库，库存控制，自动匹配快递、结算与支付等订单生命周期中的一系列协同作业。订单管理流程如图 5-11 所示。

由于物流平台一般均非随货收取货款，而是于一段时间后，予以结款，因此在订单资料处理的同时，业务人员要依据公司对该客户的授信状况查核是否已超出其授信额度。

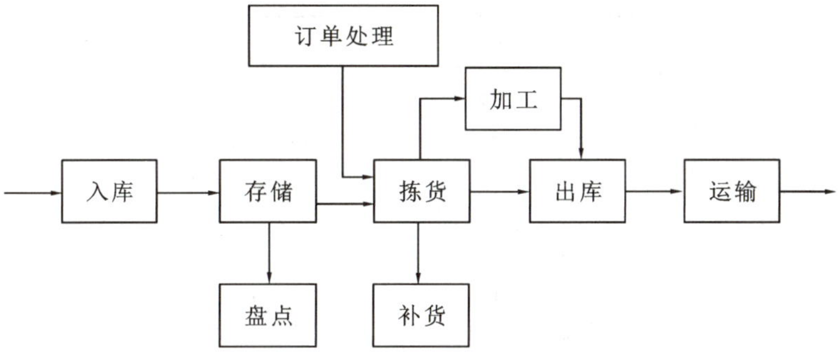

图 5-11 订单管理流程

此外在特定时段，业务人员统计该时段的订货数量，并予以调货、分配出货程序及数量。退货资料亦该在此阶段予以处理。另外业务部门制订报表计算方式，做报表历史资料管理，确定客户订购批量、订货方式或订购结款截止日。

(二)采购流程

采购部门应提前制订后续采购计划，并做好相应工作安排，采购工作应在相关申购审批流程结束后开始进行。到货后，必须严格检查商品数量、质量等是否合规。及时做好货物采购台账，并办理后续入库登记。采购流程如图 5-12 所示。

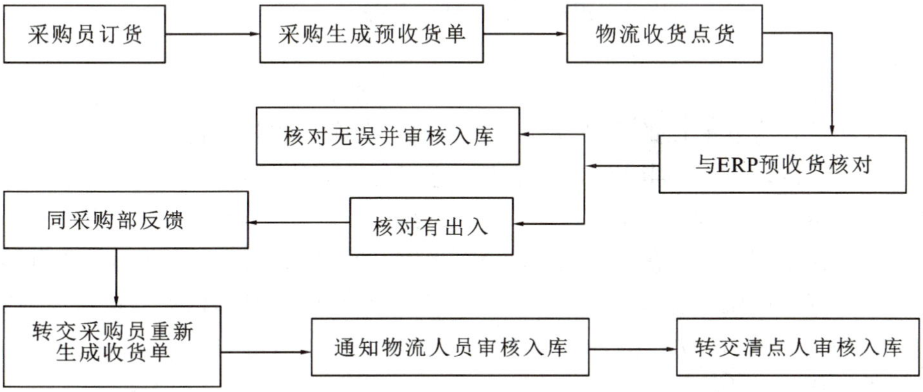

图 5-12 采购流程

(三)进货入库流程

由物料控制中心下发物料采购计划，并注明采购物料的品名、规格、数量及到货时间。仓库依据采购计划核对到货物料数量及时间，未到货应及时向物控平台反映，由物控平台与供应商联系。并同时严格合理控制库存，减少库存资金占用以便物料收发有序地流转。

入库管理人员可依一定方式指定卸货及栈板堆叠。对于由客户处退回的商品，退货品的入库亦经过退货品检、分类处理而后登记入库。同时采购人员应合法发展与供应商的关系，在执行业务的过程中，要遵守所有相关仓库管理办法。进货入库流程如图 5-13 所示。

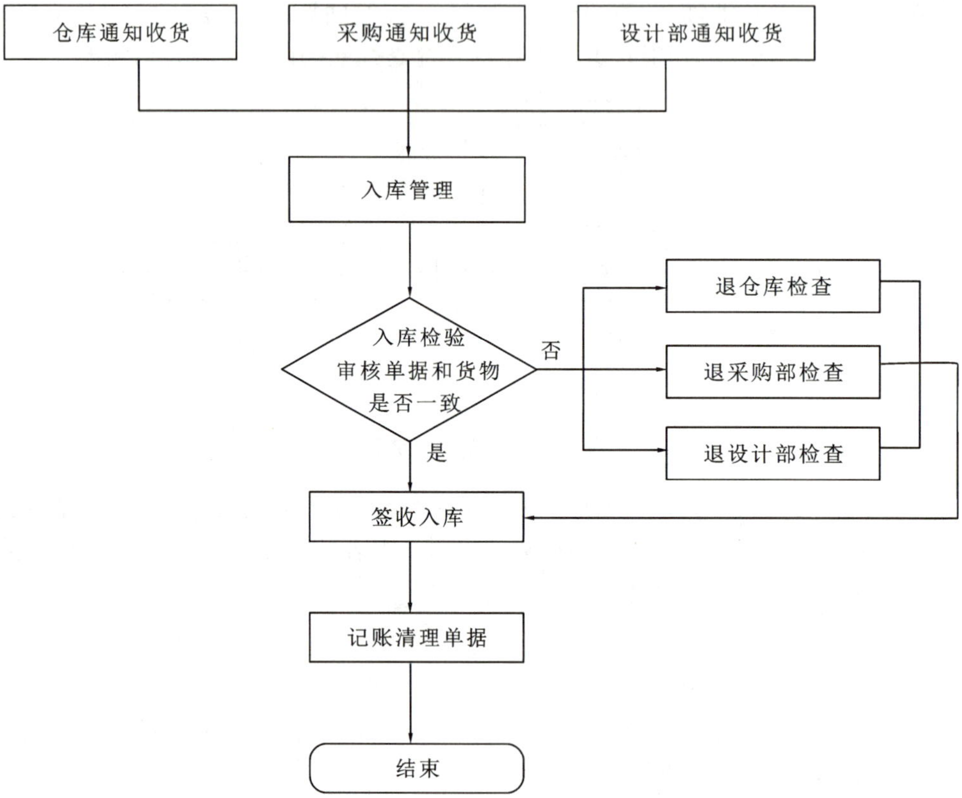

图 5-13　进货入库流程

（四）库存管理流程

库存管理作业包含仓库区的管理及库存数控制。仓库区的管理包括货品于仓库区域内摆放方式、区域大小、区域的分布等规划；货品进出仓库的控制遵循：先进先出或后进先出。进出货方式的制订内容包括：货品所用的搬运工具、搬运方式；仓库区储位的调整及变动。

库存数量的控制则依照一般货品出库数量、入库时间等来制订采购数量及采购时点，并做采购时点预警系统。确定库存盘点方法，于一定期间印制盘点清册，依据盘点清册内容清查库存数、修正库存账册并制作盘亏报表。仓库区的管理更包含容器的使用与容器的保管维修。库存管理流程如图 5-14 所示。

（五）补货及拣货流程

由货架保管区补货到流动货架的拣货区。这种补货方式的保管区为料架储放区，动管拣货区为两面开放式的流动棚拣货区。拣货员拣货之后把货物放到输送机上并运到发货区，当动管区的存货低于设定标准时，则进行补货作业。这种补货方式由作业员到货架保管区取货

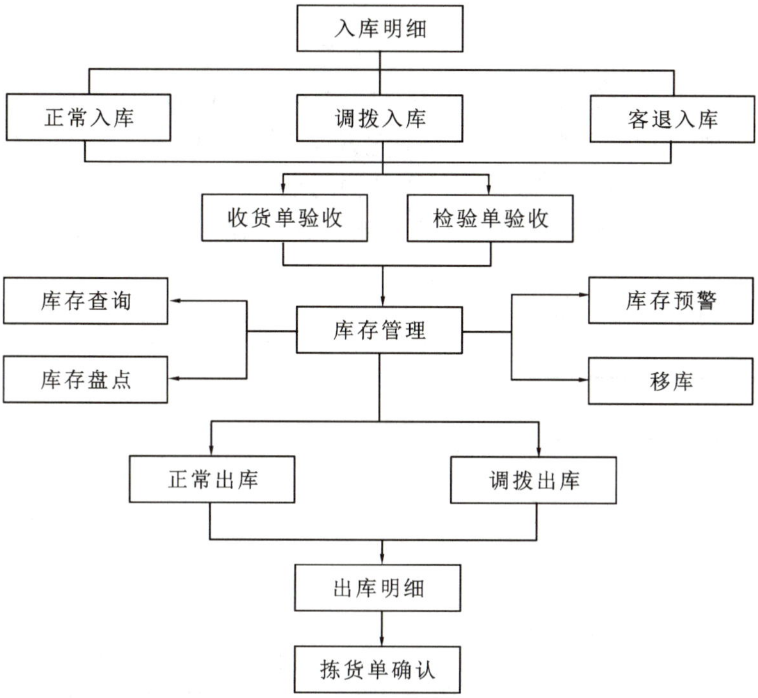

图 5-14　库存管理流程

箱，用手推车载箱至拣货区。较适合于体积小且少量多样出货的货品。补货及拣货流程如图 5-15 所示。

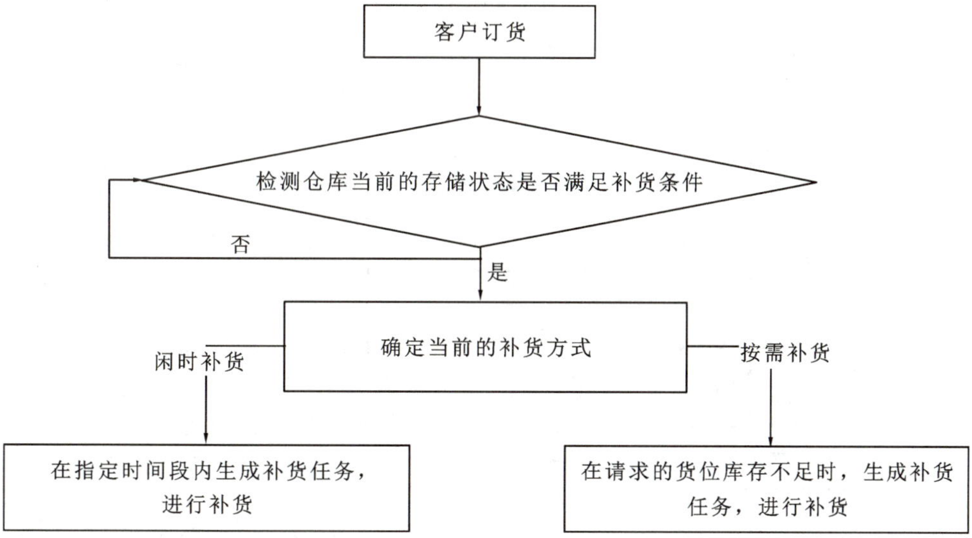

图 5-15　补货及拣货流程

库位配置应依下列规定。配合仓库内设备，例如油压车、手推车、消防设施、通风设备、电源开关及所使用的储运工具等，规划运输通道。依据货物的属性（组别）分区存放，同类货物合格品、待检品、不合格品分区存放以利管理。收发频繁的货物应配置于进出便捷的库位。将货物依货物名称、规格、批号、数量、存放库位标明于料卡或库位配置图上，并随时显示库存动态。

(六)流通加工流程

商品由物流平台送出之前可于物流平台做流通加工处理，在物流平台的各项作业中以流通加工提高货品的附加值，其中流通加工作业包含商品的分类、过磅、拆箱重包装、贴标签及商品的组合包装。而欲达成完善的流通加工，还需进行包装材料及容器的管理、组合包装规则的制订、流通加工包装工具的选用、流通加工作业的排程、作业人员的调派。流通加工流程如图5-16所示。

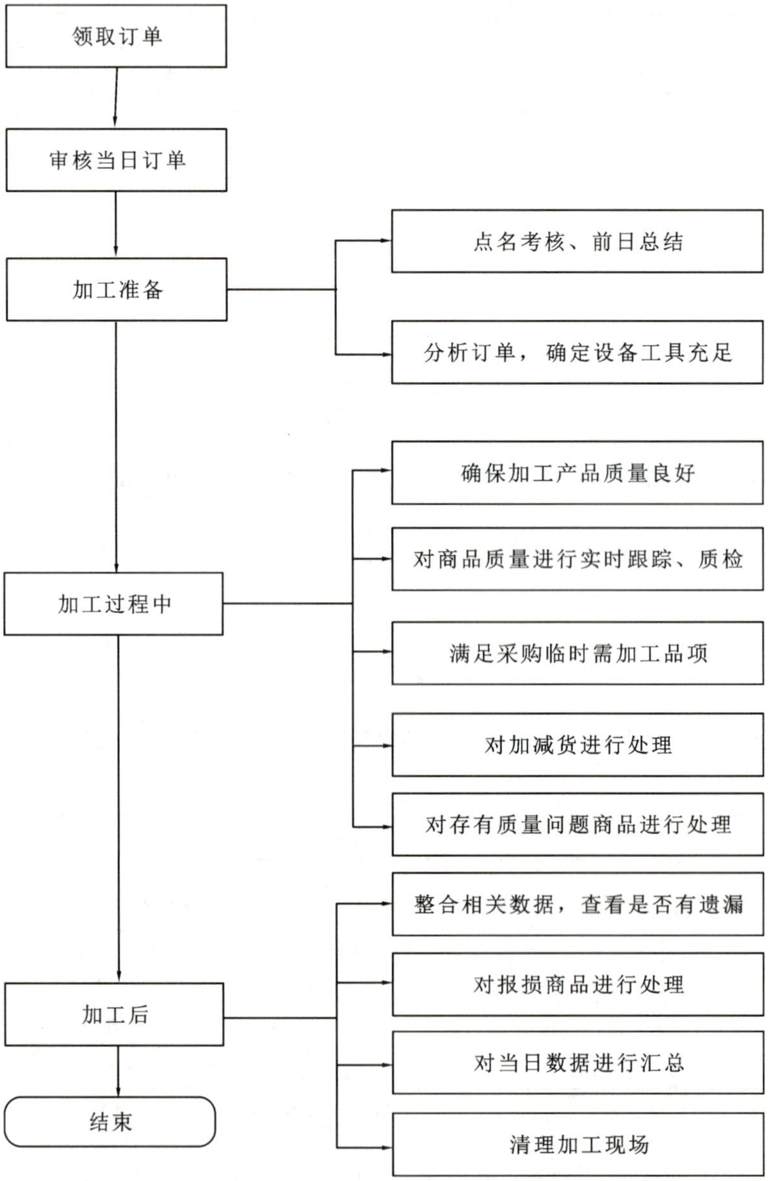

图 5-16　流通加工流程

（七）出货作业流程

出货由业务部门与客户确认供应货物，发单至仓库部门发货。仓库出示的单据内容必须有品名、规格、数量等重要数据。仓库开单后需要单位主管确认，单位主管必须掌握出货信息才能签字。单据签好后就由仓库人员装车，仓库人员装车时一定要确认好所装的货物与单据相符，且货物装车时一定要利于检查。货物装好后，司机拿签核好的单据交给出货门安勤，安勤对照单据和货物核实无误后可以放行。出货作业流程如图 5-17 所示。

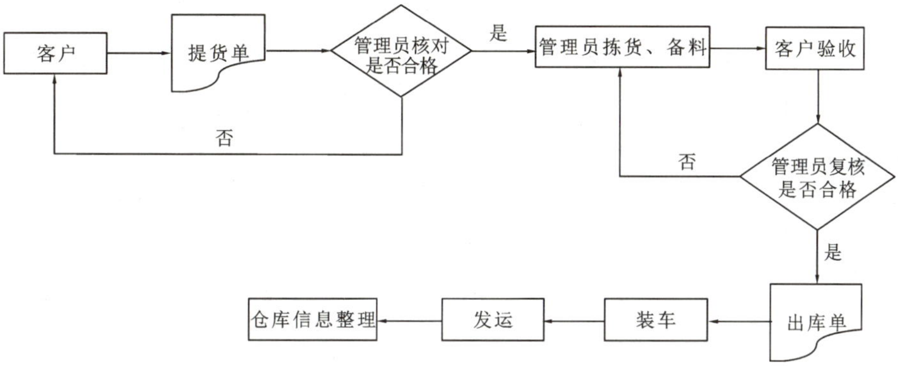

图 5-17　出货作业流程图

（八）配送流程

在配送过程中，首先仓储管理员需要根据销售部提供的要货清单来进行打单工作，仓储管理员在打单的同时安排配货员进行配货，并且将已经选好的物品分类放在仓库的待发区方便装车和发货，发货之前仓储管理员要根据送货的路线安排来分配车辆，商品保管员需要按照发货清单来进行审核，并且由驾驶员装车。配送流程如图 5-18 所示。

（九）会计流程

商品出库后销售部门可依据出货资料制作应收账单，并将账单转入会计部门作为收款凭据。而商品购入入库后，则由收货部门制作入库商品统计表以作供货厂商请款稽核之用。并由会计部门制作各项财务报表以供营运政策制定及营运管理参考。

（十）营运管理及绩效管理流程

除了上述物流平台的实体作业之外，良好的物流平台运作更要基于较上层级的管理者透过各种考核评估来达成物流平台的效率管理，并制定良好的营运决策及方针。

而营运管理和绩效管理可以由各个工作人员或中级管理层提供各种资讯与报表，包含出货销售的统计资料，客户对配送服务的反应报告，配送商品次数及所用时间的报告，配送商品的失误率，仓库缺货率分析，库存损失率报告，机具设备损坏及维修报告，燃料耗材等使用量分析，外雇人员、机具、设备成本分析，退货商品统计报表，作业人力的使用率分析等。绩效管理流程如图 5-19 所示。

（十一）工程物资接收流程

工程物资接收流程如图 5-20 所示。

（1）仓储部根据采购部下达的收货通知单做好入库前的准备工作。

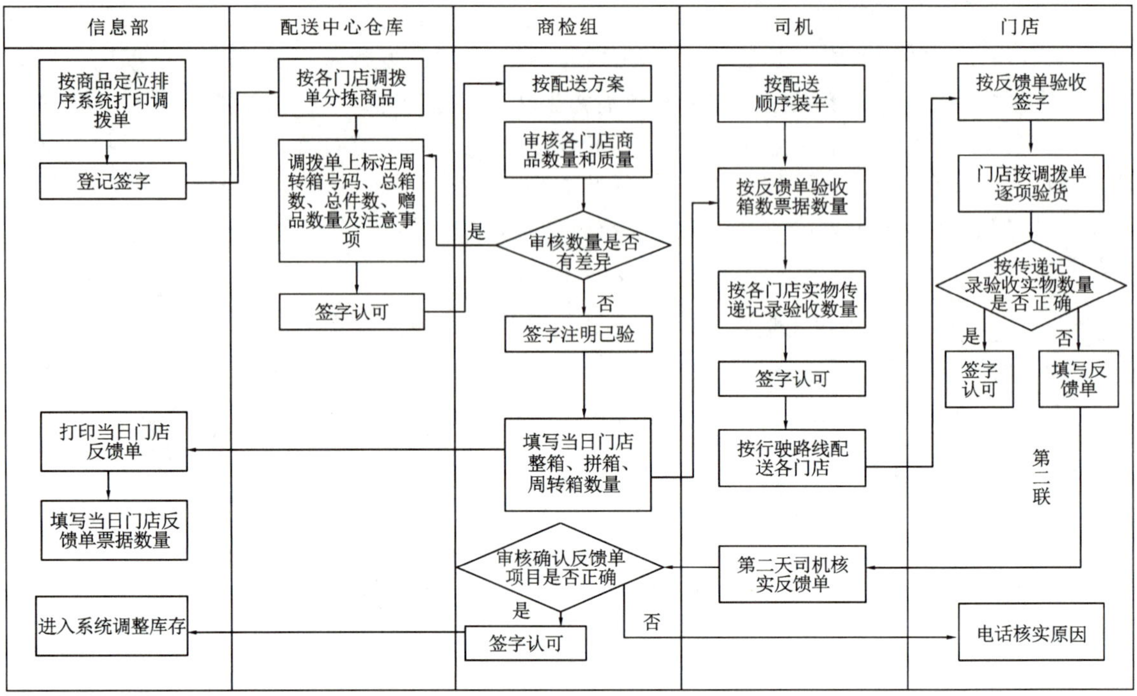

图 5-18　配送流程图

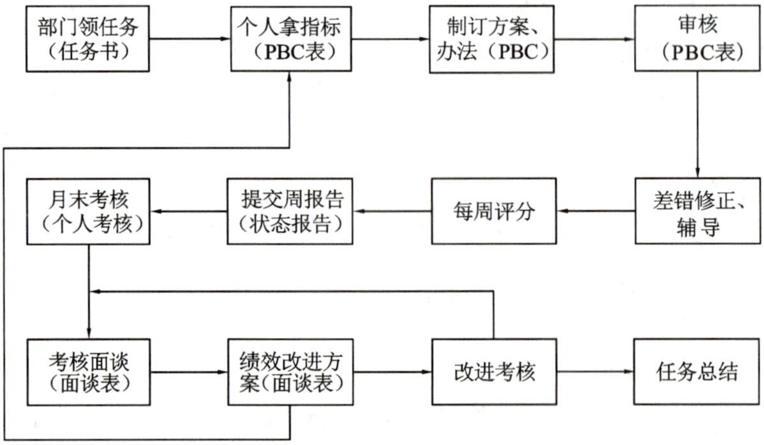

图 5-19　绩效管理流程图

准备工作包括：

①在材料入库前，仓库主管根据通知单了解所接收的材料。

②妥善安排好货位。

③合理组织人力。

(2)物料到货后，验收人员核对采购单和供应商的发货清单内容是否相符，保证单单相符。仓储部验收人员对物料按以下方法进行验收：

①确认实物、清点数量、检查外包装是否牢固和供方的检验合格标记，开箱检查物资有无损坏，过程中如发现任何问题，都要当面指出。

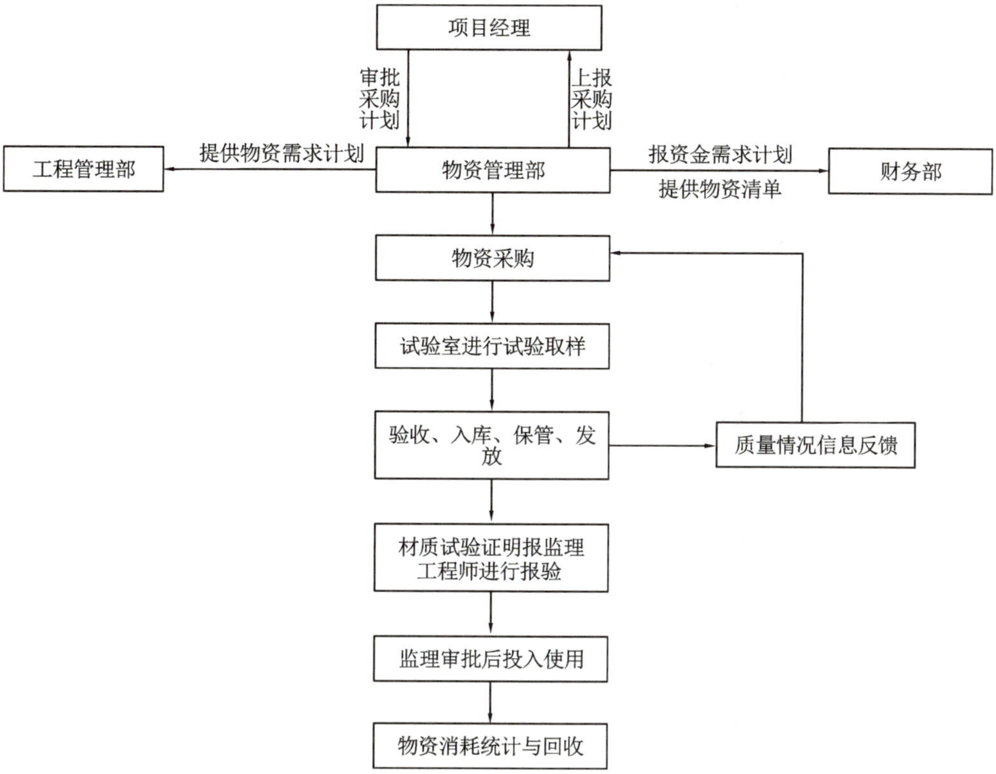

图 5-20 工程物资接收流程图

②仓储部验收人员发现物料有破损、受潮情况或外观、数量不符合要求，及时通知采购部相关人员解决。

③确认无误后在发货清单上填写到货日期并签收入库。

④当物料直发工地，主管人员负责验收。签收后，发货清单一式两份，一份交财务核对付款，另一份交给仓库保管员补做出入库记录。

(十二)工程物资入库流程

工程物资入库流程如图 5-21 所示。

(1)物料验收合格后，仓管员根据物料据实填写物料入库单，一式三份，一份留做仓库登记实物账，另两份分别及时交给采购部和财务部。

(2)物料入库后，仓储部人员及时建立保管卡，一垛一卡，悬挂位置要明显、牢固，并根据作业的内容及时更新卡内容。

(3)对每件物料进行建档，对物料档案统一编号，确定资料的保管期，及时更新资料。

(十三)工程退料入库流程

工程退料入库流程如图 5-22 所示。

(1)工程人员填写退料单并签字，注明退料原因，工程主管审核签字。

(2)仓管员对凭证审核通过后，与退料员进行清点交接并在退料单上签字、入库。

(3)仓管员对合格的退货物料进行合格物料归位，并贴上退货标识。

(4)仓管员及时登账和更改保管卡。

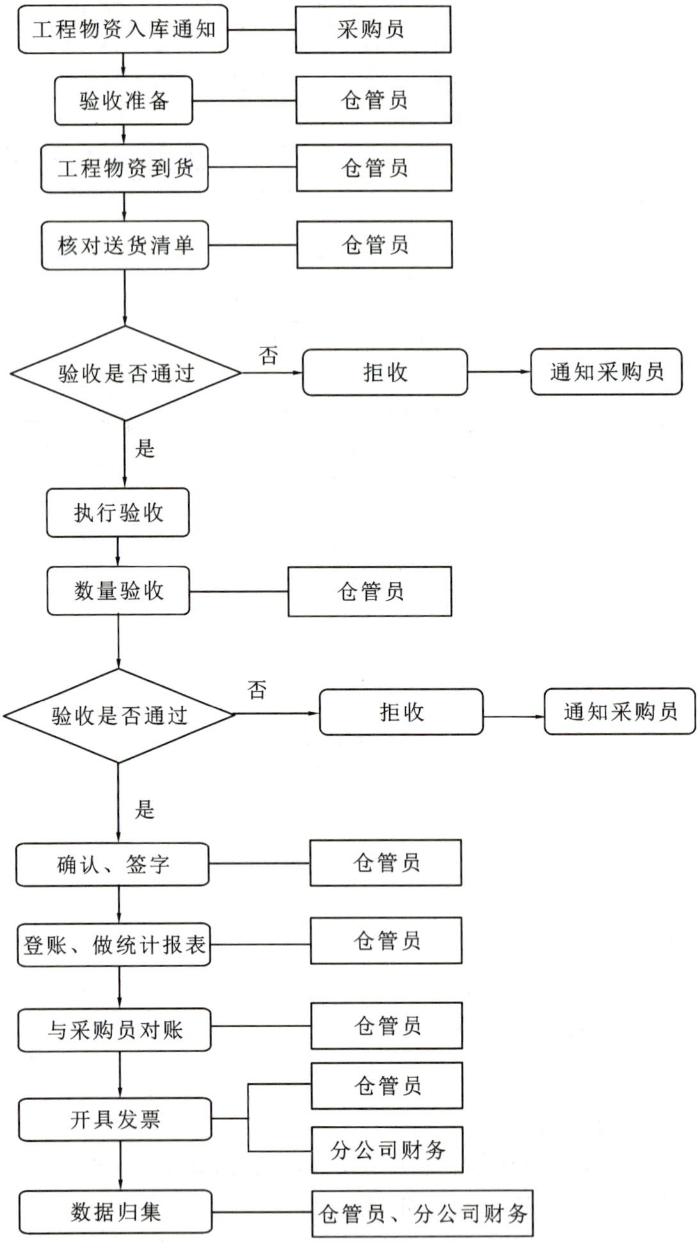

图 5-21 工程物资入库流程图

(5)对不合格物料放入不合格区并建立标识卡悬挂好。

(6)退料单一式三份,一份仓库保管,另两份交给财务部和工程部。

(十四)废料处理流程

废料处理流程如图 5-23 所示。

(1)仓库人员填写物料报废申请表,由部门主管审核签字。

(2)把物料报废报告单交给技术部门审核,提出意见并签字。

(3)交由总经理审核,出具废料处理审批报告。

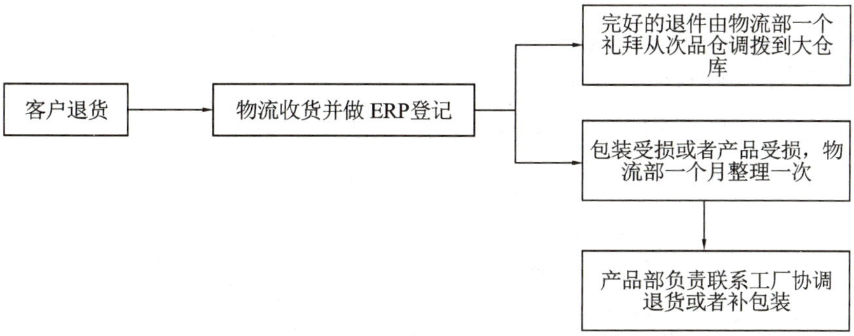

图 5-22　退料入库流程图

(4)仓储部按废料处理审批报告的方法进行处理,并填写废料处理清单,以备日后查询。

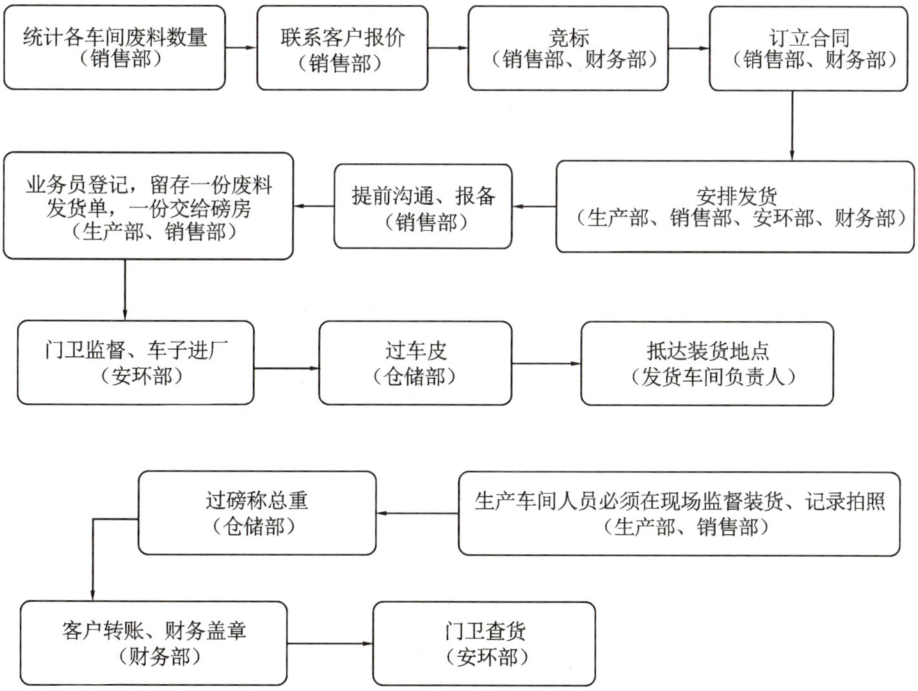

图 5-23　废料处理流程图

(十五)在库物料库存控制流程

仓库人员定时和在理货的同时检查物料保管卡,发现物料的订货周期到达,库存数量下降或达到订货点时,及时通知部门主管并填写采购申请单,下达到采购部。

(十六)仓库盘点的流程

仓库盘点的流程如图 5-24 所示。

(1)确定盘点日期和时长。

(2)确定要盘点的所有物资。

(3)工程部的退料在仓库清理工作前彻底退回仓库。

(4)仓库主管领导仓库人员进行盘点前的清理工作。

清理工作包括：

①供应商送来的物料未办完验收手续的，不在盘点范围内，与公司货物分开并标识好。

②清理仓库，使仓库井然有序，便于计数与盘点。

③将所有单据、文件、账卡整理就绪，未记账、销账的单据均结清。

④将不合格物料、废料、损坏的物料与合格物料分开放置。

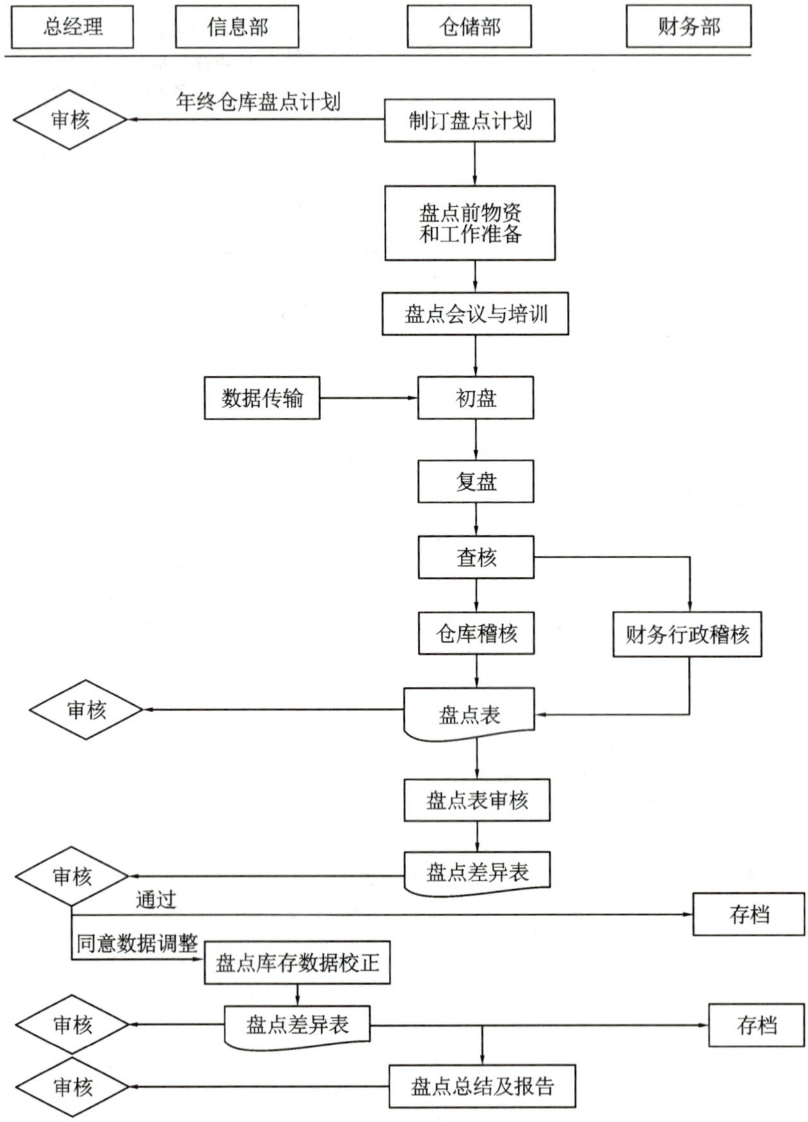

图 5-24　仓库盘点流程图

(5)对盘点人员进行盘点培训。

(6)对盘点人员进行具体的分工。

(7)实施实地盘点，盘点人根据清点结果清楚填写盘点表。

(8)盘点结束后，将实际库存与台账相核对要。

(9)当存在账物不一致的现象，仓管人员重盘并查明原因，填写物资盘点更正表，调整相应的账面数量。

(10)整个盘点结束后，仓管人员分别填写盘点汇总表、盘点盈亏汇总表并交给相关部门主管。

二、仓库运营流程的技巧

仓库管理标准化流程是仓库未来工作效率有效提高、数据精确度上升、人员管理更加完善必不可少的保障。拥有一套标准的仓库运作流程，可以帮助管理者在最短时间内让仓库有效运转起来，同时改进相关流程。

做好仓库运营需要以下几个方面的考虑。

(一)优化仓库布局

合理规划仓库的布局，将货物分类、分区存储，避免货物混乱或交叉，提高货物的存储密度和存储量。同时，需要根据货物特性和流量，合理配置货架、物料搬运设备等。

(二)精细管理库存

精细化管理库存，做好库存的监控、调配、统计和分析，避免库存过多或过少，提高仓库的货流效率。

(三)做好仓库物流管理

仓库物流管理包括进货、分拣、分储、配载、发货等环节，需要精确、高效、安全地完成，避免物流延误或出现错误。

(四)保障安全生产

仓库运营涉及人员、设备、货物等多方面的安全，需要建立健全安全管理制度和操作规范，加强安全培训和应急预案，确保仓库运营安全稳定。

(五)强化团队管理

仓库运营是一个团队协作的过程，需要建立科学的岗位职责和工作流程，注重人才梯队建设和培训，提升团队的专业化和效率。

(六)运用信息技术

利用信息技术，如WMS(仓储管理系统)、RFID(射频识别)、ERP(企业资源计划)等，优化仓库流程、提升管理效率、减少人为错误，提高仓库运营水平。

总之，做好仓库运营需要从多个方面加强管理和优化流程，提高仓库的货流效率和安全稳定性，从而满足市场和客户的需求。

任务四　管理指标

仓库管理指标即通过组织创新活动，使生产力产生飞跃性的提高。它是把企业所有的活动朝一个方向努力的经营管理技术。为了进一步加强仓库过程管理，确保公司生产安全、稳定、高效运行及产量、质量达标，公司应严格推行指标管理，各级生产管理人员和操作人员都必须严格遵照执行。

一、仓库管理指标标准

什么样的仓库管理才是好的管理？做到什么水平才算是好的管理？有没有切实有效的指标呢？要想知道仓库管理工作做得好不好，可以从以下几个方面来分析。

（一）仓库资源利用程度

地产利用率＝（仓库建筑面积/地产面积）×100%

仓库面积利用率＝（仓库可利用面积/仓库建筑面积）×100%

仓容利用率＝（库存商品实际数量或容积/仓库应存数量或容积）×100%

有效范围＝（库存量/平均每天需求量）×100%

投资费用化＝[投资费用/（单位库存/单位时间）]×100%

设备完好率＝（期内设备完好台数/同期设备总数）×100%

设备利用率＝（全部设备实际工作时数/设备工作总时数）×100%

（二）服务水平

缺货率＝（缺货次数/顾客订货次数）×100%

顾客满足程度＝（满足顾客要求数量/顾客要求数量）×100%

准时交货率＝（准时交货次数/总交货次数）×100%

货损货差赔偿费率＝（货损货差赔偿费总额/同期业务收入总额）×100%

（三）储存能力与质量

仓库吞吐能力实现率＝（期内实际吞吐量/仓库设计吞吐量）×100%

进、发货准确率＝（期内吞吐量－出现差错总量）/期内吞吐量×100%

商品缺损率＝（期内商品缺损量/期内商品总数）×100%

二、管理指标的制定

（一）管理指标的编制

公司对管理指标实行三级管理，分别为公司级、分厂（车间）级、班组级。

（1）指标包括原料及化工原材料质量指标、装置关键工艺参数指标、设备运行指标、动力工艺指标、装置成品及半成品质量指标、装置消耗指标、环保监控指标、主要技术经济指标等。

（2）凡是涉及工艺、设备、原料、产品质量、安全环保、消耗等的指标全是班组级管理指标。

（3）班组级管理指标中凡是涉及工艺（连锁），核心设备（停车），系统安全，对产品产量、质量和消耗起决定作用的指标及安全环保重点监控的指标作为分厂（车间）级管理指标，原则上分厂（车间）级指标含（但不限于）公司发布的《关键工艺指标手册》中所罗列的指标。

（4）分厂（车间）级指标中涉及装置上下游要求的控制指标，对安全生产、产品产量质量具有重大影响的关键指标及安全环保重点监控的指标作为公司级控制指标。

（5）指标来源于装置原设计的基础数据、装置改造设计（技改技措）的基础数据、装置长周期运行的限制条件、装置标定数据、产品质量指标控制、环保达标排放要求等。

（6）新装置开工初期可以使用临时工艺指标，试行半年，生产工艺运行稳定后，修订为正式的工艺指标。

(7)各分厂车间技术管理人员编制完成指标手册，经分厂厂长或车间负责人审查，审查后报公司相关管理部门(总工办、生产部、安全环保部、质量管理部、设备技术部)审定、会签，公司总工程师批准后下发执行。

(二)管理指标的职责

总工办是指标的归口管理部门。协同生产部、安全环保部、质量管理部、设备技术部、企管部统一负责制定、修改和管理，确保指标的有效性、适宜性。

(1)生产部、安全环保部、质量管理部、设备技术部负责指标相关专业的审查、监督和检查。

①工艺指标由生产部审查、监督执行和检查。

②设备指标由设备技术部审查、监督执行和检查。

③安全、环保指标由安全环保部审查、监督执行和检查。

④产品质量指标由质量管理部审查、监督执行和检查。

⑤装置消耗、主要技术经济指标由生产部审查、监督执行和检查。

(2)各分厂车间专业技术人员负责工艺指标的具体编制和监督执行，对运行中存在的问题进行分析，提出变更意见。

①负责根据装置资料及实际运行情况整理、归纳指标，并对指标进行分级，建立对应台账，台账格式如表 5-1 所示。

表 5-1 控制指标

序号	仪表位号	名称	单位	标准值	实际控制值	指标属性	分级	备注

②负责监督指标执行，对运行过程中存在的指标偏离情况进行分析，会同操作人员提出解决措施。

③负责对指标偏离情况的分析及提出的解决措施建立台账，并定期对台账进行分析，提出合理化意见。

(3)各分厂车间操作人员严格执行规定指标。

①班前，班值长对上一班的指标运行情况进行通报，并组织对指标偏离情况的分析及提出的解决措施进行学习。

②班中，严格执行规定指标，按照分厂车间要求建立操作台账，严禁弄虚作假。分厂级指标发生偏离，班值长要上报分厂车间。公司级指标发生偏离，分厂车间要上报各职能部门。

③班后，班值长对当班的指标运行情况进行通报，并组织对指标偏离情况进行简单的分析，提出发现的问题或提出解决措施。

(三)管理指标的监控

(1)指标由公司、分厂车间、班组实行三级监控。

（2）各分厂车间专业技术人员应随时跟踪指标的执行情况，处理执行中遇到的问题。

（3）班值长、内操、外操熟记工艺指标，在操作控制过程中随时与 DCS、现场指标对比，确保工艺指标得到有效控制。各分厂车间专业技术人员负责对班组工艺指标执行情况的检查与监督，公司各专业职能部门按照工艺纪律检查要求对工艺指标进行检查。

（4）出现操作指标超出规定指标控制范围，必须按操作指南要求做出调整，并及时上报。

（5）如果某一操作指标多次或连续超规定指标控制范围，分厂车间技术人员要上报各指标管理职能部门，并组织查找深层次原因，落实措施，消除超指标现象。

（四）管理指标的修订

（1）依据工艺装置最佳运行状态和实际工艺条件进行根因分析及危险性分析，若需要修改工艺指标，分厂车间技术人员应填写工艺指标变更申请表，经车间主任、分厂厂长审批签字后，报相应职能部门审批，在总工办备案后，再由总工程师签字批准。（见图 5-25）

<table>
<tr><td>项目名称</td><td colspan="3"></td><td>项目负责人</td><td></td></tr>
<tr><td>项目编号</td><td></td><td>项目类型</td><td></td><td>项目起止时间</td><td></td></tr>
<tr><td>项目承担单位</td><td colspan="2"></td><td colspan="2">预期成果</td><td></td></tr>
<tr><td>变更事项</td><td colspan="5">□变更项目组成员　　□延期
□变更项目名称　变更后项目名称：________
□变更预期成果　变更后成果形式：________
□其他　　　　　变更后：________</td></tr>
<tr><td colspan="6">申请变动原因

年　月　日</td></tr>
<tr><td colspan="6">变动前项目组全体成员签字（按计划批复顺序）</td></tr>
<tr><td colspan="6">变动后项目组全体成员签字（按变更后顺序）</td></tr>
<tr><td colspan="2">项目负责人意见

签　字：

年　月　日</td><td colspan="2">项目承担单位意见

负责人签字：

公　章
年　月　日</td><td colspan="2">科研处意见

审批人签字：

公　章
年　月　日</td></tr>
</table>

图 5-25　管理指标修订图

(2)修改审批程序完成后,总工办以书面形式下发车间,车间下发到岗位。

(3)车间技术员对岗位记录表、操作规程等内容进行相应修改。

(五)管理指标的考核

(1)指标是生产技术的核心,是生产安全平稳运行的保障,生产中应严格执行,任何人不得随意更改和拒绝执行。

(2)各职能部门按规定对指标的执行情况进行考核,保证工艺指标的平稳率达95%以上。

(3)各分厂车间按照本制度制定切合各分厂车间的指标考核管理细则,并将考核管理细则在总工办备案。

(4)职能部门对各分厂车间的指标执行情况及监督情况进行考核。

(5)总工办协同生产部将不定期地对各分厂车间工艺指标管理的执行、监督及相关台账建立情况进行检查,对未严格执行本制度的部门,总工办将进行绩效考核,并将检查及考核结果通报全公司。

三、绩效管理指标

(一)绩效指标概述

1. 绩效指标的含义

绩效指标是用以评判对象(个人、业务单元、部门或组织)业绩好坏的因素,绩效评估工作的关键要素,以行为指标和结果指标体现。行为指标是指员工在工作岗位上的行为表现;结果指标是指通过员工的工作所带来的工作和组织的某些变化。

关键绩效指标,又称KPI(key performance indicator),是通过对组织内部流程的输入端、输出端的关键参数进行设置、取样、计算、分析,衡量流程绩效的一种目标式量化管理指标,是把企业的战略目标分解为可操作的工作目标的工具,是企业绩效管理的基础。KPI可以使部门主管明确部门的主要责任,并以此为基础,明确部门人员的业绩衡量指标。建立明确的切实可行的KPI体系,是做好绩效管理的关键。关键绩效指标是用于衡量工作人员工作绩效表现的量化指标,是绩效计划的重要组成部分。(见图5-26)

2. 绩效指标的建立流程

KPI的提取,可以用“十字对焦、职责修正”一句话概括。但在具体的操作过程中,要做到在各层面都从纵向分解战略目标、横向结合业务流程“十”字提取,也不是一件非常容易的事情。

1)分解企业战略目标,分析并建立各子目标与主要业务流程的联系

企业的总体战略目标在通常情况下均可以分解为几项主要的支持性子目标,而这些支持性的更为具体的子目标本身需要企业的某些主要业务流程的支持才能在一定程度上达成。

2)确定各支持性业务流程目标

在确认对各战略子目标的支持性业务流程后,需要进一步确认各业务流程在支持战略子目标达成的前提下流程本身的总目标,并运用九宫图的方式进一步确认流程总目标在不同维度上的详细分解内容。

3)确认各业务流程与各职能部门的联系

建立流程与工作职能之间的关联,从而在更微观的部门层面建立流程、职能与指标之间的

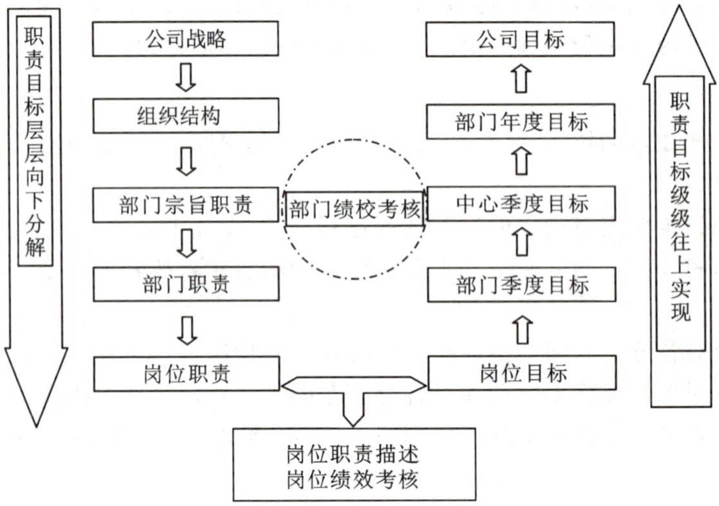

图 5-26 绩效考核图

关联，为企业总体战略目标和部门绩效指标建立联系。

4）部门级 KPI 指标的提取

在本环节中要从通过上述环节建立起来的流程重点、部门职责之间的联系中提取部门级的 KPI 指标。

5）目标、流程、职能、职位目标的统一

根据部门 KPI、业务流程以及确定的各职位职责，建立企业目标、流程、职能与职位的统一。

（二）绩效指标考核

现代仓库管理绩效有以下考核标准。

1. 库存准确率

库存准确率这个数据应该由固定时间段（每天、周、月……）的盘点（动态盘、循环盘、停产盘……）数据来支撑的。（盘点准确数量/盘点总数量）×100%＝库存准确率。值得注意的是数量可以是 SKU 数，也可以是具体的总数量，甚至可以是库位数，完全就看需要哪个。另外库存准确率可以引申出库位准确率这个指标。

（盘点库位准确数量/盘点库位总数量）×100%＝库位准确率。这个指标对老是有东西找不到的仓库还是很重要的。

2. 收、发货及时准确率

收、发货及时准确率其实包含了好几个指标。原材料、半成品、成品，收货、发货，及时、准确，排列组合起来有 12 个指标。收（发）货及时（准确）数量/收（发）货总数量×100%＝收（发）货及时（准确）率。数量的选择方面和库存准确率的类似，依然有 SKU、订单（PO、SO……）、操作（WMS 系统）等可选择。

但是这个指标的难点不在于定义，而在于数据收集。特别是及时性，怎么样算及时，具体时间怎么统计收集上来。没有合适的系统，靠人工记录，是几乎无法考核这个指标的。当然，可以采取曲线方法，例如收集投诉数量，没有投诉就是准确及时，但是这样就无法实现过程监控的目的。

3. 破包率(破损率)

破包率考察由于仓库操作不当造成的物料包装破损或者货物损坏。这个指标本意是用来考察约束仓库的,特别是第三方仓库的实物操作规范,可以简单规定破包数必须小于多少。公式:破包(损)率=(货物破包(损)数量/总货物操作数量)×100%。

4. 账物相符率

账物相符率,是总体的账存品种数量与实存的品种数量的比率,如库存商品有 10 个品种,但 10 个品种中,有 5 个品种的数量核对不符,那么账物相符率为 5/10=50%。

5. 库存周转率

库存周转率是一个经典的仓库相关的财务指标,但是又是一个对于仓库一线管理人员毫无用处的一个指标。其公式:库存周转率=(货物周转量/库存总量)×100%,因为库存周转率公式中的货物周转量和库存总量,一个依靠销售,一个仰仗物料计划或采购,所以很多公司的这个指标不需要仓库提供,而是财务处理。

6. 长库龄物料占比

长库龄物料占比这个指标和库存周转率是有很大的相关性的。公式:长库龄物料占比=(长库龄物料金额/总库存金额)×100%。

这个指标对仓库和库存管理更有实际意义。先是要定义好多长时间没有消耗或者发货的物料属于长库龄物料。定义完长库龄物料后,可以导出两个数字和一张清单,两个数字分别是库存物料平均库龄、长库龄物料的平均库龄,一张清单就是长库龄物料清单。占比数和库龄都可以起到警示作用,而清单可以帮助各个部门真正去逐个处理长库龄物料。另外占比每个月统计一次,还可以关注整个库存健康程度的趋势变化,形成一个趋势指标。

7. 库位利用率、平均 SKU 占用库位数、库位周转率

库位利用率、平均 SKU 占用库位数、库位周转率是和仓库物理库位使用情况相关的指标。

库位利用率=(被占用的库位数量/总库位数量)×100%

平均 SKU 占用库位数=(总库位数量/库位上总 SKU)×100%

库位周转率=(有变动的库位数量/总库位数量)×100%

这三个指标反映的是仓库储存物料的剩余能力。每个仓库储存能力都是有限的,不可能存放无限的东西,所以清楚仓库的能力有多大,还剩下多少就很关键了。

这些指标建立起来的原因,一是了解现状,二是预报预警,三是长期来看仓库是否要扩容或者收缩。

8. 工作负荷

工作负荷这个指标指向仓库实际操作业务的人。货物收发数量/实际出勤工时=工作负荷量。和上面涉及数量的几条指标一样,具体取哪个值,完全要根据实际情况来。

例如这个指标是用来看第三方仓库的,而又是使用操作行来和第三方计费的,那公式就可以改成:工作负荷量=货物收发行数/实际出勤工时。由于每家公司、每个仓库的实际操作流程和实物不一,所以并没有一个公允的指标来考核这工作负荷量是大了还是小了。所以这个指标应该作为一个长期的趋势指标来看。较长的一个时间段后,就能对仓库的工作负荷情况有了解，大致也能知道仓库人员的配置和能力是否符合公司业务的需求。

9. 客户满意度

在仓储服务过程中，尤其是第三方物流，客户满意度一直是非常重要的指标，而每家物流企业针对客户满意度的侧重点也各有不同，调研客户满意度所设计的表格也各有不同，但在一些必要的数据点上却有共性的调研需求。如货品的质量保证、服务的周到细节、客户物品的动态情况、流程的细密程度和简单易操作程度，人员的态度也是重要的因素之一。

思考题

1. 仓库运营的目标是什么？管理制度有哪些？
2. 仓库组织架构包含哪几个方面？
3. 仓库运营流程的技巧是什么？有什么优势？
4. 仓库管理指标和绩效指标分别该怎样制定？

参考文献

[1] F.罗伯特·雅各布斯，理查德 B.蔡斯.运营管理[M].苏强，霍佳震，邱灿华，译.北京：机械工业出版社，2020.

[2] 马向国，姜旭，胡贵彦.自动化立体仓库规划设计、仿真与绩效评估[M].北京：中国财富出版社，2017.

[3] 慕庆国，李雪松.现代仓储运营管理[M].北京：中国财富出版社，2017.

[4] 张晓忠.生产运营管理[M].北京：北京交通大学出版社，2014.

[5] 冯耕中，尤晓岚，徐金鹏.物流配送中心规划与设计[M].3版.西安：西安交通大学出版社，2018.

[6] 刘联辉，罗俊.物流系统规划及其分析设计[M].2版.北京：中国财富出版社，2017.

[7] 胡玉洁，李春花.仓储与配送管理[M].北京：北京理工大学出版社，2020.

[8] 段磊，荆泽峰，马丽.专业之道——专业服务公司的运营管理[M].北京：中国发展出版社，2013.

[9] 张芮.配送中心运营管理[M].北京：中国物资出版社，2011.

[10] 斯图尔特·埃米特.卓越仓库管理——成本最小化与利润最大化[M].程永生，刘浩华，译.北京：中国物资出版社，2010.

[11] 王东清.基于电子行业智能制造的自动化立体仓库规划研究[J].中国高新科技，2021，(10)：41-42.

[12] 刘倩，黎思敏，张晴，等.基于 EIQ 分析的 F 公司仓库规划[J].中国市场，2020，(10)：169-171+192.

[13] 许彤然.某电商企业自动化仓库系统规划设计与研究[D].济南：山东科技大学，2018.

[14] 严强发.DYK 备件仓库规划与设计[D].南京：南京航空航天大学，2018.

[15] 王嘉，李志伟.自动化立体仓库规划方案[J].一重技术，2017，(01)：27-32+19.

[16] 季砚农.制造企业成品仓库的规划设计[J].科教文汇(上旬刊)，2017，(04)：190-192.

[17] 孔晨峰.基于关键链物流项目进度管理应用研究[D].上海：上海交通大学，2017.

[18] 未来国.浅谈物资仓库的规划[J].中国石油石化，2016，(S2)：182+184.

[19] 任凤香.物流仓库规划设计的问题研究[J].技术与市场，2015，22(10)：120-121.

[20] 汪淳.A 公司立体仓库规划与设计应用研究[D].马鞍山：安徽工业大学，2015.

[21] 杨军.物流仓库规划和设计问题研究[J].企业改革与管理，2014，(10)：118-119.

[22] 张彦嘉.X 制造企业仓库规划与管理研究[D].大连：大连海事大学，2014.

[23] 孙廷.中小企业自营仓库规划布局研究——以 X 公司为例[D].上海：东华大学，2014.

[24] 彭德安.面向 SAP 的备件分配和下单软件的设计与实现[D].上海：上海交通大学，2014.

[25] 王昆昆.厄瓜多尔 SOPLADORA 水电站机电设备仓库规划方案设计[J].技术与市场，2013，20(10)：15-17.

[26] 韩绍军.自动化立体仓库规划与设计　第二十讲　本期主题：输送机的分类介绍(上)

[J]. 物流技术(装备版),2013,(12):72-76.

[27] 赵德平. 自动化立体仓库规划与设计　第十九讲　本期主题:金属托盘积载、塑料托盘和冷冻箱式托盘介绍[J]. 物流技术(装备版),2013,(10):64-67.

[28] 徐正林. 自动化立体仓库规划与设计　第十八讲　本期主题:仓库货架托盘知识介绍[J]. 物流技术(装备版),2013,(08):66-69.

[29] 毛建云. 自动化立体仓库规划与设计　第十七讲　本期主题:自动化立体仓库货架强度计算实例[J]. 物流技术(装备版),2013,(06):64-68.

[30] 韩绍军. 自动化立体仓库规划与设计(十五)　本期主题:堆垛机力学计算[J]. 物流技术(装备版),2012,(24):76-82.

[31] 康馨,赵德平. 自动化立体仓库规划与设计　第十四讲　本期主题:自动化立体仓库货架计算[J]. 物流技术(装备版),2012,(22):80-83.

[32] 徐正林. 自动化立体仓库规划与设计　第十三讲　本期主题:自动化立体仓库货架设备(五)[J]. 物流技术(装备版),2012,(20):82-86.

[33] 徐正林. 自动化立体仓库规划与设计　第十一讲　本期主题:自动化立体仓库货架设备(三)[J]. 物流技术(装备版),2012,(16):82-84.

[34] 赵德平. 自动化立体仓库规划与设计(八)　第九讲　本期主题:自动化立体仓库货架设备(一)[J]. 物流技术(装备版),2012,(12):74-76.

[35] 赵德平. 自动化立体仓库规划与设计　第八讲　本期主题:堆垛机钢丝绳或吊链与转鼓、滑轮及移载装置[J]. 物流技术(装备版),2012,(10):75-77.

[36] 安婷婷. 制造企业新建仓库平面布局规划问题研究[D]. 大连:大连海事大学,2012.

[37] 张玲燕. 化工物流园区的仓库区规划与设计[D]. 西安:长安大学,2012.

[38] 余恒康. 物流中心通用型仓库规划设计探索 L[J]. 中国储运,2012,(04):88-90.

[39] 毛建云. 自动化立体仓库规划与设计(六)　本期主题:立体仓库堆垛机分类与技术特征[J]. 物流技术(装备版),2012,(06):74-78.